山东财政学院学术文丛

经济全球化背景下
中国软件产业发展模式研究

方慧 著

中国财政经济出版社

图书在版编目（CIP）数据

经济全球化背景下中国软件产业发展模式研究/方慧著. —北京：中国财政经济出版社，2008. 6

（山东财政学院学术文丛）

ISBN 978－7－5095－0732－2

Ⅰ. 经…　Ⅱ. 方…　Ⅲ. 软件－电子计算机工业－工业经济－经济发展－研究－中国　Ⅳ. F426. 67

中国版本图书馆 CIP 数据核字（2008）第 079825 号

中国财政经济出版社出版

URL：http：//www. cfeph. cn

E－mail：cfeph@ cfeph. cn

社址：北京市海淀区阜成路甲 28 号　邮政编码：100142

发行处电话：88190406　财经书店电话：64033436

北京财经印刷厂印刷　　各地新华书店经销

787×960 毫米　16 开　14. 25 印张　217 000 字

2008 年 6 月第 1 版　2008 年 6 月北京第 1 次印刷

印数：1—2 000　　定价：28. 00 元

ISBN 978－7－5095－0732－2/F · 0593

（图书出现印装问题，本社负责调换）

总序 ZONG XU

《山东财政学院学术文丛》（以下简称《学术文丛》）是山东财政学院为集中展示财院学人学术研究成果而编辑出版的系列丛书。《学术文丛》的出版，对于落实山东财政学院“学科立校”与“人才强校”的发展战略，繁荣学术研究，加强同学术界的交流等具有十分重要的意义。

始建于1986年、由邓小平同志亲笔题写校名的山东财政学院，是在改革开放的春风中，由财政部和山东省人民政府共同创办、实行以地方管理为主的普通高等财经院校。学校目前拥有14个二级学院，39个本科专业，22个硕士学位授权点和MBA、MPA两个专业学位授权点。学校学科门类齐全，已形成以经济学、管理学为主，文、法、理、工等六大学科门类相结合的学科结构。其中财政学、会计学、金融学、企业管理、国际贸易学、管理科学与工程为山东省重点学科，财政学与企业管理为省级重点强化建设学科。在山东省政府确定的“泰山学者”特聘教授设岗学科中，财政学位列其中。依托于以上优势学科与特色学科，一批批学科带头人与学术骨干脱颖而出，学校也由此成为省内著名、在全国有一定影响的经济学与管理学研究人才高地。

在人才培养方面，山东财政学院广纳全国英才，以“培养基础扎实、知识面宽、业务工作能力强、综合素质高、具有国际视野的应用型人才”为目标，不断提高教学质量，为社会培养和输送了两万多名优秀毕业生。其中每年都有相当数量的毕业生或被中央国家机关和著名公司录用，或考取名牌高校研究生继续深造。目前山东财政学院的毕业生已得到社会各界的普遍认可，为学校赢得了较高的社会声誉。“学在山财”已成为莘莘学子努力追求的人生目标。

在短短的二十多年间，山东财政学院之所以取得如此辉煌的成就，这既是“求是崇真、博学笃行”的校训与“高标准、严要求、好校风、有特色”

办学指导思想得以落实的必然体现，也是学校实施“学科立校、人才强校、开放兴校、依法治校”战略，积极推进以提高教学水平与科研水平为核心的综合改革的必然结果。近年来，为把学校建设成为在国内外有一定影响的多科性高水平特色大学，学校在启动本科教学质量工程的同时，启动了研究生学位点建设工程，加快推动学科建设与学术研究工作上层次、上水平。围绕这一目标，学校不断优化学术环境，提倡学术民主，创新学术激励机制，科研工作取得重要突破，并涌现出了一批高水平的学术研究成果。为向外界推介这些学术研究成果，进一步繁荣学术研究，校领导审时度势，决定出版《山东财政学院学术文丛》。《学术文丛》就是在这一背景下编辑出版的。

为使《学术文丛》反映、代表我校学科建设与学术研究的最高水平，《学术文丛》在书稿的遴选过程中，严格学术标准，规范评审程序，采用了校外专家审稿与校学术委员会评审确定的机制，最终确定入选《学术文丛》的书稿。经此严格的筛选，这一部部书稿以其较高的研究水准与学术价值得以入选。应当指出的是，这些书稿不仅集中反映了我校学术研究的最新成果，而且展现了我校学人的时代风采。在入选者中，既有名气较大的知名学者，也有砥柱中流的学术中坚，还有崭露头角的学界新秀。在他们中间，或术业有专攻，或名气有大小，或起点有高低，但有一点是共通的：那就是他们在各自的领域内，瞄准学术前沿，不畏路途艰辛，治学严谨，用力勤苦，最终取得了丰硕的研究成果。可以说，这一部部书稿凝聚了作者多年来潜心学术研究的心血汗水，展现了财院学人勇攀学术高峰的时代风貌。

我们相信，《学术文丛》的出版不仅在加快学术队伍建设、推动学科建设方面起到重要的作用，而且在加强同学术界的交流、扩大学校的学术影响力等方面也将产生深远的影响。为此，今后我们还将每年遴选10部左右的书稿出版，推动我校学术研究事业繁荣兴盛，薪传不息。

《学术文丛》的顺利出版，得到中国财政经济出版社的大力支持，经济理论出版中心的张立宪先生为丛书的出版付出了诸多辛劳，在此我们表示衷心的感谢！在《学术文丛》的出版过程中，山东财政学院校领导高度重视，校科研处精心组织，各位作者积极配合，谨此我们一并表示诚挚的谢意！

《山东财政学院学术文丛》编委会

2008年2月28日

序 XU

信息技术已经成为经济发展的关键因素，在从整体上引领着世界经济和社会发展的进程，信息产业也已经成为全球经济发展的主导产业之一。而软件是经济成功、科学与技术研究以及国家安全的基础，对商业、通信、信息访问以及国家基础设施建设具有越来越重要的作用。软件产业作为信息产业中的核心和21世纪推动世界经济增长和社会发展的重要动力，已经成为国际竞争的制高点，关系国家经济社会政治的安全，是决定一个国家在21世纪关键竞争力的原因之一。发展软件产业对于推动传统软件升级具有重要意义。

今天，越来越多的软件发达国家已跻身于这个拥有巨大利润的市场，并且在各个领域占据了重要地位。在国际软件产业发展过程中，发达国家和发展中国家选择了不同的发展道路和模式。我们需要从经济学的相关理论出发，对软件产业发展模式的概念、模式选择的理论依据以及影响因素等进行研究，并从我国的软件发展条件出发探索我国的软件产业发展模式，对于促进中国软件产业的发展具有十分重要的意义。方慧同志所著《经济全球化背景下中国软件产业发展模式研究》一书就是作者在这个领域积极大胆探索的研究成果。

作者首先构建了软件产业发展模式选择的分析框架。该分析框架包含了软件产业发展模式内涵的界定、模式选择的理论基础、模式的类型、模式优化以及影响因素等内容。对发展模式选择理论的分析围绕着国际分工理论展开。由于软件产业自身的特点和发展规律以及20世纪80年代后国际分工出现的新特点，作者提出软件产业发展模式选择的理论基础并在此基础上对国际软件产业发展的影响要素进行了梳理分析，得出影响软件产业发展模式选择的要素。由此建立起整篇本书的分析框架，为全面、系统、深入的研究软件产业发展模式的选择搭建了一个新的分析平台。

作者在该书中对软件产业发展的影响要素的分析是以波特的“钻石模型”为基础，并结合了软件产业的自身特点，总结出影响软件产业发展的九个要素。通过对这“九要素”的SWOT分析，作为指导各国软件产业模式选择的基础。作者还选取印度软件产业发展模式作为典型案例进行了实证分析，剖析了印度模式形成的整个过程。这既是对前面理论分析的验证，也为中国软件产业发展模式的选择提供了可供借鉴的经验。

作者还在该书中全面深入地分析了中国软件产业发展以及影响要素，结合中国软件产业发展目标以及软件产业发展现状，提出中国软件产业发展模式应为“立足国内市场进行自主创新+大力发展外包业务和软件产品出口开拓国际市场”。这一模式的选择既是中国软件产业发展的近期目标与远期目标的综合体现，又是软件产业发展影响要素综合作用的结果。

《经济全球化背景下中国软件产业发展模式研究》是方慧博士在其论文基础上修改而成的，是一部具有创新性的著作。我衷心希望本书的出版能为中国软件业的发展提供指导和借鉴，更希望方慧同志继续在这个领域的研究取得更大的成就。

南开大学经济学院教授

邱立成

2008年3月于南开园

前言 QIAN YAN

一个国家或一个产业应该选择什么样的发展模式以及如何选择，既是一个迫切需要解决的现实问题，也是一个需要进行深入研究的理论问题。从模式角度研究经济学已经成为发展经济学的新方法，产业发展模式的选择理论与实践研究正在成为发展经济学和产业经济学研究的一个新热点。与传统产业相比，软件产业的发展在全球范围内从它产生的那一天起就呈现出高速增长的势头。成为新兴产业的代表，在全球化背景下研究和探索中国软件产业发展模式具有重大的理论意义和实践意义。

本书关于全球化背景下中国软件产业发展模式的研究着力于以下四个方面：首先，结合国际分工的新特点以及软件产业自身发展的特点和规律对软件产业发展模式选择进行理论分析。其次，运用理论分析方法，将软件产业发展置于全球大环境下进行考察，具体考察影响国际软件产业发展的影响因素，进而运用SWOT分析方法，对影响要素进行分类，通过SWOT矩阵分析，各国就可以选择具体的产业发展模式，为下一步的研究构建起完整的分析框架。第三，从实证的角度，选取软件产业发展模式典型国家作为案例，通过剖析其产生、发展的轨迹和影响要素状况，对以上分析框架加以验证。第四，将上述研究的成果运用于软件产业发展模式选择的实践中，结合中国软件产业发展模式的状况以及中国软件产业发展目标，推演出中国软件产业发展模式。

基于以上分析，本书从以下几个方面展开研究：第二章对国际软件产业发展状况的一个概述，这一章清楚地界定了软件和软件产业的概念，并对软件产业的发展状况以及软件产业的特点做了概括性的总结，为以后章节的研究打下基础和作出铺垫。第三章是本书的重点，是对国际软件产业发展模式选择理论的分析，围绕着国际分工理论展开，由于软件产业自身的特点和发展规律以及20世纪80年代后，国际分工出现的新特点，我们提出软件产业发展模式选择的理论基础。对国际软件产业发展的影响要素的分析是在理论研究的基础上，就相关影响因素的研究文献进行梳理，理顺其发展脉络，结合软件产业发展特点加以扩展，然后得出影响软件产业发展模式选择的要素，由此建立起本书的分析框架。第四章我们选取了印度模式作为典型案例进行实证分析。详细的剖析印度模式形成的整个过程，既是对前面研究结果的验证，又是下一章中国模式选择时可供借鉴的部分。第五章是对前述研究成果的应用，分析中国软件产业发展模式现状及影响要素，推演出中国软件产业应选择的发展模式：立足国内市场进行自主创新+大力发展外包业务和软件产品出口开拓国际市场。

通过分析研究，作者得出以下主要结论：

1. 软件产业发展模式选择是以国际竞争优势理论为基础。研究文献表明，以往在各国产业发展模式选择问题上一直存在着两种理论观点：一是比较优势理论，二是竞争优势理论。竞争优势是一个超越比较优势的全新的概念，它对一个国家建立优势产业参与国际竞争具有非常现实的指导意义。在分析中，我们结合国际分工的新特点，即“全球价值链”分工，研究发现国际分工新特点下，产业竞争优势可以表现为价值链环节上的竞争优势，即使一个产业，由于价值链不同，各价值链环节对要素禀赋的需求也不一样，同一产业既有劳动密集型环节，也存在技术资本密集型生产环节。因此，对发展中国家而言，首先可以先从劳动密集型的价值链环节作为切入点，融入跨国公司国际产业链条的发展平台，以此加快本国资本、技术的积累过程，并进一步参与和最终上升到资本技术密集型价值链环节的生产，借助国际经济一体化的生产链条实现本国产业结构的快速升级。

软件产业作为一种新兴的、战略性产业，有着自身的特点和发展规律，研究表明，软件产业的发展中价值链分工的特点尤为突出，另外软件产业的跨越性发展特点和生产组织的“虚拟一体化”特点，决定了软件产业发展模式选择不能仅仅停留在静态比较优势的基础上，而是基于竞争优势理论。

2. 软件产业发展受到要素条件等“九要素”的影响。软件产业模式选择影响要素的分析，是软件产业发展模式选择分析框架的重要组成部分。由于世界上存在多种软件产业发展模式，各具特色，因此在研究软件产业模式选择影响要素时，我们首先研究了影响整个软件产业发展的影响要素。进而根据软件产业是一种战略性产业的前提，提出各国软件产业发展模式选择实际上是对各影响要素进行SWOT分析，根据要素优劣状况和外部机遇与威胁的形势，作出战略选择的结果。对国际软件产业模式选择影响要素的分析中，我们基于波特的竞争优势理论结合软件产业自身发展特点总结出影响国际软件产业发展的九大影响要素：要素条件、市场需求、相关行业的发展、企业标准与质量认证、政府政策支持、产业集群、创新、跨国公司经营策略和机遇。

3. 实证研究部分选取了印度软件产业发展模式作为案例。作为与中国有着相似国情的印度，近年来在软件产业的发展中取得了世人瞩目的成绩，对印度软件产业模式形成的剖析既是对前面分析结果的印证，也对中国软件产业发展模式的选择有很强的借鉴意义。分析结果表明，印度在本国比较要素的基础上，选择适当的软件产业价值链环节切入，通过对各要素的培育和提升，强化优势要素，消除或减弱劣势要素，并利用了国际市场需求扩大的机会，采用相应的战略，形成了自己独特的软件"外包服务模式"，并在国际市场上形成一定的产业竞争力。

4. 中国软件产业发展模式概括起来是："立足国内市场进行自主创新+大力发展外包业务和软件产品出口开拓国际市场"。由软件产业与经济增长关系的计量和统计分析结果可知，软件在国民经济中的比重逐年上升，对经济增长的贡献率也日益显现。因此，发展软件产业对推动经济增长意义重大。

通过对中国软件产业发展现状和不足以及"九要素"状况的考察，对中国软件产业发展影响要素的SWOT分析，在充分发挥本国比较优势要素的基础上，结合中国软件产业发展目标进行模式选择，通过采取某种战略或战略组合，通过要素的培育和提升，消除劣势要素或者变劣势要素为优势要素，在产业链的某一或某些环节上形成竞争优势。研究结果表明，中国软件产业发展应选择一种混合模式，中国软件业要发展必然要采取两条腿走路的方针，采取一种国际、国内软件市场齐头并进的原则——既要学印度的经验，开拓国际市场，又要不断创造品牌和信息服务的经验，与跨国公司争夺国内市场。中国软件产业发展模式应是："立足国内市场进行自主创新+外包服务开拓国际市场"。也可以具体表述为：充分利用国内巨大市场，大力发展系统软件、中间软件及重要应用软件，建立自主的软件体系；实施内需拉动和整机带动战略，占领国内市场的同时通过承接外包业务和产品出口，积极开拓国际市场；最终发展成软件大国和强国。其中，虽说中国软件产业发展已积累了一些自主创新品牌，但从全球价值链分析，该环节并非中国优势所在，需要一个长期的积累和发展过程，但产业发展的最终目标就是要使软件产业具有自主创新能力，因此可以将自主创新作为一种长期目标或者长期发展模式；而外包和应用软件出口则可以充分发挥中国的优势要素，也是当前就可以做到的，因此可以看作是近期内中国软件产业发展模式选择。所以本书对中国的软件产业发展模式表述是包含了长期模式和短期模式的统一，并且这一产业发展模式是动态的、发展的，随着内外部环境的影响以及要素的比较优势的此消彼长的变化，不断得以优化。

本研究的主要创新点包括：

1. 构建了软件产业发展模式选择的分析框架。该分析框架包含了软件产业发展模式内涵的界定、模式选择的理论基础、模式的类型、模式优化以及影响因素等内容。这一分析框架为全面、系统、深入地研究软件产业发展模式的选择搭建了一个新的分析平台。

2. 对软件产业发展的影响要素进行了新的分析，以波特的“钻石模型”为基础结合软件产业自身特点，总结了影响软件产业发展的“九要素”。通过对“九要素”的SWOT分析，从而指导各国软件产业模式的选择。

3. 全面深入地分析了中国软件产业发展以及影响要素状况，结合中国软件产业发展目标以及软件产业发展现状，推演了中国软件产业发展模式：“立足国内市场进行自主创新+大力发展外包业务和软件产品出口开拓国际市场”。这一模式的选择既是中国软件产业发展的近期目标与远期目标的综合体现，又是软件产业发展影响要素综合作用的结果。这一研究结果无疑具有现实性和可操作性。

在理论方法上，本书在以经济分析为主的基础上吸收了管理学的某些研究范式；在实证方法上，注意将理论框架与经验案例相结合；在研究方式上，既包括了世界各国软件发展模式的描述性分析，也应用了统计和计量分析工具进行科学检验。不过由于软件产业发展模式研究的相关文献实在很少、数据缺少完整性和连续性，本书对很多问题的研究仍存在一定程度的不足，无论是理论上还是实证研究上都有待以后进一步深化。

作　者

2008年4月

目录 MU LU

第一章 DI YI ZHANG 绪　　论

信息产业是国家的先导性与战略性产业，软件是信息产业的核心与灵魂，是信息技术应用与国家信息化建设的基石。软件产业以高附加值、高科技水平的特点，渗透到国民经济和社会生产生活的各个方面，可以说软件产业将是决定未来国家竞争力的战略性先导产业。软件产业对全球经济的重组与再造，在跨入21世纪之后速度愈发加快。

第一节 问题的提出

软件业产生于20世纪60年代，对于软件业的相关研究历史很短，80年代后随着印度、爱尔兰、中国等发展中国家软件业的兴起，许多国家的政府认识到软件产业的重要性并欲将发展软件业作为实现“跨越式”发展和“赶超战略”的途径之一，因此，国内外对软件产业的相关研究也大量涌现。但对国际软件产业发展模式的研究文献并不多，尤其对各国软件产业的发展模式选择的系统研究就更少。

从我们接触到的有影响的国内外文献来看，过去的十几年里，国内外对印度软件业进行的研究著述颇多。作为与中国有着许多相似性的发展中国家，印度在建立国内软件业和服务业中是最成功的（Heeks ，1996 ；bhatnagar and Madon ，1997b）。近年来印度在软件行业发展迅猛，成为仅次于美国的第二大软件出口国，印度由此成为目前国际软件行业发展的一个亮点，也成为软件业发展成功的一个典型案例。与之相对应，中国软件业几乎与印度同时起步，近年来软件业虽然也取得了迅速发展，但是从总量上看，作为一个拥有 13 亿人口的大国，中国的软件产业仍显弱小。在软件产品和服务的出口额方面，与印度存在很大的差距。同属亚洲地区的中国和印度在发展状况、地理环境、自然资源、劳动力资源以及国家综合实力方面都有着诸多相似之处，但是在软件产业的发展上却出现了很大的差异。当然，究其原因是多方面的，其中中国软件业定位不清、缺少一个清晰的发展模式是首要的问题。由于历史的限制，过去的有关国际软件业，特别是对中国等发展中国家软件业的模式选择的研究，在不同程度上均存在明显的不足，主要表现为对国际软件业模式的研究缺少一个完整的分析框架，即没有一个适用于所有国家模式选择的理论框架，尤其是缺少对后起国家来讲的分析框架；在中国软件产业发展模式选择的研究上，已有的研究往往集中于对中国和国外特别是印度软件业影响因素的比较，缺乏对中国软件业发展的深层次思考、对中国软件模式选择的基础理论分析和软件产业定位等方面的清晰把握，从而不能提出一些有价值的战略构想和有针对性的政策建议。

第二节 研究的目的与意义

一、研究目的

随着信息技术革命的不断深入，信息化已经正在从整体上引领世界经济和社会发展的进程，信息技术已经成为经济发展的关键因素，信息产业也已经成为全球经济发展的主导产业之一。软件是信息产业的核心，是国民经济基础性战略性产业，直接关系国家政治、经济和社会安全。当前计算机软件已成为世界各国争夺科技制高点的关键领域。

与传统产业相比，软件产业的发展在全球范围内从它开始的那一天起就一直呈现出高速增长的势头。从1988—2000年，国际软件及软件服务业连续13年保持高速增长，软件市场平均增长率为10%，软件服务市场平均增长率为14%[①]。在未来数年，软件及软件服务业仍会保持较快的增长势头。IDC[②]数据显示，从1999年到2004年，国际软件及软件服务市场增长速度达到15.1%，2005年达到9 500亿美元的规模。

在国际软件产业发展过程中，发达国家和发展中国家选择了不同的发展道路和模式，对此，我们需要从经济学的相关理论出发，对软件产业发展模式的概念、模式选择的理论依据以及影响因素等进行新的阐释，提出中国软件产业发展模式，促进中国软件产业的发展。

本书将借助于产业发展模式选择的一般理论结合软件产业自身特点，构建一个软件产业发展模式选择的分析框架，提出软件发展模式的理论基础，并在此基础上结合软件产业发展的特点，总结出软件产业模式选择的影响因素，进而选择印度模式作为典型案例对软件产业发展模式理论和影响因素进行实证分析，最后我们运用这一研究成果来探索中国软件业发展的模式，希望对中国软件产业发展模式的选择起到指导作用。

二、研究意义

一个国家或一个产业应该选择什么样的发展模式，以及如何选择，既是一个迫切需要解决的现实问题，也是一个需要进行深入研究的理论问题。从模式角度研究经济学已经成为发展经济学的新方法，产业发展模式的选择理论与实践研究正在成为发展经济学和产业经济学研究的一个新热点。与传统产业相比，软件产业的发展在全球范围内从它产生的那一天起就呈现出高速增长的势头。成为新兴产业的代表，对软件产业发展模式的研究和探索具有重大的理论意义和实践意义。

（一）理论意义

本书的研究有利于软件产业发展模式选择理论的完善，并且丰富和发展

---

① 中国软件行业协会数据，http：//www. csia. org. cn。

② 国际数据公司的英文缩写，IDC是全球著名的市场咨询及顾问机构，在全球43个国家设有分支机构，其公布的数据信息最频繁地被华尔街分析家和媒体所引用。

了产业模式选择理论，本书的研究吸收了产业经济学、国际经济学、发展经济学、管理学等理论，并使之整合于“软件产业模式及模式选择”的分析框架。

本书构建了软件产业发展模式选择的分析框架，增强了国内对软件产业发展模式研究的理论研究。目前国内对软件产业发展模式的研究文献缺乏，研究的重点大都放在中国软件产业现状、存在的问题及对策的研究上，对于中国软件产业模式究竟如何选择？选择什么？缺少理论的支持。本书所构建的分析框架正是对一系列问题的分析与回答。

（二）实践意义

本书的研究是经济发展的需要。软件产业是信息产业的核心，是国民经济基础性战略性产业，直接关系国家政治、经济和社会安全。国际软件产业的发展不仅给发达国家（如美国、欧洲的一些国家）带来了机会，也为发展中国家带来了机会（如印度和爱尔兰）。与软件发展较快的其他国家相比，我国目前尚未形成明确清晰的软件产业发展目标和发展模式，扶持产业发展的政策措施也没到位，发展环境还没有优化，再加上产业发展基础薄弱，国产软件的发展速度和规模还不能为国民经济提供足够的支撑，这都使得我国在软件产业发展方面，处在世界发达国家和周边发展中国家的“夹缝”之中，与世界先进水平的差距未见缩小，反而有日益扩大之势。长此以往，如果不从根本上加快软件产业的发展，我国将痛失占领国际制高点的大好时机，形势的紧迫性和严峻性可想而知。本书从软件产业发展模式选择入手，通过软件产业模式选择理论和影响因素的分析，从而推演出中国软件产业发展模式，顺应了经济发展的需要。

第三节 国内外研究现状

软件产业作为信息产业的核心和国民经济信息化的基础，已经成为国家间竞争的焦点。同时软件产业也是当今世界上增长最快的朝阳产业，并将成为 21 世纪推动世界经济增长和社会发展的重要力量。越来越多的经济学家、学者开始关注这个新兴、发展迅速又能够创造巨大收益的产业。根据对过去相关文献的研究总结，软件产业的研究主要集中在软件产业发展的理论研究和影响因素研究上，专门对软件产业发展模式做的研究很少。

一、软件产业模式选择的理论研究

（一）国外研究

Heeks（1996）在他的著作中指出，印度软件出口的成功是由于印度软件专业人员的工资优势，这是理解印度软件出口成功的关键因素。如果用经典贸易理论解释，Heeks 认为，印度在软件工资成本上与世界其他国家相比具有绝对成本优势，这成为他解释印度是最大软件出口国的理论基础。

这一解释提出已二十多年，在软件业发展的早期工资的差别确实在软件企业盈利中起到重要作用。然而，1995—2000 年出口的迅猛增长已非绝对优势理论所能解释，因为这一时期印度的工资也大幅上升。如果把工资看作是唯一的优势，则印度 90 年代中期的出口增长就不可能发生。工资的绝对优势会由于人员短缺工资上升而逐渐消失。因此，印度的软件出口不仅在其绝对优势而且在于他所具有的比较优势。两类优势并存，但比较优势被认为是印度软件出口的关键因素（Suma S. Athreye，2003）。Arora et al（2000）指出快速增长的劳动生产率是 20 世纪 80 年代后期印度软件企业劳动生产率提高的一个指标。

更多的学者则是从印度软件产业的竞争优势角度作出论述，如 Devesh Kapur 和 Kvi Ramamurti（2001）和 Erron（2003）。Heeks（2002）对软件出口的成功模型进行了研究，其模型的理论基础是竞争优势理论。

（二）国内研究

在分析国际软件产业（主要是印度）的文献中，涉及到的理论主要是比较优势理论和竞争优势理论。魏革川（2001）曾就中国、印度软件业做了对比研究，强调了比较优势理论在印度软件产业成功中的作用，并主张中国软件业发展要遵循比较优势理论。陈华超（2004）曾以比较优势和竞争优势为理论基础分析了印度软件业的发展，阐明了两者之间的关系，并就组成“钻石体系”的六要素分别作了分析。

王刊良、苏竣（2000）从产业经济学的有关理论分析印度软件产业成功的关键要素，研究了我国软件产业与印度软件产业的差距。认为，软件产业发展重点放在出口上是非常明智的战略选择以及印度软件产业较高的集中度是其成功的重要因素，而我国软件产业的集中度不高，在国内软件市场狭小的情况下，没能及时开拓国际市场。赵璐（2002）在分析班加罗尔 IT 产业簇群的内在联系的基础上，结合波特的竞争优势理论，讨论了班加罗尔 IT 产业簇群所具有的竞争优势，并给出我国创办高科技园区的可借鉴之处。

以上文献所做的研究是基于已有的理论，作为软件产业模式选择的理论基础都有其合理性，但由于缺乏对国际分工新特点和软件产业自身特点的认识，研究中没有突出软件产业个性的东西，是其不足之处。

二、软件产业发展的影响要素研究

（一）国外研究

近年来，国外一些学者对新兴软件出口国家取得成功的要素进行了研究，代表人物主要有 Heeks，Nicholson 和 Camel。Heeeks 和 Nicholson 分析了一类和二类软件出口国家取得成功的经验，在 2002 年提出了“软件出口成功模型”①。该模型是在总结了 20 世纪 90 年代爱尔兰、以色列和印度 3 个软件出口国家如何取得成功的基础上形成的，包括 5 个要素：（1）需求（对软件的需求）；（2）国家软件发展战略；（3）国际联系沟通和信任；（4）国家与软件相关的基础设施。Heeks 和 Nicholson 的“软件出口成功模型”见图 1－1。

在图 1－1 中，处在最顶端的国际市场的软件需求是“拉力”，而处于低端的国家软件规划和战略及国家软件基础设施是“推力”。只有当“推力”和“拉力”同时作用，才会促成软件出口国家的成功。在政府的战略上，Heeks 和 Nicholson 还强调了区别初级战略和后续战略的重要性，指出政府应该随着国际国内发展环境的变化，及时制定软件发展变化的后续战略，即可持续发展战略②。如印度软件产业出口的可持续发展战略就是向价值链的高端进军，而爱尔兰是多样化战略，以色列是创新和差异化战略。

---

① Richard Heeks, Brain, Nicholson. *Software Export Success Factors and Strategies in Developing and Transitional Economies*, University of Manchester, UK, 2002.

② Richard Heeks, Brain, Nicholson. *Software Export Success Factors and Strategies in Developing and Transitional Economies*, University of Manchester, UK, 2002.

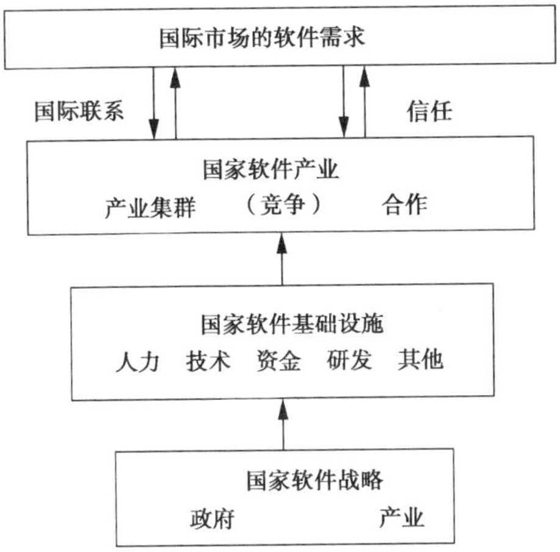

图 1－1 Heeks，Nicholson 软件出口成功模型

Camel 在 Heeks 和 Nicholson“软件出口成功模型”的基础上，也研究了软件出口国家的成功因素，将模型发展成为“椭圆模型”① （图 1－2），该模型包含有八个要素：（1）政府的观点与政策，包括为软件业发展提供资金和税收优惠；（2）人力资本，包括国家政策导向和国家传统，人力资本数量、组成、语言技能和管理技能；（3）工资；（4）生活质量，高素质的专业技术人员更倾向于到收入高的地区工作；（5）关联；（6）技术基础；（7）来自国内外的资本状况；（8）工业特点，包括集群效应、企业数目、规模、工业协会、工业认证水平以及企业标准。

Camel 认为，软件成功出口并不是同时需要上述所有 8 个要素。实际上，有些要素之间还是相互矛盾的，如廉价的工资成本与生活质量就是一对矛盾，而有些要素是相互重叠和关联的。

Devesh Kapur 和 Kvi Ramamurti（2001）在分析印度软件业发展影响要素时，将“钻石模型”进行了扩展，他认为，印度国际竞争优势以及与跨国公司的合作交流，并不是由于印度的自然资源或低技能的劳动密集型制造业（像许多亚洲国家），而在于印度的技术密集型可贸易的服务业。他的研究分析了印度软件业存在的真正的“钻石体系”或称为扩展的“钻石模

① Erran Camel. *The New Software Exporting Nations*: *Success Factors*, American University, Washington. D. C. USA.

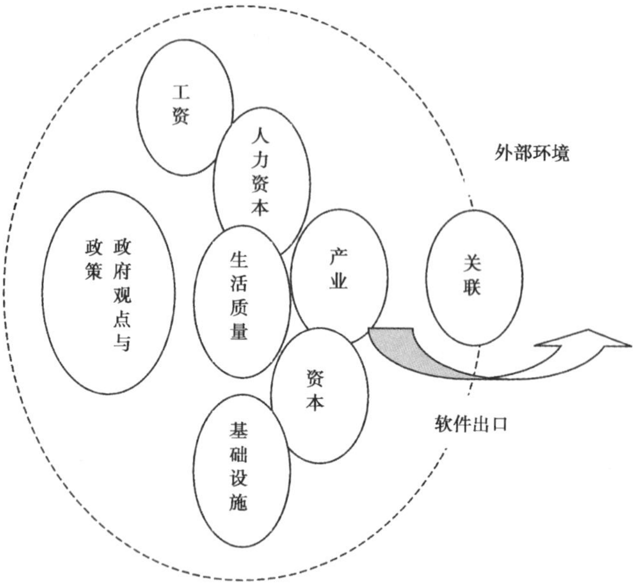

图 1－2 椭圆模型

型”。即把国内的需求条件扩展到国际范围，加入了美国的需求状况。

Subroto Bagchi（1999）强调在印度软件发展中，人力资源的培养和开发起到了举足轻重的作用，并指出目前印度软件产业所面临的三大挑战：一是如何使刚从学校毕业的学生将知识转化为生产力；二是确保企业人才的稳定性，避免员工跳槽；三是培养高级工程师和项目经理。

Ashish Araro，Jai Asund（1999）采用计量经济模型对质量认证对公司效益的影响进行了实证研究，认为质量认证对公司产生两种效应：质量效应和品牌效应，一方面，随着产品的质量提高，客户愿意支付更高的价格；另一方面，公司能凭借质量认证获得更多的合同，从而提高公司的效益。印度软件公司通过致力于 ISO9000 和 CMM 质量认证，改善了软件开发过程，从而获得更大更多项目，赢得更多高利润的合同，提高了公司的效益。

（二）国内研究

凡夫（1999）将印度软件业成功的因素归结为政府高度重视、软件人才丰富、投资环境宽松。苏竣等（2000）通过中印软件业的对比分析，认为印度在以下方面比中国有优势：规模、结构、出口、增长率；人才；软件园建设、企业规模与结构、知识产权保护、质量控制与管理，并提出发展中国软件产业的政策建议。王刊良、王海峰（2001）分别从国际机遇、国内因素以及各方努力三个方面分析了印度软件业成功的因素，认为国内因素可以具体为：语言和数学逻辑思维优势、人才优势、成本和效率优势、制度优势（最大的民主国家）；各方努力包括企业的努力即建立声誉和进行质量控制等、政府努力和各界支持。孙艳、薛澜（2002）从影响软件产业发展的要素之一——人力资源状况入手，分析了软件人力资源的特点以及我国软件产业人力资源的现状和存在的问题，并给出改善和优化我国软件人力资源的政策和建议。他们认为软件产业人力资源的特点决定了软件产业所需要的软件人才应该是特殊的。而中国软件产业的人力资源状况是制约我国软件产业发展的关键要素。比如，人口的整体受教育程度和具备一定技能的人才的持续供给不足是限制软件产业发展的一个问题。黄敏等（2003）认为印度软件业竞争优势形成具体的影响因素有：政府重视、政策扶持、重视人才、软件园区建设、质量管理、选择适合本国软件业发展的模式。孟薇、钱省三（2005）从印度软件产业生态的基本要素的角度出发，深入分析了印度软件业的发展。

上述的研究存在的问题：一是国内的研究，集中于比较分析和描述性的分析。缺乏对软件产业发展模式选择影响要素的理论分析基础。二是没有就软件产业发展的影响要素，与软件业发展模式选择影响要素的关系作出明确说明。

三、对中国软件业发展模式的研究

对中国软件产业发展模式的研究主要是由国内学者进行的。在中国软件产业发展模式选择的研究中，很多研究者都会谈到印度模式，概括起来对借鉴印度模式的态度上，学术界大体存在 3 种观点：一种是“拿来主义”，言必谈印度。突出印度模式的成功的方面，即不加区分完全照搬。持这种观点的人目前在逐渐减少；第二种观点就是“完全否定”，强调中国与印度的差异性，否定印度模式对中国的适用性；第三种观点就是站在辩证的立场认为可以“借鉴”印度模式，目前持这一观点的人较多。

刘积仁（2001）通过比较世界各国软件产业发展的模式，发现各国软件业的成功来自于他们对本国国情、本国市场、人才等等因素的成功把握。很显然，它们中任何一种成功的模式都无法搬到中国来，中国应结合本国自己的情况创造出适合软件企业发展的环境。甘碧群、何西军（2002）客观地分析了印度软件业发展模式的特点，同时关注到印度软件业明显存在的内生和外生优劣势因素。认为印度的软件“奇迹”是印度官、产、学、研各界长期合作，从宏观到中微观的不同层次推动，一系列软件产业发展战略的综合性积累的成果，并指出，印度的经验表明，发展中国家通过一系列政策措施的引导与扶持（即高科技之外的“非技术因素”）完全可能实现某一类具有潜在比较优势产业的跨越式发展，但中国软件业不能完全照搬印度模式而应走中国自己特色道路。戴永红（2004）认为印度模式是印度政府从印度国情出发，适应国际需求，通过制定一系列鼓励软件产业发展政策形成的，她强调国内市场的开发，提出发展拥有自主知识产权和品牌的软件产品，在嵌入式行业应用上下功夫。

代志华（2004）认为，软件产业采取何种发展模式是中国软件业得以超常规发展并迅速跻身于世界信息产业强国之列不得不思考的问题。他指出中国软件产业既要建立有效机制重视基础研究和关键技术的创新，又要大力发展比较成熟的软件加工与服务业，逐步进行产业升级。童有好（2006）对中印软件产业发展做了对比分析，指出中国软件产业在未来发展的优势正在逐渐显露，各种应用软件产品市场发展明显看好，特别是嵌入式软件、信息安全、电子政务等软件市场发展迅猛，网络游戏软件市场已经成为最具发展潜力的新兴市场，为软件产品的快速增长起到了明显的支撑作用。姚慧琴、胡永亮（2003）认为发展软件产业应该采取“集聚化+软件加工（短期）+行业应用软件开发（长期）”的发展模式，并对集聚化在软件产业中所发挥的效应进行了分析总结，指出我国发展软件产业也应该选择这一模式。石晓军、安筱鹏（2003）认为印度软件产业的发展模式基本可以概括为：利用优秀的、成本低廉的软件人才优势，通过政府的全方位政策扶持，积极开拓国际软件外包服务市场，形成以软件现场服务和承包服务出口为主的软件产业发展模式，印度软件产业发展在许多方面的成功经验是值得我们借鉴的。

综上所述，大量的文献对国外软件产业进行了深刻剖析，对我国的软件产业发展有一定的借鉴意义。目前，国内外有关软件产业的相关研究虽然较多，但存在不少的局限性。究其原因，一是软件产业自身具有不同于传统产业的特性，加上对这一产业研究历史较短，因而对其规律性较难把握；二是由于统计时间较短，软件产业发展的数据很难收集，其科学性研究受到一定限制；在对中国软件业的研究上的不足就更加明显。由于没有一个软件产业发展模式选择的分析框架，缺乏对各国软件业模式成功的内在原因的探讨和对中国软件业发展的深层次思考，因此不能提出适于中国软件业发展的模式。

第四节 研究方法

软件产业发展模式的研究是一种具体的产业发展模式研究，与产业发展模式的一般理论研究存在着相同之处。因此，产业发展模式的一般理论与影响要素的分析模型，同样可以成为软件产业发展模式研究的基础和分析起点。

在对软件产业模式选择进行理论分析时，我们运用经典理论结合软件产业发展特点进行分析。根据对过去相关文献的研究总结，产业发展模式主要的理论基础是国际分工理论，由于国际分工理论的不断发展，其内容涉及到多个基本理论，这些理论大致可归为比较优势理论和竞争优势理论两类。两种理论之间存在着既相互联系又相互区别的关系。笔者结合软件产业特点分析，我们认为竞争优势理论更适合来解释软件产业发展，并结合国际软件分工的新特点，运用了价值链方法分析了软件产业价值增值环节。

在研究产业发展影响因素的问题上，笔者运用了波特的竞争优势理论中的“钻石模型”及其发展模型进行研究。

波特通过对10个国家100多个产业的实证分析①，总结出了影响产业竞争力的主要因素，形成“钻石模型”。波特认为，从宏观角度来看，一个国家的竞争优势来源于四个基本因素和两个辅助因素（Porter，2003）。这些单一式系统性的环境因素都关系到企业的诞生和竞争模式。

波特的“钻石模型”并非一个完美的模型。在“钻石模型”提出不久，

① 波特研究的10个国家：丹麦、新加坡、德国、瑞典、意大利、瑞士、日本、韩国、英国和美国。被选为各国样本的产业大多是如意大利的制鞋业、瑞典的家具业等已经具有一定竞争优势的产业。

邓宁对其进行了补充，将“跨国公司商务活动”作为另一个外生变量引入到“钻石模型”中，后被学术界称为“波特—邓宁模式”。邓宁认为，波特的“钻石模型”中一个缺陷是其仅仅集中在“国家基地”这个概念上，从而低估了产品全球化和市场全球化对国家产业竞争优势的影响。随着经济全球化的发展，跨国界的经济活动和跨国公司的经营活动日益增加，从而直接或间接地影响了波特“钻石模型”中的各个互动的关键要素。他指出，应该将“跨国公司商务活动”看作第三个外生变量添加到波特的模型中，这样可以解决“钻石模型”低估了产品全球化和市场全球化对国家竞争优势影响的问题（Dunning，1993）。

波特的“钻石模型”诠释了六个要素组成的互动系统对产业国际竞争力的作用机制，为产业国际竞争力决定因素以及产业发展模式影响要素的分析提供了重要的分析框架。然而该模型存在的不足也决定了其在具体运用于不同国家的不同产业时需要进行修整和改进。在本书中我们结合软件业发展的特点，将“钻石模型”的共性与软件业的特性结合起来，用于分析软件业发展的影响要素。

本书中有关软件产业发展模式的具体选择中，我们运用的一个重要的分析方法就是战略分析的 SWOT 方法①，该方法贯穿本书的主要章节。

既然软件产业已成为各国的战略性产业，各国对软件产业模式的选择本质上就是对软件产业发展的战略模式的选择，因此，我们可以借鉴战略分析中的 SWOT 方法进行研究。

SWOT 方法是西方国家在对企业进行国际化经营战略选择时广泛应用的一种方法。SWOT 矩阵分析方法最早是美国战略学者安德鲁斯提出的，四个字母 SWOT 分别代表“Strengths”（自身优势）、“Weakness”（自身缺陷）、“Opportunities”（外部机遇）和“Threats（外部挑战和威胁）”。SWOT 分析能迅速掌握企业的竞争态势，是一种系统分析的工具，其目的在于对企业的综合情况进行客观公正的评价。通过识别企业的强项与弱项，机会与威胁的相关因素，就可能发挥优势，克服弱点，充分利用有利的机会，避免威胁，找到真正有利于企业发展的机会，对备选的战略方案作出系统的评价。

① Aethur A. Thompson, A. J. Strickland. *Strategic Management: Concept and Cases.* McGraw - Hill. 2003.

SWOT 分析实际上是将对企业内外部条件各方面内容进行综合和概括，进而分析组织的优劣势、面临的机会和威胁的一种方法。其中，优劣势分析主要是着眼于企业自身的实力及其与竞争对手的比较，而机会和威胁分析将注意力放在外部环境的变化及对企业可能的影响上。但是，外部环境的同一变化给具有不同资源和能力的企业带来的机会与威胁却可能完全不同，因此，两者之间又有紧密的联系。

进行 SWOT 分析时，主要需处理以下几个方面的内容：

第一，分析环境因素。运用各种调查研究方法，分析出组织所处的各种环境因素，即外部环境因素和内部能力因素。外部环境因素包括机会因素和威胁因素，它们是外部环境对组织的发展直接有影响的有利和不利因素，属于客观因素，一般归属为相对宏观的如经济的、政治的、社会的等不同范畴；内部环境因素包括优势因素和弱点因素，它们是组织在其发展中自身存在的积极和消极因素，属主动因素，一般归类为相对微观的如管理的、经营的、人力资源的等不同范畴。在调查分析这些因素时，不仅仅考虑历史与现状，而且更要站在未来的发展角度来衡量。

第二，构造 SWOT 矩阵。将调查得出的各种因素根据轻重缓急或影响程度等排序方式，构造 SWOT 矩阵。在此过程中，将那些对组织发展有直接的、重要的、大量的、迫切的、久远的影响因素优先排列出来，而将那些间接的、次要的、少许的、不急的、短暂的影响因素排列在后面。

第三，制定行动计划。在完成环境因素分析和 SWOT 矩阵的构造后，便可以制定出相应的行动计划。制定行动计划的基本思路是：发挥优势因素，克服弱点因素，利用机会因素，化解威胁因素；考虑过去，立足当前，着眼未来。运用系统分析的综合分析方法，将排列与考虑的各种环境因素相互匹配起来加以组合，得出可选择战略（表 1-1）。SWOT 方法为企业提供了四种可以选择的战略，即 SO 战略、WO 战略、ST 战略和 WT 战略。SO 战略是利用企业优势去抓住外部环境机会的战略；WO 战略是利用外部的有利机会来扭转企业劣势的战略；ST 战略是利用企业的优势去减轻或避免外界竞争环境的威胁与打击的战略；WT 战略是认真克服企业内部弱点和避免外部威胁的战略。SO 战略是一种发挥企业内部优势而利用企业外部机会的进攻性战略，企业通常采用 WO、ST 或 WT 战略，进而达到能够采用 SO 战略的状况。SWOT 方法同样可以用于软件业发展模式选择的分析。

表 1-1　　SWOT 分析矩阵

SWOT	内部劣势（W）	内部优势（S）
外部机会（O）	WO 战略 （利用外部机会，克服内部劣势） 合作性战略	SO 战略 （依靠内部优势，利用外部机会） 进攻性战略
外部威胁（T）	WT 战略 （克服内部劣势，回避外部威胁） 防御性战略	ST 战略 （依靠内部优势，回避外部威胁） 合作性战略

此外，在本书的研究中，我们还采用了动态分析方法、理论分析与实证分析相结合、分析与归纳相结合、系统分析与比较分析相结合、案例分析方法、计量分析等研究方法。

第五节　本书的概念框架

本书关于国际软件产业发展模式的研究将着力于以下四个方面：第一，结合国际分工的新特点以及软件产业自身发展的特点和规律对软件产业发展模式选择进行理论分析。第二，运用理论分析方法，将软件产业发展置于全球大环境下进行考察，具体考察影响国际软件产业发展的影响因素，进而运用 SWOT 分析方法，对影响要素进行分类，通过 SWOT 矩阵分析，各国就可以选择具体的产业发展模式，为下一步的研究构建起完整的分析框架。第三，从实证的角度，选取软件产业发展模式典型国家作为案例，通过剖析其产生、发展的轨迹和影响要素，对以上分析框架加以验证。第四，将上述研究的成果运用于软件产业发展模式选择的实践中，结合中国软件产业发展模式的状况以及中国软件产业发展目标，推演出中国软件产业发展模式。

基于以上分析，本书从以下几个方面展开研究（图 1-3）：第二章对国际软件产业发展状况的一个概述，这一章里清楚地界定了软件和软件产业的概念，并对软件产业的发展状况以及软件产业的特点做了概括性的总结，为以后章节的研究打下基础和作出铺垫。第三章是本书的重点，对国际软件产业发展模式选择理论的分析，围绕着国际分工理论展开，由于软件产业自身的特点和发展规律以及 20 世纪 80 年代后，国际分工出现的新特点，我们提出软件产业发展模式选择的理论基础。对国际软件产业发展的影响要素的分析是在理论研究的基础上，就相关影响因素的研究文献进行梳理，理顺其发展脉络，结合软件产业发展特点加以扩展，然后得出影响软件产业发展模式选择的要素。由此建立起整篇本书的分析框架。第四章中我们选取了印度模式作为典型案例进行实证分析，详细的剖析了印度模式形成的整个过程，它既是对前面研究结果的验证，又是下一章中国模式选择时可供借鉴的部分。第五章是对前述研究成果的应用，主要分析中国软件产业发展模式现状及影响要素，推演出中国软件产业应选择的发展模式：立足国内市场进行自主创新 + 大力发展外包业务和软件产品出口开拓国际市场。

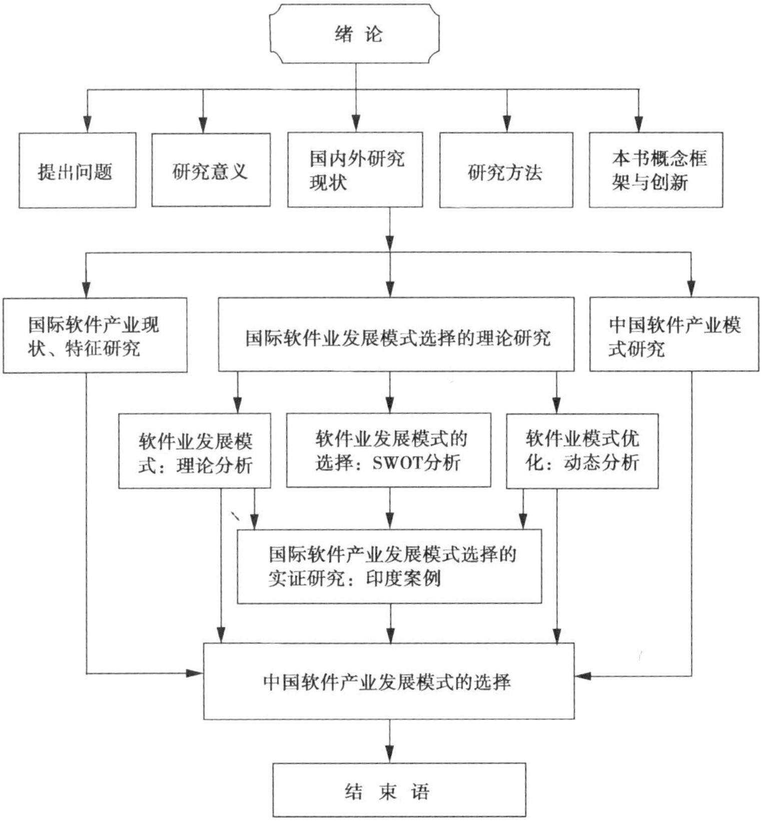

图 1－3 本书的概念框架

第二章 DI ER ZHANG

国际软件产业发展概述

软件与信息产业作为一种倍增器，不仅能提供技术、产品和装备，更要满足市场与应用的需求，为社会各行业提供系统解决方案和优质的信息增值服务。随着软件业国际化趋势的日益突出，一国软件业也就成为国际软件业发展的一个链条，因此，分析研究国际软件业产生和发展的轨迹及其产业特点对一国选择软件业发展模式意义重大。

第一节 软件产业的定义、分类与特征

概念的清楚界定是一切研究的基础，由于对软件及软件产业长期以来存在概念上的不同理解，因此，首先对软件、软件产业及分类进行概念的界定，并归纳出软件产业不同于传统产业的基本特征。

一、软件的定义及分类

（一）软件的定义

“软件”这一名词在20世纪60年代初从外国传到中国，当时许多人说不清它的确切含意。Software 一词是 soft 和 ware 两字组合而成。有人译为

"软制品"，也有人译为"软体"。现在应该统一称它为软件。对于它的一种公认的解释为，软件是计算机系统中与硬件相互依存的另一部分，它是包括程序、数据及其相关文档的完整集合。其中，程序是按事先设计的功能和性能要求执行的指令序列；数据是使程序能正常操纵信息的数据结构；文档是与程序开发、维护和使用有关的图文材料。尽管这个说法并不是计算机软件的精确定义，然而却有助于与扩充了含义的广义软件相区别。因为当前在产业界的经济活动中，相对于机器设备、车辆、原材料这样的有形实体以外，则可以把技术条件、管理法规以及人员素质这样的无形因素称为广义的软件。

官方对软件的解释也并不统一，对软件的定义都有强烈的管理需求导向，尽管这些定义大多是大同小异。国务院 2001 年 1 月颁布实施的《计算机软件保护条例》中，将软件定义如下：本条例所称计算机软件（以下简称软件），是指计算机程序及其有关文档。计算机程序是指为了得到某种结果而可以由计算机等具有信息处理能力的装置执行的代码化指令序列，或者可以被自动转换成代码指令序列的符号化语句序列。同一计算机程序的源程序和目标程序为同一作品。文档是指用来描述程序的内容、组成、设计、功能规格、开发情况、测试结果及使用方法的文字资料的图表等，如程序设计说明书、流程图和用户手册等。

原中华人民共和国信息产业部令第 5 号《软件产业管理办法》中，有如下阐述："本办法所称的软件产品，是指向用户提供的计算机软件、信息系统或设备中嵌入的软件或在提供计算机信息系统集成、应用服务等技术服务时提供的计算机软件。"并进一步定义了"国产软件"和"进口软件"，该文所称"国产软件"，是指在我国境内开发生产的软件产品；所称的"进口软件"，是指在我国境外开发，以各种形式在我国生产、经营的软件产品。从这个定义中，可以看出管理层对软件产业的理解更全面一些，但定义并非准确。因为，由于 R&D 资源的利用是不受国界限制的，因此，进口软件既可以在境外开发也可以在境内开发，出口软件也是同样的①。

本书所用的软件概念主要依据中国软件行业协会的定义。软件行业咨询

---

① 袁勤俭：《中国信息产业发展战略——基于产业组织理论的研究》，科学技术文献出版社 2003 年版，第 121—123 页。

报告中的软件是这样定义的：

所谓软件，又叫软设备，是计算机或计算机系统中事业的所有程序和有关资料的总称。包括各种操作系统、程序设计语言、编辑语言、检查程序及应用程序等。

软件产品同传统的工业产品相比，有其独特的特性。主要表现为：(1) 软件是一种逻辑实体，具有抽象性。这个特点使它与其他工程对象有着明显的差异。人们可以把它记录在纸上、内存和磁盘、光盘上，但却无法看到软件本身的形态，必须通过观察、分析、思考、判断，才能了解它的功能、性能等特性。(2) 软件没有明显的制造过程。一旦研制开发成功，就可以大量拷贝同一内容的副本。所以对软件的质量控制，必须着重在软件开发方面下工夫。由于软件的复制是件非常容易的事情，因此出现了软件产品的保护问题。为了使软件开发的复杂劳动受到社会的承认和尊重，必须在技术上和法律上采取有力的措施，对于任意复制软件的行为加以严格的限制。(3) 软件在使用过程中，没有磨损、老化的问题。软件在生存周期后期不会因为磨损而老化，但会为了适应硬件、环境以及需求的变化而进行修改，而这些修改又不可避免的引入错误，导致软件失效率升高，从而使得软件退化。当修改的成本变得难以接受时，软件就被抛弃。任何机械、电子设备在运行和使用中，其失效率大都遵循如图 2－1 (a) 所示的 U 型曲线。因为刚刚投入使用时，各部件还没有做到配合良好，常常容易出问题。经过一段时间运行，就可以稳定下来。而当设备经历了相当长时间的运转，就会出现磨损、老化等问题，使失效率越来越大。当失效率达到一定程度，就达到了寿

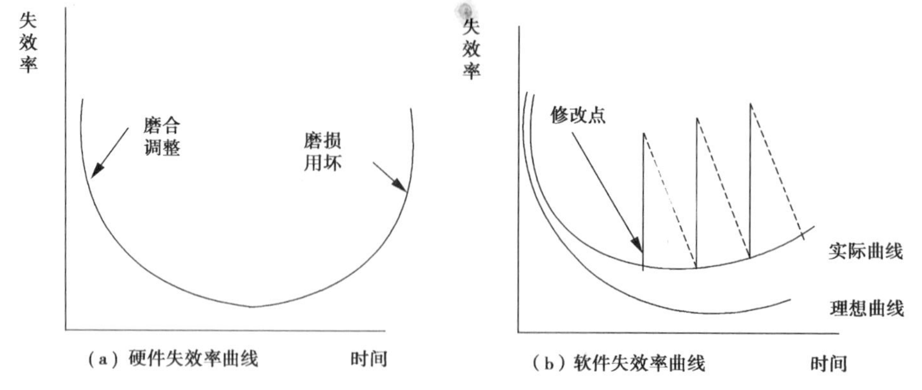

图 2－1　硬件和软件的失效率曲线图

命的终点。而软件的情况与此不同，它没有 U 形曲线的右半翼，因为它不存在磨损和老化问题。然而它存在退化问题。在软件的生存期中，为了使它能够克服以前没有发现的故障、使它能够适应硬件、软件环境的变化以及用户新的要求，必须要多次修改（维护）软件，而每次修改都不可避免的引入新的错误，这样一次次修改，导致软件失效率升高，如图 2－1（b）所示，从而使得软件退化。究其原因，新的错误多在设计或程序编码阶段产生。因此，软件维护比硬件维护要复杂得多，与硬件的维护有着本质的差别。(4) 软件对硬件和环境有着不同程度的依赖性。软件不能完全摆脱硬件单独活动。在开发和运行中必须以硬件提供的条件为依据。有的软件这种依赖性大些，常常为某个型号的计算机所专用，这对使用会带来许多不便。有的软件依赖于某个操作系统。为了解除这种依赖性，在软件开发中提出了软件移植问题，并且把软件的可移植性作为衡量软件质量的因素之一。(5) 软件的开发至今尚未完全摆脱手工作坊式的开发方式，生产效率低。软件产品大多是“定做”的，很少能做到利用现成的部件组装成所需的软件。近年来软件技术虽然取得了不少进展，提出了许多新的开发方法，但在软件项目中采用的比率仍然很低。由于传统的手工艺开发方式仍然占据统治地位，开发的效率自然受到很大的限制。(6) 软件是复杂的，而且以后会更加复杂。软件是人类有史以来生产的复杂度最高的工业产品。软件涉及人类社会的各行各业、方方面面，软件开发常常涉及其他领域的专门知识，这对软件工程师提出了很高的要求。软件的复杂性与软件技术的发展不相适应的状况越来越明显。图 2－2 表明了软件技术的发展落后于复杂的软件需求，并且随着

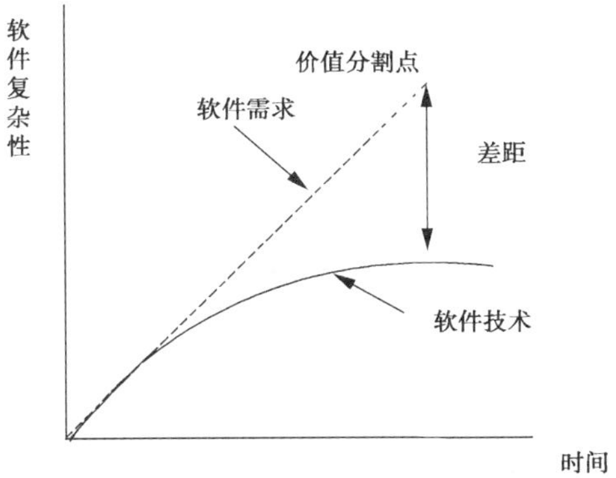

图 2－2 软件技术的发展落后于需求

时间的推移，这个差距日益加大。(7) 软件的成本相当昂贵。软件开发需要投入大量、高强度的脑力劳动，成本非常高，风险也大。值得注意的是硬件软件的成本50年来发生了很大的变化，现在软件的开销已大大超过了硬件的开销。如图2－3所示。美国每年投入巨额经费进行软件开发。然而，也并非在所有软件开发上的花费都能获得成果。(8) 软件工作牵涉到很多社会因素。许多软件的开发和运行涉及机构、体制和管理方式等问题，还会涉及到人们的观念和心理。这些人的因素，常常成为软件开发的困难所在，直接影响到项目的成败①。

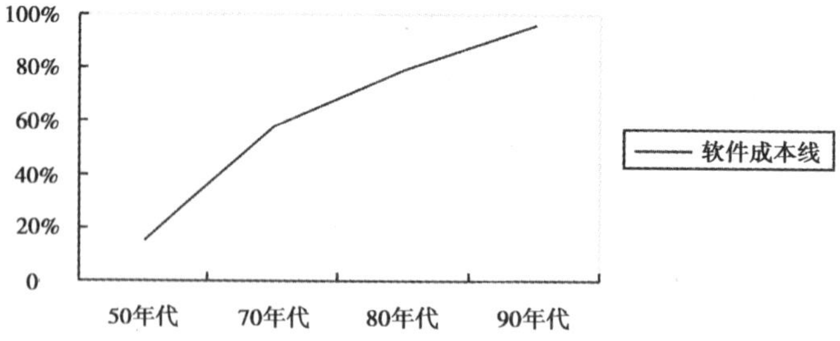

图2－3 计算机系统软件占软硬件总成本比率的变化

(二) 软件产品的分类

要给计算机软件做出科学的分类是很难的，找不到一个统一的严格分类标准，而从不同角度来对其作出分类是比较符合实际情况的。

1. 按软件的功能进行划分，可以将其划分为系统软件、支撑软件和应用软件

系统软件指的是能与计算机硬件紧密配合在一起，使计算机系统各个部件、相关的软件和数据协调、高效地工作的软件。例如，操作系统、数据库管理系统、设备驱动程序以及通信处理程序等。系统软件的工作通常伴随着频繁地与硬件交往、大量地为用户服务、资源共享与复杂的进程管理以及复杂数据结构的处理。系统软件是计算机系统必不可少的一个组成部分。

支撑软件是协助用户开发软件的工具性软件，其中包括帮助程序人员开发软件产品的工具，也包括帮助管理人员控制开发进程的工具（表2－1）。

① 中研普华管理咨询公司、中国行业研究网，http：//www.ChinaIRN.com。

表 2－1　支撑软件举例

一般类型	支持需求分析
文本编辑程序 文件格式化程序 磁盘向磁带做数据传输程序 程序库系统	PSL/PSA 问题描述语言、问题描述分析器 关系数据库系统 一致性检验程序 CARA 计算机辅助需求分析器
支持设计	支持实现
图形软件包 结构化流程图绘图程序 设计分析程序 程序结构图编辑程序	编辑程序 交叉编辑程序 预编译程序 连接编辑程序
支持测试	支持管理
静态分析程序 符号执行程序 模拟程序 测试覆盖检验程序	PERT 进度计划评审方法绘图程序 标准检验程序 库管理程序

资料来源：郑人杰等：《实用软件工程》，清华大学出版社 2001 年版，第 4 页。

应用软件是指直接完成某种具体应用无需用户重新编程的软件。应用软件一般是供最终用户使用的，这类软件的范围最广、产品最多、又分为通用应用软件和行业应用软件两类。通用应用软件包括办公及文字处理软件、通用财会软件、教育软件、游戏与娱乐软件以及其他通用软件。行业应用软件涉及金融、邮电、政府、教育科研、能源和交通等行业应用软件。

2. 按软件服务对象的范围划分为项目软件和产品软件两种

项目软件也称定制软件，是受某个特定客户（或少数客户）的委托，由一个或多个软件开发机构在合同的约束下开发出来的软件。如军用防空指挥系统、卫星控制系统的软件就属于这一类。这类项目软件中有的软件带有实验研究性质，完成项目后根据需要可在此基础上做进一步开发。为取得客户的委托项目，软件开发机构的质量管理、技术实力、开发经验以及履行合同的信誉成为受到重视的问题。

产品软件是由软件开发机构开发出来直接提供给市场，或是为千百个用户服务的软件。这是一些服务于多个目的及多个用户的软件。如文字处理软件、文本处理软件、财务处理软件、人事管理软件等。由于要参与市场竞争，其功能、使用性能以及培训和售后服务显得尤为重要。

3. 按使用的频度进行划分

有的软件开发出来后仅供一次使用。比如用于人口普查、工业普查的软件。由于若干年才进行一次普查，前些年开发的软件在若干年以后很难适用。有的统计资料或实验数据须按年度做统计分析，相应得软件每年运行一次。另外有些问题，须要每天及时进行数据处理，如天气预报。这类软件具有较高的使用频度。显然，开发不同使用频度的软件，有不同的要求，不可一律看待。

4. CCID 迪赛顾问对软件产品的分类

从 2000 年起，CCID 迪赛顾问对以往传统的软件划分方法进行了变革，根据软件产品在计算机系统中所处的层次和作用，将中国软件市场的软件产品分为以下三类——平台软件、中间软件和应用软件。

平台软件是指直接控制和协调计算机、通讯设备及其他外部设备，使之发生作用并方便用户使用的软件以及提供中间支持和运行环节的软件，这些环境结合起来可以提供应用软件运行的平台。平台软件包括操作系统、基于其上的数据库管理系统及开发工具、系统及网络管理软件、中文处理平台软件、图形图象管理软件、人机接口交互软件等。

中间软件主要包括中间件软件和计算机安全软件产品。

这个分类方法是根据软件产品在计算机系统中所处的层次和作用划分的，创新性地突破了传统的分类方法。但是，这种分类的准确性还有待于商榷。

本书对软件的分类采用传统的分类方法，原因有二：一是目前这类分类法在国内普遍采用，特别是官方提供的统计资料一般都采用这类统计方法。为便于数据的采集，保证数据的连续和统一，采用这种分类方法对统计、分析和预测非常有利；二是从技术层面考察，这种分类方法能够包含其他分类方法所列举的所有软件子类，不存在统计遗漏或重复统计的问题。正是基于统计上的需求，我们选择此分类方法。在本书中分析问题时也会借鉴 CCID 迪赛顾问的分类方法。

二、软件产业的定义及分类

（一）产业及软件产业

产业是一个相当模糊的概念。在英文中，“产业”、“工业”、“行业”等都可以称“Industry”，比汉语中的概念更加模糊。所以对于不同目的的研究，必须对“产业”加以定义。

简单地说，产业是具有某类共同特性的企业集合。某类共同特性是将企业划分为不同产业的基准。然而，同一企业有许多不同特征，用不同视角审视企业的各类共同特性，可将同一企业划归为不同的“产业”。这样看来似乎“产业”的边界是不确定的，其实并非如此，产业经济学作为应用经济理论，对“产业”边界进行界定的立足点，与其说是理论上的严密性，还不如说是现实的可用性。即产业经济学对“产业”划分的基准——企业某类特征，是有选择性的，这种选择性一般服从于以下两个经济分析需要：一是服从于企业市场关系的分析需要，以便于分析同一产业市场上企业间的垄断与竞争态势；二是服从于社会再生产过程中，大类部门之间、制造业各工业行业之间，以及行业内中间产品之间的均衡状态分析的需要。处于这些分析需要，必须选择具有使用相同原材料或相同生产技术、工艺或相同产品用途这一特性，作为划分不同企业的产业归属准则。因此，这里的产业就是指具有使用相同原材料或相同生产技术、工艺或相同用途产品企业的集合系统。

软件产业是一个快速发展的新兴产业，随着软件渗透性和融合性不断增强，不断产生具有不同性能、形式和内容的软件产品、服务和需求领域，软件产业的内涵和外延都在不断发生变化。

在不同机构的分类体系中，对软件及服务产业有不同的定义。ISIC（International Standard Classification Revision 3）第三次修订版中，软件及服务产业包括：硬件咨询业、软件咨询和供给业务、数据处理业务、数据库活动、办公与电算用机器维护及修理、其他的计算机相关活动等。在 CPA（Classification of Products by Activity）中，软件及服务产业包括：硬件咨询业、软件咨询和供给业务、数据处理业务、数据库活动、办公与电算用机器维护及修理、其他的计算机相关活动和软件产品的复制服务等。在 CPC（Provisional Central Product Classification United Nations）中，软件及服务产业包括：与计算机硬件安装有关的咨询服务、系统和软件咨询服务、系统分析服务、系统设计服务、程序设计服务、系统维护服务、数据处理服务、数据库服务和其他计算机服务等。在 NACE（Statistical Classification of Economic Acticities in the European Union）第一次修订版中，软件及服务产业包括：硬件咨询业、软件咨询和供给业务、数据处理业务、数据库活动、办公与电算用机器维护及修理、其他的计算机相关活动等；在 NAICS（North American Industrial Classification）中，软件及服务产业包括：数据库出版、软件出版、信息服务与数据处理服务、计算机系统设计及相关服务等。在美国的 SIC（Standard Industrial Classification）1987 年版中，软件及服务产业包括：计算机编程服务、预装软件、计算机集成系统设计、计算机数据处理及数据备份、信息检索服务、计算机设施管理服务、计算机出租和租赁、计算机维护与修理等。在加拿大的 SIC（Standard Industrial Classification）中，软件及服务产业包括：计算机咨询业、计算机输入备份、计算机维护、计算机处理、计算机编程、计算机出租和租赁等。在日本的产业分类体系中，软件及服务产业包括：计算机编程和其他软件服务、数据处理服务等信息服务。在澳大利亚的 ANZSIC 中，软件及服务产业包括：数据处理服务、信息存储与检索服务、计算机维护服务、计算机咨询服务等。在 IDC 中，软件及服务产业包括：套装软件（系统软件及应用、应用工具、应用解决方案）和服务（专业服务和技术支持服务）两大部分。由上可见，不同分类体系中对软件及服务产业的定义存在着一些差别。

在我国，原电子部计算机与微电子发展研究中心《计算机软件产业技术创新战略研究》课题组在 1996 年 12 月完成的报告中，将软件产业定义为：软件产业是指为有效地利用计算机资源而从事计算机程序编制、信息系统开发和集成及从事相关服务的产业。其准确性有待商榷。一是由于时间的推移，已经赋予软件产业更新的内容；二是产业定义应该从经济学的角度来定义，而不能单纯从技术角度去描述，逻辑上也不能以产业定义产业自身。

定义软件产业要考虑以下要素：（1）与国际惯例的一致性；（2）考虑软件产业本身的发展历史；（3）充分考虑软件产业的发展趋势；（4）与产业经济学、技术经济学等相关学科的统一和协调，坚持理论的严密性、科学性。

2006 年信息产业部组织编制的《软件与信息服务业“十一五”专项规

划》（以下简称《专项规划》）中首次对软件与信息服务业的概念进行了界定，拓展了软件产业的内涵和外延。根据软件产业发展历史、现状和趋势，参考国际用法和相关研究成果，在《专项规划》中，采用了“软件与信息服务业”指代软件产业和以软件为基础的信息服务业，并从产业构成上分为软件产品和信息服务。其中，软件产品主要包括操作系统、数据库管理系统等系统软件产品，中间件、网络及通信管理软件、工具及平台软件等支撑软件产品，以及通用软件、行业软件、嵌入式软件等应用软件产品。信息服务则包括信息系统集成、ASP（活动服务页）、信息系统运行和维护服务、数据中心与资源外包服务、数据加工与处理服务、软件测试服务、信息系统咨询和评估服务、信息系统监理、软件与信息系统管理和人才工程化培训、软件定制以及网络化服务等内涵丰富的内容。这一界定准确的把握软件产业的内涵和外延，有助于把握产业发展规律，有助于推动产业进步，促进产业发展[①]。本书的研究就是基于这一概念。

（二）软件产业的分类

1. 中国软件行业协会的分类

中国软件行业协会在其出版发行的《2000年中国软件产业研究报告》中，对软件产业和市场做了这样的阐述：“按照国际惯例，软件产业和软件市场包括软件产品与软件服务两大部分。软件服务涉及与软件相关的服务内容，主要包括信息系统集成、ASP[②]、信息系统运行和维护服务、数据中心与资源外包服务、数据加工与处理服务、软件测试服务、信息系统咨询和评估服务、信息系统监理、软件与信息系统管理和人才工程化培训等。其中，软件产品分为系统软件、支撑软件和应用软件。”这里，实际上包含两层含义，即软件产业可以细分为软件产品和服务两大部门，软件市场也相应细分为软件产品市场和软件服务市场。

中国软件行业协会采用的是一种传统的分类方法，分类本身是比较准确的。但是该报告的最大不足就是没有给出软件服务业的准确定义，且对软件服务的理解也不全面和准确。

---

① 信息产业部电子信息产品管理司：《2007年全国软件产业工作会议文件》，2006年12月。

② Active server Page（服务器端脚本编写环境）的缩写。

2. 麦肯锡公司的分类

麦肯锡公司（Mckinsey & Company）同样将软件业分为两大领域，即专业化服务和软件产品，其中软件产品又分为企业解决方案和大众市场成套软件。这与CCID、中国软件协会的理解不同，这种分类方法对理解软件发展变化是有益的启示。

3. IDC的分类方法

国际数据公司（International Data Corporation，IDC）在做市场研究时，将软件产业细分为以下几个领域：即应用解决方案（Application Solutions）、应用开发和配置软件（Application Development & Deployment Software）和系统基础软件（System Infrastructure Software）。IDC对三大类软件又进行了细分。其中，解决方案包括消费应用（如家庭、游戏和娱乐等）、协作应用（如集成协作环境、消息应用等）、内容管理应用（如文件及内容管理应用）、写作应用（如文字加工等）等子项；应用开发和配置软件包括信息/数据管理、应用设计和建筑工具、应用软件生命周期管理等内容；系统基础软件包括系统管理软件、网络管理、安全软件、中间件、系统级软件等内容。

4. 印度的分类

统计资料显示，印度将IT软件服务产业的统计分为产品和技术开发业（Product & Technology）、IT服务业（IT Services）和IT关联服务业（IT Enabled Services）。印度将软件服务的产业统计扩大为“IT服务”的概念。“IT服务”定义为“为实现增值在IT产品系统上使用任何IT软件而产生的任何一种服务”。但是在产业统计中，印度的“IT服务”实际上是广义的“信息服务”，除了真正意义上的软件服务，还包括硬件产品的维护和支持等内容。

本书兼容各种分类方法，借用王建平（2003）研究中的产业细分方法，将软件产业分为软件产品/技术开发业（Software Product & Technology Services，PTS）和软件服务业（Software Related Services，SRS）（如表2-2）。

表 2－2　**软件产业的领域细分**

应用解决方案	应用开发和配置软件	系统基础软件
消费应用 ——如家庭、游戏和娱乐等； 协作应用 ——集成协作环境、消息应用等； 内容管理应用 ——内容及文件管理应用； 写作应用 ——如文字加工等； 说话及自然语言应用 ——翻译、自然语言处理等； 企业资源管理 ——如财务、人力资源管理、材料管理、后勤管理、工资管理、项目管理等； 服务行业应用 ——如制造、零售、批发流通、CAD/DAE/CAM、产品信息管理、EDA 等； 客户关系管理应用 ——销售、营销、客户支持/呼叫中心等； 其他企业类应用 ——如商务业绩管理等。	信息/数据管理 应用设计和建筑工具 应用软件生命周期管理 应用服务器 信息存取和传输 其他开发工具 等等	系统管理软件 网络管理 安全软件 中间件 服务器软件 网络软件 系统级软件 等等

资料来源：转引自王建平：《软件产业理论与实践》，中国经济出版社 2003 年版，第 9 页。

这里所谈到的软件产品/技术开发业等同于软件产品/技术服务业，有时简称为产品开发业。软件产品/技术开发业产出的是软件产品和相关知识产权，根据软件产品的分类方法，产品开发业细分为系统软件、支撑软件和应用软件三大领域（市场）。这三大领域又可以归类为企业解决方案、大众软件产品两大类。一个国家软件产业的核心竞争力和核心价值主要体现在软件产品。

软件服务业提供的是各类专业性服务。不能将软件服务简单地理解为软件产品的售后服务和技术支持，这只是软件服务的一种，在产业中所占的比重很低。软件服务还包括各类软件专业化服务，许多部门从事高附加值的产业活动。

三、国际软件产业的特征

由于软件产业是一个知识密集型的高科技产业，因此该行业具有高科技产业共同具有的特点，如知识、技术密集；资金密集、风险性大；产品更新快、竞争性强；高度的创新性等，同时软件产业又具有其产业自身的特征：

（一）边际成本递减

若用 MC 代表边际成本，ΔQ 和 ΔTC 分别代表总产量增量和总成本增量，则边际成本、总产量增量和总成本增量的关系可表示如下：

$$MC=\frac{\Delta TC}{\Delta Q} \tag{2.1}$$

在传统产业中，固定成本与可变成本在产品的成本构成中都占有很大比重，其边际成本也因此较高。而在软件产业中，软件产品的固定成本，即设计、开发与检测新产品的成本是很高的，是产品生产成本的主要组成部分，而一旦产品开发成功，单位产品的边际成本却很低，近似于零，因此软件产品的生产不受生产能力的限制，即生产能力的扩大并不会提高生产成本反而有利于降低单位产品的成本。

根据经济学效率理论，$P=MC$ 是社会效率最高的定价模式，根据这一原理，由于软件产品的边际成本近似为零，那么软件产品的定价就应很低，甚至为零。然而，如果单纯从社会效率的角度出发对软件产品进行定价，那么软件企业巨额研发成本就难以回收，尤其是在软件产品知识产权还无法得到有效保护的条件下，软件产品很容易被盗版，由于盗版软件不涉及研发成本，其售价往往很低，因此，正版软件的成本就更难以回收。在此情况下，企业就会丧失创新动力，而创新对于经济的增长是不可或缺的。

（二）软件产业具有显著的系统效应

软件产业的系统效应是普遍存在的，所谓系统效应是指系统中某一组成部分的价值依赖于互补的另一组成部分的价值。例如，软件产品中的操作系统软件与应用软件的关系，操作系统本身的性能是很重要的，但是，操作系统的价值不仅仅依赖于其本身的价值，还取决于基于这一操作系统所开发的应用软件的价值。如微软的 Windows 操作系统的价值不仅在于其本身具有良好性能，还依赖于在其界面上所开发的各种应用软件的数量及良好性能。而作为用户来说，总是同应用软件直接接触，一种操作系统，如果在其基础上所开发的应用软件越多，那么就会有更多的人选择使用这一操作系统，同时也会促进更多应用软件在其平台上进行开发。操作系统与应用软件的这种关系构成了一种正反馈。

由于软件产业中系统效应的客观存在，导致企业在进行产品开发时，会有意识地根据系统效应的要求调整其产品开发的方向，营造产品的系统效应，并以其为优势争取更高的市场份额。这是与传统产业显著不同的一个特征，传统产业的产品之间的相互独立性较强。

（三）软件产品的网络外部性（网络效应）显著

网络外部性是指当一种产品对用户的价值随着采用相同的产品或可兼容产品的用户增加而增大时，就出现了网络外部性。网络用户所得到的价值包括产品本身所具有的那部分价值（自有价值）和当新的用户加入网络时，老用户从中获得的额外价值（协同价值）。

网络效应的存在会导致用户倾向于选择市场份额较高的产品。正是由于这种特征，企业在推广其软件产品时，迅速占领市场就成为其超越赢利目标的首要选择。在现实交易中，尽管一些企业以低价销售其新开发的软件产品，在短期之内会丧失部分利润，甚至出现亏损，但是，一旦打开市场，在用户中形成网络效应，其市场份额就会进一步增加，相应的会获得长期的利润。从某种程度上说，软件企业以低价推广其新产品也正是对软件产业特征的准确把握与正常反应。

（四）软件产业技术创新迅速

这是软件产业区别于传统产业的最突出特征。而且技术创新的周期在逐渐缩短，当前具有领先地位的产品会迅速地被性能更好的产品所替代。这一特征要求企业要时刻具有创新意识，保持创新能力，否则就会很快地被淘汰。技术的迅速变迁与产品的不断更新换代，对企业行为构成了有效约束，促使在位企业很难形成垄断地位或是利用垄断地位来制定高价。

软件产业技术创新迅速的特点也决定了软件业属于高风险行业。软件业的风险来自下列方面：（1）如同整个IT行业一样，产品的升级换代太快。这是一个速度至胜的行业，慢人一步将导致产品无人过问，对企业来说将是灭顶之灾。（2）软件业是个赢者通吃的行业，尤其在平台软件表现明显。这里只有第一，不允许有第二。做不到第一，往往只有出局的份。（3）软件产品的价格弹性不明显。一套软件产品，如果没有满足消费者需要的性能与稳定性，降价促销效果不明显。所以，软件项目开发之初，必须努力把握市场需求。判断失败，将有很大的风险。

（五）用户锁定

由于软件产品的边际成本几乎为零，而用户的转移成本却很大，在标准化和兼容性作用下，容易对用户进行锁定，强大的用户基础将形成企业强大的网络外部性。一旦建立起强大的用户基础，不但其他企业很难侵入，自身还能掠夺用户基础弱的其他企业的用户，并保持对用户长时期的锁定，形成正反馈效应，使自身成长得越来越强大，而将用户基础弱的企业挤出市场。因此，软件企业有时重视用户基础的建立甚至还强于企业技术创新能力的提高。由于软件产品相对其他高新技术产品对传统产业更具有市场融合性，所以市场范围广阔。潜在的用户基础很大，不但带来规模经济，更重要催生成长经济的产生。

（六）独特的竞争性垄断市场结构

一方面，由软件产品的强时效性和高收益性，产品更新快、进入企业多，导致市场竞争异常激烈；另一方面，由软件产品的用户被锁定的规模性和成长性，导致强者越强，直至垄断市场。但须注意的是，具有强大用户软件企业的产品生产是建立在竞争性异常强大的分工基础上的，建立的市场垄断不是损害消费者利益，而是增强消费者效用，因为企业不是停留在技术上的不进步，而是进行技术上的不断出新，企业不是通过限产提价来攫取垄断利润，而是通过创新以减少成本和降低价格来获取规模效应，所以既增大了企业利润，也扩大了消费者剩余。

（七）软件及服务产业是以人为本的知识型产业

软件及服务产业是一个特殊的行业，它的发展不需要大量的资金，不需要大面积的土地，不需要巨大的基础设施投资，不需要耗费大量资源，不造成环境污染，仅仅需要一流的人才。软件及服务产业从产业价值链的某些环节上讲又是劳动密集型产业，但是与传统的劳动密集型产业不同之处在于：传统的劳动密集型产业需要的是体力劳动者，而它需要的是受过良好教育的知识型劳动者。

（八）软件产业是一个高渗透性产业

软件产业的高渗透性主要表现在：（1）软件技术在产业中广泛运用，可以提升产业的技术水平，甚至可以使一些传统的夕阳产业转变为高科技产业；（2）软件技术在产品生产行业的广泛应用，使这些行业实现了生产自动化、采购和销售的网络化；（3）软件技术在商业中的广泛应用，正在使传统的商务模式向新的电子商务模式转变；（4）以软件技术为核心技术的因特网的发展，正在通过改变人们之间的信息交流方式，使人们工作、学习和生活的方式发生着变革。

（九）软件产业的可跨越性特点

与生物医药、新材料等其他高科技产业相比，在既定的技术路径中，软件产业产品创新和产品技术跨越的可能性更大。所谓产品技术跨越是指首次上市的从未出现过的产品，或对现有产品的显著改进，使其性能超越原有产品。产品技术跨越需要很强的研发能力，而作为合成性产业的医药、新材料行业，无论是产品还是工艺的创新都与生产过程的跨越、生产设备的更新、生产组织的改革相关，除需要很强的创新能力外，对技术基础、产业基础和投入的要求较高，因此在发展中国家这些产业实现跨越发展的机率比软件产业小得多。

（十）软件产业生产组织形式的专业开放性和“虚拟垂直一体化”

随着互联网的广泛应用，以专业化分工为核心的“虚拟垂直一体化”的新的生产组织方式逐渐取代“综合垂直型”的生产组织方式。软件业外包的发展就是这一特点的体现。

第二节 国际软件产业的发展

软件产业是一个知识密集型的高技术产业，它的发展几乎离不开信息技术的发展，在本节中主要考察的是国际软件产业产生、发展的几个阶段。

一、国际软件产业的发展阶段

从软件产业发展的历史看，它大致经历了四个主要阶段①：

第一阶段：1945—1965 年，与计算机的发展和商业化有关，软件开发主要来自计算机厂商和用户，主要围绕大型主机，着眼于标准化和系列化。

① W. Edward Steinmueller. *The U. S. Software industry：An Analysis and Interpretive History*. March 14，1995.

在这一阶段出现了早期的专业服务公司。在美国由于政府启动的几个大型软件项目，为第一批独立的美国软件公司提供了学习的机会，并使美国在软件业中成为早期的主角。

第二阶段：1965—1978 年，面向应用服务，硬件/软件开始出现分工，带动独立软件商（ISV）和定制软件出现。IBM 给软件与硬件分别定价的决定再次证实了软件业的独立性，在随后的岁月里，越来越多的独立软件公司破土而出，为所有不同规模的企业提供新产品——可以看出它们超越了硬件厂商所提供的产品，最终客户开始从硬件公司以外的卖主那儿寻找它们的软件来源并确定购买。

第三阶段：1978—1993 年，桌面机出现，小型化趋势，导致套装软件产品的迅猛发展，推动解决方案提供商出现，软件供应源已不是计算机厂商和用户。1981 年 8 月 12 日发布的 IBM 个人计算机（IBM PC），成为领先的平台。有了 IBM PC，一个新的软件时代开始了。同时，这一时期也是真正独立的软件业的诞生，以及收缩—覆盖的成套软件引入的开端。

第四阶段：1994 年至今，网络时代的到来，产品渗透渠道加快，超出原来的销售渠道，传播更快，带来一系列新产品/新应用/新模式，网络也带来了新冲击，如开放源程序和共享软件以及新的服务模式。提供无限联网容量的互联网的腾飞，开创了一个新的时代。尽管软件公司的大部分还将进一步面临多个不同标准和平台共存的挑战，软件业也许将会受到新的万维网商业机遇和集中趋势的强烈影响。

二、国际软件产业发展的现状

（一）总体状况

国际软件产业经历了 20 世纪 90 年代的高速增长和网络泡沫破灭后的低潮期，目前正呈现稳步增长的态势。20 世纪 90 年代，国际软件产业年平均增长率一直保持在 15%—20% 之间，前景喜人。然而进入 21 世纪，发达国家的经济发展进入衰退和萧条期，给信息产业的发展带来明显的冲击，软件产业长期以来存在的一些内在危机和矛盾也凸显出来。据 IDC 统计，2001 年全球软件市场增长率仅 0.3%。不过从 2003 年开始，信息产业的增长速度开始回升，其中软件产业的拉动作用尤其明显。据 ETTO 数据，全球信息产业 2004—2006 年平均增长率为 4.6%，其中软件产品为 6.3%，软件服务

5.5%，而硬件的增长率仅为3.0%。2005年世界软件业产值已达8 239亿美元，预计2008年将超过10 000亿美元①。

随着国际生产要素的重组和产业的转移，软件业正在经历生产方式的全球性变革，全球软件产业链的上游、中游和下游链条分布逐渐明晰，以美国、日本、欧洲、印度、中国等为主形成了目前国际软件产业分工体系。

美国拥有全球三分之一的顶尖软件人才，掌握着最先进的软件技术，以微软、IBM、甲骨文等跨国公司为龙头的软件企业垄断着全球最大的数据库管理软件，在全球软件产业链中处于高端霸主地位。美国还是全球最大的软件产品出口国。

日本、英国、法国、德国充分利用本国传统产业信息化的机遇，大力发展系统软件、开发工具软件以及行业应用软件，在某些系统软件领域和软件应用领域具有全球竞争优势。

亚洲软件市场潜力巨大，生产成本优势明显。由于发达国家面临着IT开发人员严重不足和开发费用居高不下的难题，以印度为首的一些国家抓住软件外包兴起的机遇，软件产业持续高速发展。以印度为代表，占全球软件外包的较大份额（表2-3、图2-4）。

表2-3　　中、美、欧盟、日、印、韩在全球软件产业所占份额表

单位：亿美元

	中国	美国	欧盟	日本	印度	韩国	全球	年增长
2004年	335	3 115	2 382	832	226	207	7 826	4.63%
份额	4.3%	39.8%	30.4%	10.63%	2.9%	2.7%	100%	
2005年	484	3 213	2 428	855	295	213	8 239	5.27%
份额	5.9%	39.0%	29.5%	10.4%	3.6%	2.6%	100%	

资料来源：中国软件行业协会编：《2006年中国软件产业研究报告》，2006年4月。

2005年全球软件产业销售份额分配为美国39.0%，欧盟29.5%，日本10.4%。中国、印度、韩国软件的份额分别为5.9%、3.5%、2.5%。美国、西欧和日本软件产业占有全球80%份额②。印度和中国以及其他一些国

① 中国软件行业协会：《2006年中国软件产业研究报告》，2006年4月。

② 中国软件行业协会：《2006年中国软件产业研究报告》，2006年4月。

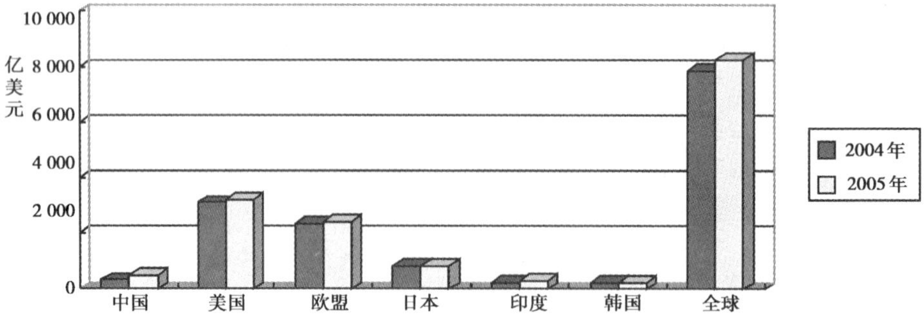

图 2－4　2004—2005 年中、美、欧盟、日、印、韩软件产业比较图

家处于软件产业低端和初级阶段。

在全球软件产业分工体系中，全球软件出口市场形成四大战略阵营模式（见图 2－5）。

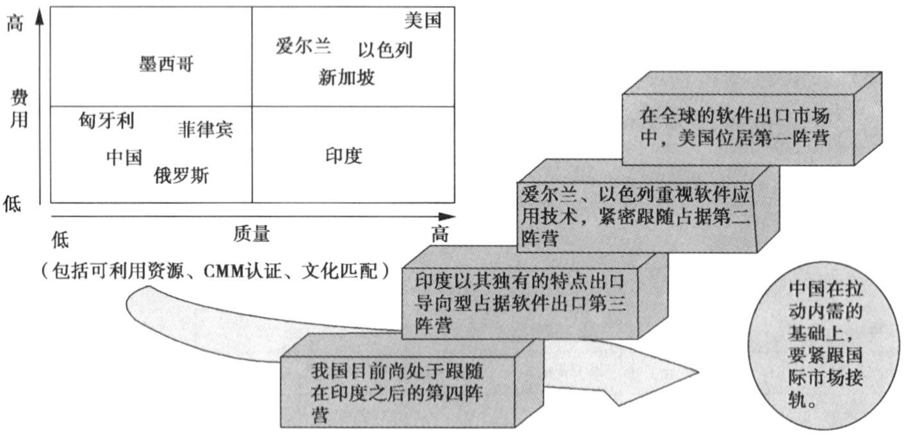

图 2－5　全球软件出口市场战略格局

进入 21 世纪，信息产业的世界性结构调整日益明显，已从硬件主导型向软件和服务主导型转变。在信息产业最发达的美国，软件和服务的销售收入与硬件的销售收入之比已接近 7∶3。

（二）国际软件产业发展趋势

随着 IT 新技术的不断出现，也给软件业的发展带来新的发展趋势，主要体现在：

1. 相关技术发展趋势

随着计算机、通信、消费类电子产品的互相渗透，三网融合必然对软件产品的开发和软件服务模式的发展产生深刻而巨大的影响。网络化软件正成为研究和投资的热点，成为软件产业的重要组成部分。在各种软件中，系统软件是核心。近年来，系统软件已由16位、32位虚拟地址向64位虚拟地址过渡，并正在向满足因特网接入方面发展。

Linux是首先执行TCP/IP协议的操作系统之一，它带领自由软件迅速崛起。

应用软件是软件中发展最快的、最具有活力的一部分。随着计算机应用的扩展，它涉及的领域越来越广，其中，最引人注目的是基于Java平台和数据仓库环境下的应用软件。

在支撑软件方面，组件技术是一种新的软件开发技术，它既能提供预定义的功能，又能快速实现复杂的特殊功能，极大地提高了软件产业的生产效率。

在网络软件方面，WWW软件推动了因特网高速发展。随后采用WWW和HTML标准开发的新型用户界面——浏览器走上历史舞台。

软件技术的发展促进了安全技术的发展。软件可靠性和服务的安全性成为国家安全的关键技术。

2. 全球整体IT投入增长将推动软件服务业的增长

美林证券公司对北美50家公司的CIO进行了一项调查，根据调查结果预计2005年信息技术支出增长率在5%左右，而商务智能软件、数据存储和安全方面支出所占的比重上升。Gartner则预计全球IT投入在2004年将增加5.5%，而IDC的预测增长幅度则为7%。尽管这些数据有差异，但是毋庸置疑的一点是在服务业与制造业融合发展的趋势下，信息化浪潮在推动IT投入增长的同时，将大幅度推动软件产业、尤其是软件服务业的发展。

应用管理、软件实施支持服务和商务过程管理与商务过程外包将是未来软件服务业增长的主要领域，尤其是面向特定行业应用（软件服务的行业渗透）的信息系统整合、知识管理、资料存储将对软件服务业的增长带来强劲的拉动力。

3. 网络服务正在改变软件开发动向与服务模式变革

网络服务正在改变软件服务的商业模式，系统软件与因特网、局域网的整合应用将解决传统的多平台服务模式的兼容性所带来的一系列老问题，网络服务正在成为软件服务业发展的巨大推动力，这一推动表现在技术革新、商务模式还有收入增长三方面。据 IDC 估计，到 2007 年，网络应用于服务将为软件业的增长份额做出 65% 的贡献，网络安全整体解决方案将成为用户的首选，专业网络安全服务将受到青睐（图 2－6）。

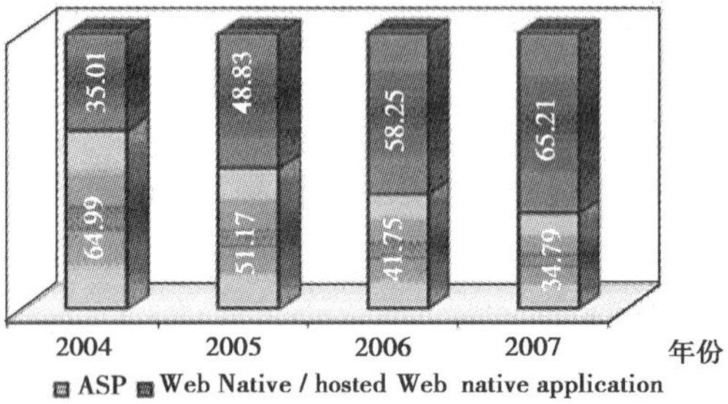

数据来源：*Global Software（Future Ourlook）*, Cygnus Business Consulting & Research.

图 2－6　2004—2007 年软件服务方式的比重结构预测（%）

成熟的软件产品市场的增长幅度越来越有限，而服务越来越成为软件产业的基本特征，为此很多软件公司开始转向服务供应，例如微软可能将今后的工作重点放在服务的供应上，2005 年初已悄然在 IT 部门启动一个项目，也就是为电池生产商 Energizer（劲量电池公司）外包全方位的 IT 服务。该协议如一座里程碑，因为在这之前微软从未接管企业客户的全球安装项目。

4. 外包将继续成为行业发展的亮点

尽管近两年美国政府对 IT 外包表现了一些负面态度，开始通过限制 H1 签证的发放限制政府业务外包，但是由于外包有利于美国企业健康低成本、改善竞争力并创造新的价值，因此软件外包服务还将高速增长。Gartner 预计，2002—2007 年全球离岸外包市场的复合年增长率将高达 78.91%，离岸外包在 2007 年将占到 BPO 的 14%（见图 2－7），其中客户交互服务（Customer Interaction services）、金融与会计服务、转化与本地化服务、市场研究、远程教育将是未来软件外包的主要增长领域。

5. 新兴市场将重点转向高端咨询服务领域

随着中国、菲律宾等软件新兴大国纷纷试图复制印度软件业的成功历程并在低成本的价格优势上取代印度曾经拥有的地位，印度软件业的成本优势

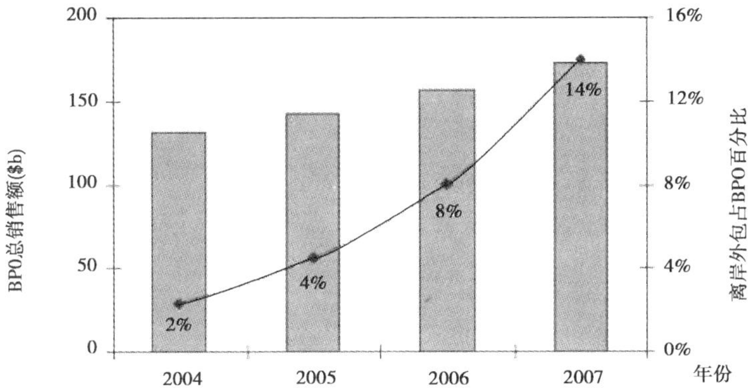

数据来源：*Global Software*（*Future Ourlook*），Cygnus Business Consulting & Research.

图 2-7 2004—2007 年全球离岸外包的增长幅度及其在 BPO 中的比重变化

逐渐丧失。面对这一趋势，印度软件业将转向价值链中的高端环节作为必然选择。与此同时，中国、爱尔兰等国也将模仿印度的模式，一起转向 IT 咨询、整体实施、系统整合等服务领域。可以说以印度为“领头羊”的有实力的新兴市场将从传统的软件代工与维护转向增值潜力大的咨询服务环节。

6. 跨国公司积极拓展发展中国家市场

许多跨国软件公司将进一步开拓、稳固它们在新兴市场中的发展空间，主要是在印度和中国的发展空间，中国和印度未来几年软件业将分别保持 23.1% 和 39.4% 的复合年增长率，在这两个国家设立研发中心、拓展外包空间已经成为众多跨国软件公司的必然选择。

7. 大公司的市场地位将更加稳固

软件服务业的分化、片断化受不同行业、不同规模的企业用户对技术服务的需求层次的差异的驱动，在这种需求差异下，很多小的软件公司在产业发展的快速上升期可以通过一种技术、一种服务在特定的行业、甚至某一行业的细分市场获得生存空间，同时这些为数不少的小公司也有助于减少大型软件服务公司的商务成本，因为小公司是不错的外包选择对象。

市场片断化的同时大型软件公司的地位将进一步得到巩固，稳固化是大型软件公司的发展趋势。随着产业逐渐进入稳定发展阶段，小型公司将发现自己的生存空间越来越小，甚至出现财政危机，而大型公司的盈利则越来越丰厚和稳固，在这种环境下，大公司将收购那些面临市场压力的小公司，获取其创新软件和服务客户，从而进一步巩固自己的市场地位。

8. 企业用户更加趋向于定制解决方案应用与服务

企业用户在软件方面的需求将从产品购买模式向整体解决方案购买模式过渡。在具体需求方面，将突出表现在以下几点：一是大型企业用户的投资更加务实，更加注重信息化资源整合，对于高端数据管理、系统的灾备管理及基于网格应用的系统管理等软件需求增长；二是政府职能转变与IT应用相辅相成，电子政务的推进促使政府部门逐渐向“服务政府”、“透明政府”、“效能政府”转变，政府对于信息安全解决方案的需求将迅速放大，尤其是中国政府；三是中小企业更需要适合其业务发展的功能比较细分、价格比较适中的解决方案，比如项目管理系统，工程管理系统，协同办公系统等等。

9. 应用软件的行业渗透趋势将加强

行业应用软件在软件产品市场中占据最大的比重，并将是软件行业发展的重要动力。未来几年，传统产业改造升级以及行业信息化发展步伐的加快，将对行业应用软件产生巨大的需求。从经济发展的角度来看，传统产业改造将为应用软件的发展创造良好的市场条件。同时，具有一定品牌和市场优势的软件企业也为行业应用软件发展奠定了良好的基础。因此，应用软件企业将会拓展产品领域，在重点发展金融、电信、政府、教育、能源等行业应用软件的同时，全方位打造数条纵向产业链，如机械电器、石油化工、纺织服装、食品饮料、建筑材料、医药化工、汽车等行业应用软件，以形成行业竞争的新优势。

第三节 国际软件产业发展对世界经济的影响

软件产业对其他各行业有较强的渗透性，应用软件产品和技术改造传统产业能够提高劳动生产率，从而带动整个国民经济的发展。经济全球化及软件产业的国际分工使得这种带动作用从一国延展到全球范畴，软件产业的发展加速了经济全球化，推动了各国经济发展。

一、软件产业对世界经济发展的影响

随着软件产业发展领域不断深化，软件技术的发展不断取得新的突破，对各国经济增长、产业结构调整和传统产业的改造起到了巨大的推动作用。

（一）对经济增长的贡献显著

当世界步入信息时代，作为信息产业核心的软件及信息服务产业，已成为新世纪全球的第一大产业。软件技术的不断创新加速了产品的更新换代，拓展了产业链的覆盖范围，促进产业整体升级，从而扩大了经济总量。而软件技术的扩散和应用又加深了软件产业与其他产业的融合，开创出更多的技术应用范畴，继而扩大了对软件产品和服务的需求，创造了巨大的市场。产业与市场的结合带动了国家经济的发展。20 世纪 90 年代年平均增长率一直保持在 15%—20% 之间，从 1999 年以来，世界软件行业产值年均增长达到 12%，远远高于全球经济增长的平均增长率。2001 年产值已高达 6 219 亿美元，2004 年全球软件行业规模已接近 9 000 亿美元，全球软件贸易规模接近 2 000 亿美元。2005 年，随着全球经济一体化、信息化、数字化进程加快，全球软件产业规模达到 8 239 亿美元，增长 5. 27%①。

（二）加快了经济结构调整

随着国际软件产业的飞速发展与广泛运用，使各国的第三产业获得了巨大发展。兴起了许多以软件技术为核心的新兴产业，并逐步成为主导产业，带动了一系列关联产业的产生与变化，引发了产业结构的深刻变革。

软件技术在各部门的广泛应用，改变了生产要素的投入量与投入比例、生产组织与经营模式等，引起了经济结构比例的调整，推动了经济的持续增长。信息技术的应用极大地改变了劳动力结构，如体力劳动者与脑力劳动者的比例——在机械化初期阶段，两者之比为 9∶1，在自动化条件下，两者比例正相反，为 1∶9。20 世纪 90 年代以来，全球经济结构调整进入深化期。发达国家一方面大力发展以信息技术特别是软件技术为核心的高新技术产业，使高新技术产业在国民生产总值中所占比例不断提高。另一方面，加速利用信息技术对传统产业进行改造，产业结构进一步高级化和软化。当前发达国家正在提出和实施一系列以信息技术为核心的经济发展与调整战略，如

① 中国软件行业协会：《2006 年中国软件产业研究报告》，2006 年 4 月。

信息高速公路、全球信息基础设施、数字经济、全球电子商务框架等，这使世界上许多国家清醒地意识到必须尽快大力发展信息技术，缩小在这一领域与先进国家的差距。目前，这场由信息技术引发的全球经济结构调整的浪潮仍在持续高涨，信息技术仍将在其中发挥决定性作用①。

（三）提升和带动传统产业发展

传统产业是相对于软件产业等新兴产业而言具有较长历史的产业。对于发达国家，主要包括农业、能源、交通、建筑、传统工业等，对于发展中国家，传统工业主要包括农业、能源、交通等产业。尽管目前科技已成为经济发展的主导力量，传统产业仍是国民经济的重要组成部分，对经济生活的各个方面有重要的影响。但是，传统产业的发展在经济全球化下显露出一系列问题，影响其进一步快速、持续发展。当前软件技术已经广泛渗透到各个领域，对传统产业从设计、制造、销售、运输到管理都产生了深刻的影响。

1. 软件技术的运用改造了传统产业的工艺流程，促进了传统产品的升级换代

随着经济全球化的出现，企业面对的是一个更大的市场空间、更激烈的竞争环境，要适应这种竞争，有必要建立一个在信息化基础之上的快速反应系统。ERP 系统（Enterprise Resource Plan，即企业资源计划管理系统）就是其中一例，使复杂的生产工艺系统中的物流得以及时进行合理配置，质量控制更加有效，从而大大提高了生产效率。

2. 软件技术的运用使传统产业的发展出现了国际化趋势

信息技术、软件技术的运用使传统产业的地域经济界限越来越模糊，传统产业的国际分工从不同产业的全球分工，到产业内全球分工，又发展到企业内的全球分工，国际合作比以往任何时候更加紧密。

总而言之，计算机技术、通信技术和网络技术的结合，使得软件产业将在较长时期内保持主导地位，并且随着软件技术与传统技术交叉、融合、将大大带动传统产业的发展，并不断催生出新的产业门类，加速农业、制造业和服务业等传统产业的高技术化进程。

---

① 娄勤俭主编：《中国电子信息产业发展模式研究》，中国经济出版社 2003 年版，第 27—28 页。

二、软件产业对国际经济关系的影响

信息技术正日益成为各国特别是发达国家竞争的焦点，发达国家往往会利用掌握先进信息技术的优势加强自身国际竞争力，在国际竞争中占据越来越重要的地位，这加剧了国际经济发展的不平衡，对信息时代的经济安全也提出了新挑战。

（一）改变地区间经济实力的对比

在信息时代，国家综合国力竞争的焦点集中在对知识和信息资源的利用上，具体表现在高新技术产业以及软件产业的发展上。一个成功的案例就是美国。美国在信息技术革命中起步最早，率先发展“信息高速公路”，实施“数字地球”战略，抢占信息时代的国际竞争制高点，进一步扩大其在国际竞争中的优势地位，凭借先进的信息技术，形成经济领域的竞争优势，主导全球化进程，强化影响能力，使世界格局朝着有利于自己的方向发展。

软件产业等高新技术产业的迅猛发展引起世界产业结构的调整，这种调整使国际分工格局发生深刻变化。国家间、企业间相互依存关系日益紧密，竞争方式也随之发生很大变化。既存在竞争也注重合作，各种战略合作或战略联盟关系纷纷出现，而国家间结盟及跨国界的企业并购，更使得资源在全球范围内重新优化组合，甚至出现了行业巨人和国家集团。强强联合成为信息产业领域加强竞争优势的主要手段，由此，软件产业的发展使得发达国家（地区）间经济联系进一步加强，经济实力加速提高，拉大了与落后国家（地区）间的差距。

（二）对世界经济安全提出新挑战

冷战结束后，国际政治经济新秩序得到了重建，国与国之间的竞争已经转向以经济竞争、科技竞争为主要特征的综合国力竞争，以军事安全为核心的传统国家安全地位相对下降，许多国家开始关注非军事因素对国家安全的威胁及防范措施，经济安全就是其中之一。软件技术的发展为保障国家的经济安全，提供了先进的技术手段，同时也对经济安全造成威胁，提出了新挑战。

软件技术的发展加剧世界经济的不安全性，主要体现在以下方面：首先，加大了各国家、经济体之间在经济风险防范方面的实力差距。软件技术的高渗透性使得发达国家（地区、经济体）的软件产品在不发达国家（地区、经济体）内日益得到应用，不发达地区计算机软件操作系统的核心技术多为国外厂商掌握，经济安全因此而倍受威胁。对于不发达地区而言，软件应用越广泛，这种威胁越大。其次，使世界经济出现风险的因素增强。软件技术渗透到国民经济的各个领域，这就使信息安全成为影响经济安全的重要问题。从前，一个国家为了自己的经济安全，防止资金外逃或无秩序流入，改善本国贸易收支的正常进行，维护本国货币汇率的稳定，对出入国境的资金可以实行有效的外汇管理。但在金融服务业日益国际化的今天，外汇管理的难度越来越大。随着信息技术的发展，金融投资者可以 24 小时在全世界兴风作浪，对各国的经济安全、金融安全造成了极大的威胁。且信息技术也加快了风险和危机的传播速度，扩大了风险和危机的传播范围。

本章小结

研究一个产业，首先需要对这个产业有一个清晰的界定。本章在软件产业的概述中首先对“软件”、“软件产业”进行了概念上的界定和分类，作为后续研究的基础，本书所用的“软件”定义是中国软件协会的定义；“软件产业”是与 2006 年信息产业部组织编制的《软件与信息服务业“十一五”专项规划》的概念相一致。

了解国际软件产业发展的历史阶段、现状可以预见一个产业的发展趋势和把握产业特点，本章对国际软件产业的发展轨迹作了考察并对软件产业的特点进行了总结。目前，国际软件产业呈现出稳步增长的态势，随着国际生产要素的重组和产业的转移，软件业正经历生产方式的全球性变革，全球软件产业价值链的上游、中游和下游链条分布逐渐明晰，以美国、日本、欧洲、印度、中国为主形成了目前国际软件产业分工体系。分析表明软件产业成为一个快速发展的产业、发展前景广阔，而且软件产业的战略性地位日益显现，为发达国家和发展中国家所普遍重视。

作为知识性产业，软件具有高科技产业所具有的共同特征，同时又具有自身的特征，表现为：边际成本递减、显著的系统效应、软件产品的网络外部性显著、产业技术创新迅速、用户锁定、独特的竞争性垄断市场结构、以人为本的知识性产业、高渗透性、发展的可跨越性和生产组织形式的专业开放性和“虚拟垂直一体化”。

由于软件产业对其他各行业有较强的渗透性的特点，软件产业对各国乃至世界经济的影响将是巨大的。具体体现在两个方面：推动世界经济发展的推动和对国际经济关系的影响。

第三章 DI SAN ZHANG

国际软件业发展模式的理论研究

第一节 软件业发展模式：理论分析

一、软件业发展模式的基本概念

对模式进行科学、准确的界定并非容易。这是因为，一方面模式并不像制度那样，是一个容易描述的关系单一的组织实体。模式是由多个相对独立的因素构成的主体。在一个由多种不同关系构成的模式中，要用一致性定义模式显然是很困难的。定义的过程是通过抽象找到一致性的过程。另一方面，由于对模式本身的研究时间较短，模式本身也并没有成为主流经济学的研究范畴，在具体问题的研究框架中，对于模式本身的研究，也只能具体问题具体分析。

（一）产业发展模式的定义

1. 产业发展的概念

发展意味着变化，在社会科学中，发展总是被赋予某种特定的含义。发展通常是指事物从简单到复杂、从低级到高级的演进过程。因此，发展意味着进步，具有进化特征。无论是经济发展、产业发展、还是文化发展等等，都意味着成长、壮大、成熟和高级化。发展通常被赋予积极的价值评价含义，大多数人认为，发展是好的，是值得追求的。因此，尽管在讨论和研究发展问题时，有些人宣称仅采用实证方法，避免规范性的价值判断。但实际上，发展概念本身已蕴涵着规范前提：发展意味着进步，即从落后变化为先进，一般来说，先进比落后要好，人类也都在追求进步。

由产业定义可知，产业作为具有某种共同特性的企业构成的集合或系统，它是一国国民经济的有机组成部分，产业的集合就构成了整个国民经济。因此，产业的发展就是指产业的产生、成长和进化过程，既包括单个产业的进化过程，又包括产业总体，即整个国民经济的进化过程。这里所说的"进化过程"，其核心就是一个结构变化过程。

一般来讲，我们讲的"产业发展"的概念类似于"经济增长"。当然，后者的含义要比前者宽的多。两者的关系是经济发展包含了产业发展，同时经济发展又是以产业发展为基础和前提的。

2. 产业发展模式的定义

在一个国家，无论什么产业，它总是依据自身特点，适应市场环境的要求，在自变和应变中，从无到有、从小到大、由简单到复杂，由低级到高级变化的发展。一个产业总是在一个较长的生存和发展过程中，逐渐地形成较为固定的发展形式。

由于对"模式"的准确界定较难，所以对产业发展模式的定义也就存在不同的理解，主要有以下几种：

（1）结构即模式。钱纳里在《结构转换：经济发展的实证研究程序》中，认为模式即是结构，把库兹涅茨开创的结构转换理论称为"库兹涅茨增长"模式。

（2）类型即模式。20 世纪 60 年代以来，东亚地区的经济高速发展，形成了所谓的东亚模式。它是指在大空间之内某些地区和某些国家的经济发展类型，这种模式在 80 年代以后的中国也曾出现，如苏南模式、温州模式等①。

（3）途径即模式。例如工业化模式就是实现工业化的途径。世界各国工业化的模式大致可以划分为四种：资本主义自由工业化模式、资本主义不

① 娄勤俭主编：《中国电子信息产业发展模式研究》，中国经济出版社 2003 年版，第 38 页。

完全市场经济模式、社会主义中央计划模式、社会主义市场经济模式①。

（4）模式是对一个经济现象内部经济结构的系统化描述。产业发展是对产业自身的各结构及各种影响产业发展的外部因素的内部结构所进行的系统性描述。

（5）模式是对多因素相互作用构成整体的认识和把握。模式覆盖的空间不是传统意义上的纯经济学空间，而是包括文化、政治、历史和制度在内的以经济学为中心向其边缘扩展的多维空间②。

综上可知，产业发展模式是在既定的外部发展条件和市场定位的基础上，通过产业内部和外部的一系列结构所反映出来的一种资源利用方式。

（二）产业发展模式概念的内容

1. 模式是对不同结构的描述

任何一种产业的发展模式，都可以通过某种结构来反映。出口导向型意味着产业出口值在整个产业中的比重比较高；劳动密集型说明的是在各种要素的投入中，产业的单位产值或单位资产中劳动的比例比较高。政府调控型产业发展模式反映的是在配置资源时，政府的作用程度大于市场。

2. 一种模式意味着模式本身反映了资源的利用方式

劳动密集型的产业发展模式要求把有限的资源投入到劳动力/资金构成比例高的产业中，用同样多的资金容纳更多的劳动力，以便充分利用人力资源；以大企业为主的发展模式则意味着产业发展的各种资源（资金、劳动力、技术）的集中度更高，以便充分发挥规模经济效益。重点产业突破的产业发展模式则要求根据本国的资源条件和发展基础，选择几个战略产业或者主导产业重点突破，占领产业制高点或者赢得产业优势地位。

3. 产业发展可以通过两种情形反映出来

产业的发展模式既可以通过产业自身的特点来反映，比如以劳动密集型为主的发展模式和以技术密集型为主的发展模式等；也可以通过产业发展的外部环境来反映，比如以市场调控为主的发展模式、以计划调控为主的发展模式、以外资为主的发展模式、以内资为主的发展模式等。

4. 任何一个国家的产业发展模式都会有一定的约束条件

---

① 何炼成主编：《中国发展经济学概论》，高等教育出版社 2001 年版，第 34 页。

② 伯恩斯：《结构主义的视野》，社会科学文献出版社 2000 年版，第 8—22 页。

这些约束条件包括资金约束、技术约束、劳动力约束、市场规模约束、国家安全约束。不同的约束条件下的发展模式难以比较优劣。很难说以大企业为主的发展模式一定比以小企业为主的发展模式好，或者说在整个产业起步阶段，以自有品牌为核心的发展模式一定比 OEM 的产业发展模式好。就发展模式本身而言无所谓优劣，然而一个国家是否选择与其国情相适应的发展模式则有好坏之分。即能充分发挥一个国家自身优势的产业发展模式，就是一种好的产业发展模式。

5. 产业的发展模式是在特定的产业发展环境中形成的，它是一个动态的、变化的过程

所谓发展的优化，是指在一定的约束条件下，从一种资源利用方式向另一种资源利用方式转变。

（三）软件业发展模式的概念

由以上的分析我们可以概括出软件业发展模式的基本定义，即软件业发展模式是在既定的外部发展条件和市场定位的基础上，通过产业内部和外部的一系列结构所反映出来的一种资源利用方式。它的内容应该包括产业发展目标、约束条件以及竞争力形成的各影响因素。它是在特定的产业环境和既定的约束条件下形成的，是一个动态的、不断变化的过程。

二、软件业发展模式的理论分析

（一）产业发展模式的一般理论分析

产业发展模式的选择从根本上讲，在于从全球产业分工体系中，选择一种能充分发挥自身优势、合理配置产业内部及外部资源的方式。产业发展模式的选择涉及以下几个问题：第一，在产业的国际分工体系中，一个国家或地区的产业定位是什么？第二，它的比较优势是什么？第三，它的产业竞争优势是什么？影响竞争优势的主要因素又是什么？选择的标准是什么？选择的主体是谁？诸如此类的问题的答案都需要从经济学的基本理论中去寻找。

根据对过去相关文献的研究总结，产业发展模式主要的理论基础概括起来讲是国际分工理论，由于国际分工理论的不断发展，其内容涉及到多个基本理论，这些理论又可归为比较优势理论和竞争优势理论两类。

1. 比较优势理论

比较优势理论是国际贸易理论的基础，也是最早的产业发展选择理论。

产业空间结构是产业空间分工的表现形式，而空间分工与交易是密不可分的。当交易发生在地区之间，则是地区贸易；如果贸易跨越了国界，则是国际贸易。比较优势理论包括绝对比较优势理论和相对比较优势理论。

（1）绝对比较优势是英国经济学家亚当·斯密1776年在其代表作《国富论》中提出的，当代经济学也称其为内生比较利益说。斯密认为：国富的源泉在于提高劳动生产率，而分工与专业化可以形成内生比较优势，大大提高了劳动生产率。因为分工和专业化可以：①节约劳动转换时间；② 发明新的生产工具；③ 通过“干中学”提高劳动熟练技能。而国际分工则主要具有以下利益：①专业化提高生产技能；②要素在最佳状态组合，发挥最大效益；③节约劳动时间，提高产品品质，增强产业竞争力。所以，依据绝对比较优势的原理，斯密主张各国应根据其优劣条件，生产其成本最低、最有优势的产品，以发挥其绝对优势，并与他国进行分工与交换，贸易结果会对双方都有利。据此，斯密主张自由贸易，反对重商主义，主张“看不见的手”对经济的自动调节，反对国家对贸易的干预。

绝对比较优势虽然解决了国际贸易产生的重要动因，但却无法回答一个问题，即如果一个国家在任何商品生产上都没有绝对优势，这个国家还能否参加上述国际分工。另一位英国古典经济学家大卫·李嘉图的比较成本（相对优势）理论解决了这个问题。

（2）相对比较优势理论是大卫·李嘉图提出的。李嘉图认为，不论一个国家经济处于怎样状态，经济力量是强是弱，技术水平是高是低，都能确定各自的相对优势，即使总体上处于劣势，也可从诸多劣势中找到相对优势进行生产，通过国际分工和贸易，双方仍然可以从国际贸易中获得利益。简言之，他的思想可以概括为“两利相权取其重，两弊相权取其轻”。

李嘉图的相对优势理论回答了斯密绝对优势理论无法回答的问题，但究竟是什么原因造成了各国在生产不同产品上的比较成本差别呢？瑞典经济学家赫克歇尔和俄林的要素禀赋理论对此做出了解释，对比较优势理论做了发展。该理论认为，在不同国家同种商品生产函数相同的条件下，比较优势产生的根源在于各国或区域生产要素相对禀赋的不同，以及不同商品生产在要素使用上密集形式上的差别。因此，各国应该生产出口那些密集使用本国相对充裕要素的产品，而进口那些密集使用本国相对稀缺要素的产品。这一理论成立的前提是，假定各国之间单位生产要素的生产效率都是相同的，即各国的生产函数都相同。然而，李嘉图的理论则认为各国比较成本的差异是由各国生产要素生产效率的差别造成，即各国的生产函数不同，而且一定时期内这类不同性保持不变。在斯密和李嘉图的贸易理论中，劳动是唯一的生产要素，生产技术是给定的外生变量，生产规模报酬不变，市场结构为完全竞争。在H—O理论中，是以两种生产要素为分析前提的，劳动不再是惟一的投入，但生产规模报酬仍然不变，市场结构仍是完全竞争。绝对成本理论和相对成本理论在经济学理论体系中被称做“古典贸易理论”，而H—O理论被称为“新古典贸易理论”。二者合称为传统贸易理论。

传统贸易理论所强调的比较利益结构都建立在一国产业的比较优势的基础上。一般来讲，发展中国家缺资本和技术，而自然资源和劳动力资源禀赋相对充裕。发达国家则具有资本和技术优势。所以，按照比较优势形成的贸易格局一般表现为：发达国家进口密集使用劳动或自然资源生产的产品，出口密集使用资本或技术要素的产品；而发展中国家则相反。应该说，上述理论在解释现实贸易格局上是正确的，并曾在相当长时期内构成了国际分工与贸易理论的主流，但其局限性也是显而易见的。

传统贸易理论都是建立在一系列的前提假设基础上的，这种情况在现实中很难找到。无论是以劳动生产率差异为基础的相对优势理论，还是以生产要素供给为基础的资源禀赋理论，其比较利益产生的前提都是各国的供给、生产条件不可改变以及资源和生产要素不能在国家或地区间自由流动，从而是一种静态的比较优势。而在当今经济全球化条件下，生产要素、资源可以在国家或地区间流动；自然资源通过技术进步可以被改良、人工合成或被新材料所替代；人力资源可以通过人力资本投资而以“质量”上的优势弥补“数量”上的劣势。这说明，许多发展中国家所具有的静态比较优势，在国际竞争中并不一定具有动态的竞争优势。

（3）重叠需求理论是对比较优势理论的发展。传统的贸易理论都是从供给的角度来探索贸易分工的基础的。1962年，瑞典的林德从需求的角度提出“重叠需求理论”认为，即使不同地域之间要素禀赋条件及生产函数并无不同，但由于需求偏好的区际差异也可引致互利贸易。他指出，许多国家相互出口的往往是同类、但品牌不同的产品。它们从国际贸易中获得的利益，在多数情况下表现为消费者由于买到了所希望的特定品牌的产品而获得了效用。产业内贸易因此得以解释。这一时期出现了我们不能不谈到的产业的生命周期理论，它是与产业分工及产业空间分布密切相关的理论。

（4）产业的生命周期理论是一种动态的比较优势理论。施蒂格勒在1951年提出了产业生命周期假说。美国哈佛大学教授雷蒙德·弗农（Raymond Vernon）1966年在其《产品周期中的国际投资与国际贸易》一文中以美国跨国公司生产与贸易的地理扩散为典型，用产品生命周期理论来解释国际生产与贸易，并赋予了产品生命周期理论以空间纬度，从而提出了产品的生命周期理论。弗农认为：产品和人的生命一样，要经历形成、成长、成熟、衰退这样的周期。他论述了美国及其他先进国家与发展中国家之间的贸易结构和生产区位的变化。他认为，贸易结构的变化随着新产品开发阶段、产品成熟阶段和产品的标准化阶段这一生产循环的企业区位变化而变化。

产品在研制开发、成长到成熟的不同发展阶段过程中，其市场竞争力也会发生变化，最终可能出现这样的结果，即最先生产这一产品的国家可能会丧失该产品的竞争力，成为该产品的净进口国家。这一理论实际上也暗示了产品竞争力主要来自于产品的研究和开发能力。

在新产品开发阶段，由于新产品还未进入标准化阶段，对生产的必需投入和产品的设计不确定，另外，市场的最终规模也是一个未知数。即生产投入和产品的设计具有一定的伸缩性，接近市场和外部经济是不可缺少的条件。同时，借助外部经济的概念，他认为新产品的非标准化特性及其不成熟的生产技术，要求生产者、供应商、消费者之间加强联系和沟通，其最佳实现办法是生产者、供应商、消费者在地理上靠近，因此，在产品生命周期的初始期内，接近市场的生产区位，即在美国本土布局是最理想的区位选择。而从需求来看，则需要较高的科学技术水平（保证新产品开发）、良好的通信接触条件（联络消费者和生产者）以及较高的消费水平（提出对新产品的需求）。这些条件要求，使得新产品的发明和生产一般都出现在主要发达工业国的都市中心。随着市场需求的增加，生产在主要工业国增长的同时，也开始在其他国家进行，但生产仍集中于主要工业国，产品通过出口供应他国市场。

在产品成熟阶段，产品的设计和生产已经实现部分标准化，无需进行较大变化。随着产品标准发展和大量生产带来的规模经济，使得产品在其他先进国家的市场不断形成和扩大。为了避免市场丧失，在这一阶段企业的生产区位向其他国家转移。因此，美国公司最终还要考虑在海外建立生产基地来生产新产品。那么，对海外生产基地建立的区位问题，弗农认为，第一次的海外生产将发生在与美国相当的其他高收入国家，如加拿大、西欧的国家，建立在那里的美国跨国公司服务于当地市场，代替原先这些地区和国家从美国的进口；经过一段时间之后，西欧及加拿大的市场趋于饱和，海外生产的成本优势逐渐消失，迫使当地的美国公司向其他国家和地区出口产品，甚至包括向美国国内出口；最后，当产品成为标准化产品时，生产将被转移到发展中的低收入国家。这就使得一种技术的生命周期延长。企业也开始更多地关注生产成本，当出口商品的边际生产成本加上运输成本大于在当地直接生产的平均生产成本时，企业便会选择直接投资。由于该阶段产品的市场主要在发达国家，其直接投资的对象也以发达国家为主。

在产品标准化阶段，产品完全定型，生产技术标准化，生产区位的选择便以生产成本最低点为准则。而此时产品的市场也扩展到发展中国家，并在这些国家进行专业化生产。产品生产区位的转移，使得初始发明此产品的国家有可能变为该产品的进口国。

2. 竞争优势理论

（1）竞争力优势早期的研究。对企业能力和竞争优势的文献研究最早出自 Penrose（1959）的文章。他指出企业的发展，取决于企业自身所具有的内在独特的资源和对这些资源的充分利用状况。大量的企业战略管理的文献就是以 Penrose 的观点为基础，预测企业应采取什么样的公司战略发展和采取何种增长战略扩展企业的核心能力。然而对这种能力如何产生的文献却不多。Nelson 和 Winter（1982）谈到每个企业获得的技术和组织管理知识有差别，这与他过去的所拥有的知识有关。在他们看来，企业通过投资机器设备、训练人员操作机器以及试错过程来掌握技术和生产技能。通过这种学习使赢利能力增强并在企业内部形成一种独特的不易被其他公司模仿的能力，正是这种能力使企业能成为某一行业的领导企业。企业长期的赢利来自其竞争对手不可模仿的独特资源。

（2）世界经济论坛及瑞士洛桑管理开发学院的研究。竞争优势理论的形成可追溯到 20 世纪 80 年代初世界经济论坛组织的达沃斯年会。在这次年会上，各国企业家、银行家、经济学家和政府官员就国际竞争力的问题进行讨论。1985 年世界经济论坛在《关于竞争力的报告》中首次提出了国际竞争力的概念，认为企业国际竞争力是“企业目前和未来在各自的环境中以比它们国内和国外竞争对手更有吸引力的价格和质量来进行设计生产、销售货物以及提供服务的能力和机会”；国家竞争力是指“一个国家能够达到持续高经济增长率的能力”。1994 年，世界经济论坛在《世界竞争力报告》中又将国际竞争力定义为“一国一公司在世界市场上均衡地生产出比其竞争对手更多财富的能力。”在此定义中，世界经济论坛主要强调的是企业国际竞争力，即企业国际竞争力是企业在国内外市场上生产商品和提供服务的能力，企业国际竞争力大小通过企业生产产品和提供服务的价格和质量来体现，企业只有生产和提供出低价格和高质量的商品和服务，才有很强的国际竞争力。

瑞士洛桑管理开发学院研究认为，国家国际竞争力是“一个国家在市场经济竞争的环境和条件下，与世界整体中各国的竞争比较，所能创造增加值和国民财富的持续增长和发展的系统能力水平”，并提出影响国家国际竞争力的八个因素：国内经济势力、国际化程度、政府影响、金融实力、基础建设、企业管理能力、科技实力及人力资源。瑞士洛桑管理开发学院以此模型对世界几十个国家和地区的竞争力进行评价，洛桑管理学院的《国际竞争力年度报告》在国际社会上产生了巨大而广泛的影响①。

（3）迈克尔·波特的竞争优势理论。20 世纪 80 年代，波特（Micheal E. Porter）相继发表了他的著名的《竞争战略》（1980）、《竞争优势》（1985）和《国家竞争优势》（1990）。从而提出、完善了竞争优势理论。这是一个超越了比较优势理论、拥有丰富内涵的崭新范畴，对指导产业发展，意义重大。

波特认为，一国兴衰的根本原因在于能否在国际市场上取得竞争优势，而一个国家的竞争优势就是企业、行业的竞争优势，也就是生产力发展水平上的优势。他识别出有五种力量决定了一个产业的长期内竞争力，并对任何产业和企业都发挥作用。这五种力量是行业内竞争者、潜在加入者、替代品、供应商及购买者②，如图 3－1 所示。

一个产业的进入威胁主要体现在进入壁垒及准备进入者可能遭到的已进入者的报复，替代产品设置了产业中企业可谋取利润定价的上限，从而限制

① 周星、付英：“产业国际竞争力评价指标体系探究”，《科研管理》，2000 年 3 期。
② 王福军：“国际竞争力的来源：波特的解释”，《南京社会科学》，1999 年 11 期。

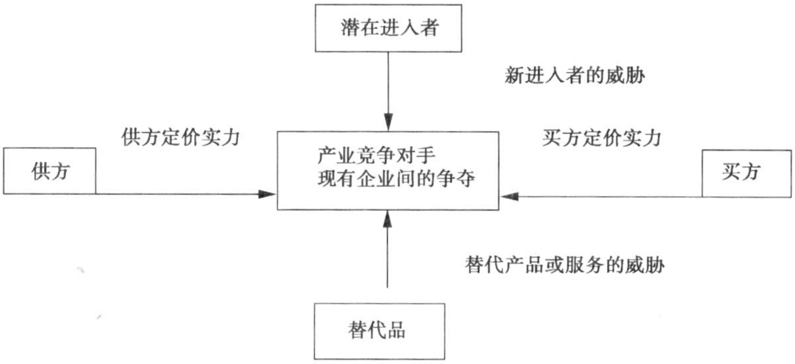

资料来源：迈克尔·波特（Michael E. Porter）著、李明轩等译：《国家竞争优势》，华夏出版社2003年版，第33－35页。

图3－1 产业竞争的五种作用力

了一个产业的潜在收益。买方的产业竞争手段是压低价格、要求较高的产品质量或索取更多的服务项目，这些都会降低产业的潜在利润。供方可以通过提价、降低所供产品或服务的质量等手段来向产业中企业施加压力，这些压力可以迫使一个企业因无法使价格跟上成本的增长而失去利润。另外，一个产业内竞争企业之间的相互竞争行为也会影响产业的竞争程度。这些作用力汇合起来的合力决定着该产业竞争的强度及产业的最终利润潜力。

这五种力量的作用决定了产业的赢利能力，它们影响着产品的价格、成本和企业投资等多种因素，综合起来决定产业中的企业获取超出行业平均利润水平的盈利率的能力。

波特细分了五种竞争力的内容，他认为，尽管企业相对于其他竞争对手可以拥有很多优势或劣势，但是有两种基本优势是最为重要的，即成本优势和差异化优势。具有成本优势和成本差异性优势的企业才可以在较大程度上对五种力量的作用加以控制。

波特分别描述了企业的远期总体计划和近期局部计划，和企业的竞争优势相结合，阐述了获取竞争优势的三个基本战略，即成本领先战略、差异化战略和目标集中战略。成本领先战略是指企业致力于生产成本和管理成本最低化，以低价格为优势，全力降低成本。差异化战略是指企业找出某些重要的顾客利益区域集中力量在产品和服务上保持与其他企业有鲜明的差别。目标集中战略是在市场内部的特定狭小空间做出的战略选择，具有细分目标市场的针对性，公司将其力量集中在几个细分市场服务上，而不是追求全部市场①。

波特不仅给产业国际竞争力进行了准确的定义，而且提出了产业国际竞争力四阶段的学说，即产业国际竞争力的成长大致分为要素驱动、投资驱动、创新驱动和财富驱动四个依次递进的阶段。在要素驱动阶段，产业国际竞争优势有利于某些基本的生产要素，如拥有丰富的自然资源等。在投资驱动阶段，产业国际竞争优势的确立以国家及其企业的积极投资意愿和能力为基础。在创新驱动阶段，企业不仅运用和改进从其他国家获得的技术，而且创造和发明新的技术，技术创新成为产业国际竞争力提高的主要动力。财富驱动阶段属于产业国际竞争力衰弱的时期，一些有实力的企业试图通过影响或操纵国家政策来保护自己的利益，广泛地发生企业兼并和收购事件，但实际上并没有从根本上增强现有企业的竞争优势，而往往有损于未来的创新。波特认为，从宏观角度来看，一个国家的竞争优势来源于四个基本因素和两个辅助因素。六种要素相互作用形成著名的“钻石模型”（图 3－2）。其中前四项是基本决定要素，后两项是辅助要素，它们之间彼此互动、相互关联，共同决定产业的国际竞争力（Micheal E Porter，1990）。

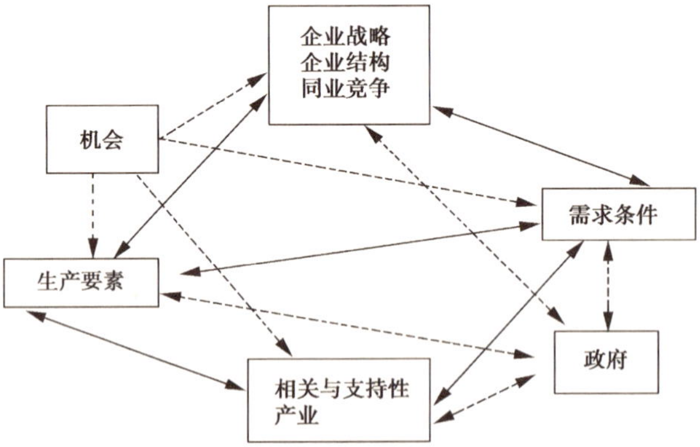

资料来源：迈克尔·波特（Michael E. Porter）著、李明轩等译：《国家竞争优势》，华夏出版社 2003 年版，第 119 页。

图 3－2 完整的钻石体系

3. 对波特钻石模型的修正与扩展

① （US） Porter. Michael E. *The Competitive Advantage of Nations*. New York：The Free Press，1990.

（1）一些持批评态度的人认为，波特对政府作用强调得不够（Van den Bosch 和 de Man 1994），他们试图把政府作为关键的因素加入钻石体系。（Kyeong 和 Ho 1999）甚至想建立一个政府自身的钻石体系。

战略性贸易政策理论认为规模经济会带来竞争优势，而实现规模经济的最佳途径是进行政府干预，政府应该对具有规模经济的"战略性"部门进行扶持。所谓"战略性"部门有两种情况，一种是存在"经济租"的部门，通过政府的扶持政策使某个国内部门能够从国外竞争者手中获得更多的"经济租"，亦即是不完全竞争市场结构下的超额垄断利润，这样的部门可以被认为是战略性部门（Brander and Spencer，1981，1985）；另一种情况是存在较大的"外部经济"的部门，通过对该部门的政策扶持，可以发挥其巨大的外部性，这样的部门也可认为是战略性部门（Ethier，1982）。战略性贸易政策理论认为政府干预对形成静态和动态规模经济具有积极作用（Krugman，1984）。

（2）利用外资加快创新。创新理论主要有熊彼特（J. Schumpeter）提出的企业家创新理论，置盐（Okishio）、波斯纳（Posner. M. V）等人提出的技术创新理论和诺思（D. G. North）等人提出的制度创新理论。

熊彼特认为，在一个"周而复始的经济"中，企业没有可能形成竞争优势。企业的竞争优势只能在企业家不断的创新中形成、维系和增强，企业优势是企业家创新的结果，创新则是企业竞争优势的源泉。他还率先探讨了技术创新与企业竞争优势的内在联系，明确指出技术创新在企业经营利润中起着关键作用。他认为，发明是新技术的发现，革新是把发明运用于实际生产之中，只有当前者转化为后者，才能形成企业的竞争力。

20 世纪中叶，置盐（1961）研究了技术进步与企业盈利率的关系，得出的一般性结论是：任何一种新技术，只要符合利润率标准，即在产出品价格和工资率不变前提下，企业的利润率必因新技术应用所导致的生产效率的提高而提高。

20 世纪 70 年代，诺思等人探讨了制度与经济绩效的关系，认为制度创新，尤其是产权制度的创新，不仅是国家，也是其他组织提高绩效和形成优势的"决定性因素"，而且对规模经济、技术创新的形成起着重要作用。诺思所称的制度创新或变迁是对规则、准则和实施的组合所做的渐进式的边际调整。他认为，制度创新具有激励和提高效率的功能，能有效地降低交易成本，“是决定长期经济效率的基本因素”。改变现存的制度往往能够诱使管理效率、生产效率、资源配置效率和使用效率的提高。

创新过程需要大量的人力资本和资金。特别是对发展中国家而言，经济发展中面临的最大问题就是资金限制，H. 钱纳里和 A. M 斯特劳斯在 1966 年提出了经济发展中利用外资的两缺口分析理论，指出了发展中国家利用外资发展经济的必要性。为了解决发展中的资金短缺问题，不少发展中国家采取政策吸引外国资本。

（3）产业集群。产业集群是指集中于一定区域内特定产业的众多具有分工合作关系的不同规模等级的企业和与其发展有关的各种机构、组织等行为主体通过之间纵横交错的网络关系紧密联系在一起的空间集聚体，代表着介于市场和等级制之间的一种新的空间经济组织形式，它是当今世界经济发展的新亮点，它不仅可以成为当地经济发展的主导，而且也成为提高一国产业国际竞争力的新力量。

一般认为第一个对产业集聚问题进行直接研究是英国的经济学家马歇尔（1890）。马歇尔认为，由专门人才、专门机械、原材料提供、运输便利以及技术扩散等“一般发达的经济”所造成的“外部经济”促使形成企业的地理集中和相互依赖（刘斌，2004），开启了集聚理论的大门，为集聚的理论研究奠定了理论基础。

马歇尔较早就注意到了产业区域内的企业间相互关系，是建立在合作、相互依赖和信任的基础上的，这些联系促进了创新。他认为，企业群落有利于技术、信息、技术决窍和新思想在群落内企业之间的传播与应用。

波特（1998，2000）认为企业从集群中获得供应商、专业化的信息、公共服务以及获得有专业技能和工作经验的雇员，从而获得竞争优势。

Dvid keeble 等（1999）认为，机构的稠密性与集聚的竞争优势有一定的关系。集聚应具有适度的机构稠密性，因为稠密性能增进信任、激发企业家精神。集群内的企业之间、企业与其供应商、客户及其他机构之间的网络关系是积累创新能力的重要投入，结网可以促进互动中创新，但是这种网络关系并非越紧密越有益，对于根本性创新而言，有时紧密的网络关系会阻碍新思想的传播。

David P. Angel（2002）认为，网络结构是决定企业创新表现和集群竞争力的重要因素，各企业的发展战略不同，所需要的资源有差异，紧密的网络关系有助于产生信任却不利于新观点的传播，而有“空洞”的网络不利于培育信任关系却有利于信息的流动，此企业更需要从集群之外获得新信息，就应发展有结构“空洞”的网络。我国学者魏后凯认为产业集群中的中小企业自身比较弱小，抗风险能力低，但是，通过产业集聚网络，可以增强其抗风险能力。

按照古典经济学的观点，企业的规模经济效应来自于单个企业生产能力的扩大，但由此带来的是企业管理成本上升和灵活性下降。如何解决单个企业的规模扩大和内部垂直整合成本之间的平衡，一直是一个难以解决的问题，而这个问题在产业集群中得到了较为有效的解决。在高新技术产业集群内部的单个经济组织由于可以有效地接近产业专门性资源（包括原材料、人力资源、信息资源）以及共享制度资源和公共资源，使每个集群成员都可以低成本地使用互补性资产，因此，他们在不牺牲个体灵活性的前提下就可以从规模经济和范围经济中获取收益。在消除市场失灵和政府的信息远较非集群成员之间对称，而且在与外部市场的连接上实现成员之间的信息共享，使得集群成员对市场机制的适应性提高，降低对市场反应的盲目性。具体来说，技术产业集群所形成的竞争优势包括以下几个方面：

①有利于提高生产效率。企业在地理上的集中，能够从外界使得企业的生产效率提高。具体可分为以下几个方面：第一，上游的供应商。当许多行业聚集在一起时，就为各种投入品的供应商提供了稳定的、数目庞大的市场。在高新技术产业集群内必然会出现大量的专业化的供应商，这为一个产业所需要的各种投入品的供应带来了便利。同时，由于本地供应商较多，企业的库存量还可大为降低，从而降低企业流动资金的数量。由于相互毗邻，供应商定价过高或违约的风险也会相应降低。地域上的接近还能促进彼此交流，并使得供应商能够提供安装、排除故障等服务。第二，下游的购买者。产业集群内，不仅会聚集供应商还会聚集大量的购买者，也可以说，产业集群本身就是一个大市场，这对于生产者、消费者和中间商都有很高的效率。第三，企业员工的招聘。随着科技的发展，企业对员工的技能与能动性都有越来越高的要求，企业招聘到适用的员工的成本也在上升。在产业集群内，产业的集群也会带来员工的聚集，这意味着更多的机会和较低的流动风险，企业为此所付出的搜寻成本和交易成本都大为降低。

②有利于降低交易成本。第一，地理上的接近有利于交易成本的降低。

随着社会的发展，社会分工日益细化。目前，很多产业已经发展到零部件专业化和工艺过程专业化阶段。在市场的需求多样性和不可预测性连续增加的情况下，单个企业无法也没有必要囊括生产链上的所有环节。每个企业都不得不通过采取与其他企业进行合作与交易的形式，来获得所需的产品与服务。这意味着，企业之间的交易频率不断增加，交易成本也就相应地成为企业生产经营过程中投入的重要组成部分。而且，由于企业间的交易本身也包含着区位成本，企业在空间上越分散，交易频率越多，交易成本也就越高。所以说，在产业集群内，企业间的空间接近可以降低每一次的交易成本，继而在连续交易的过程中，大大减少总的交易成本。第二，企业间的接触有利于交易成本的降低。经营中的企业需要寻求合适的分工对象并与之结成交易关系。在这个过程中，交涉和调查等需要费用，选择合作对象花费过多时间又容易丧失商业机会，有时甚至还有受骗的危险。这些费用或危险可视为企业的交易成本。在高新技术产业集群内企业家可以定期聚会，与会者可以互相交流经验与信息。长期的对话和交流使他们彼此之间相识相知。这一条件的存在大大降低了选择合作伙伴时的调查费用，还可使受骗上当的可能性最小化①。

4. 比较优势理论与竞争优势理论的关系

比较优势理论与竞争优势理论二者之间存在着既相互区别又相互联系的关系，具体分析如下：

（1）两种理论的联系：比较优势是竞争优势的基础。

①在一国的产业发展中，一旦发生对外经济关系，比较优势与竞争优势就会同时发挥作用。任何国家即使是经济最发达的国家也不可能在一切产业中都具有国际竞争优势。这也表明，竞争优势不能完全消除或替代比较优势。

②在同样的技术、质量的情况下，比较优势就直接体现为竞争优势。而在生产要素完全国际自由流动的全球化经济中，这一假定是完全可以实现的。一方面目前大多数传统产业已进入成熟期，产品差异性不大，替代性不强，成本非常重要。发展中国家可利用比较优势和后起优势大量生产并出口产品，获取贸易利益使生产要素升级变化。另一方面，跨国公司为强占高科

---

① 楚尔鸣等：《高新技术产业经济学》，中国经济出版社 2005 年版，第 203—204 页。

技产业市场，必然进行国际化生产，在进行区位选择时，一国的比较优势将起到决定性作用。在技术外溢、干中学与自主研发基础上，完全可能进入高附加值的中下游产业，创造出差异化产品，实现规模经济分工贸易，获取长期的竞争优势。可见，比较优势是竞争优势的基础，一国具有比较优势的产业往往易于形成较强的国际竞争优势，一国产业如果非常缺乏比较优势，那么该产业往往较难形成和保持竞争优势。也就是说，比较优势是竞争优势的内在因素，促进特定产业国际竞争力的提高。

总之，在各国的产业发展中，比较优势是竞争优势的基础，其本质就是生产力的国际比较。

（2）比较优势理论与竞争优势理论的区别。

①二者揭示的内涵不同。比较优势反应了贸易两国经济结构之间的比较关系；而竞争优势表达了两国同质产品之间的对比关系或同类产品的差异性，竞争优势中的价格则表现为现实经济中的实际价格。

②二者的来源不同。比较优势取决于两国各种资源禀赋的丰缺状况及开发程度以及两国生产技术结构与水平的差异等；而竞争优势除了上述因素影响外，还受到两国市场扭曲差别的严重影响，包括政府税收、补贴、非关税壁垒以及其他的政府干预行为。

③二者的变化速度不同。比较优势的变化常常由于生产要素和产品需求发生了较大变化，改变了原有的资源丰缺程度，但是，这一过程变化相对较慢。竞争优势的变化不但受上述因素的影响，而且直接受市场政策的左右，因而其变化比较迅速，例如，出口补贴立即可以使原先无竞争优势的产品获得竞争优势从而能够出口。

④二者所揭示的利益不同。总体上看，比较优势理论所揭示的比较利益是静态的和短期的利益，这种利益是否符合一个国家经济发展的长远利益不得而知。该理论认为，比较优势主要取决于一个国家要素禀赋的不同，而这种要素禀赋来自于自然条件和历史原因，它暗示了在比较成本支配下的国际分工格局是合理的。但是现实中，国际分工的实质和内容不能不受到社会生产方式的制约。另一方面，随着生产方式的变迁，劳动生产率也不是固定不变的。而波特在比较优势的基础上提出了更加科学的竞争优势的概念揭示了动态和长期的利益。首先，有比较优势未必有竞争优势。其次，竞争优势主要取决于一个国家的创新机制，取决于企业的后天努力和进取精神。同时他

从动态角度讨论了该优势成长的四个阶段，揭示出后起国家有可能赶超发达国家，从而改变其在国际分工中的地位。

综上所述，可以看出，竞争优势理论相对于比较优势理论更加综合，传统比较优势理论只考虑经济方面参与国是否得利，按比较优势理论最终要说明的是国际经济的和谐：国际分工、产业互补、社会福利的最大化，其理论的“色彩”是比较温和的。而竞争优势理论的“色彩“是十分严峻的，它分别从国家、产业、企业的角度出发，综合考虑怎样才能使一国在贸易活动中得到的福利更多一些，生产效率提高得更快一些，以便在国际分工中占据更有利的地位。它要说明的是在国际商战中，各竞争对手的势力及其在优胜劣汰的生存搏斗中的现实：各国产业的此消彼长，有限市场份额的激烈争夺，弱肉强食的策略效应等等。因为竞争优势理论分析引入了国家（民族）利益这一特殊的福利因素。并且，这种特殊福利因素表现为与其他国家特别是竞争对手国相比较甚至相对立的利益权衡。由于国家和民族作为一个利益实体成为产业国际竞争力研究的基本福利单位之一，所以，同样是创造收入、增加就业、上缴税金，或者同样是增加了消费者剩余、促进了帕累托改善，但这些结果是由民族产业的发展所引起的还是由外国企业的发展所引起的，或者消费的是本国品牌的产品还是外国品牌的产品，人们会给予不同的评价。总之，竞争优势是一个超越比较优势的全新的概念，它对一个国家建立优势产业参与国际竞争具有非常现实的指导意义。

5. 国际分工出现新的特点与“竞争优势理论”的发展

20 世纪 80 年代以来，随着科学技术的发展，生产国际化和资本国际化的趋势不断加强，贸易壁垒逐渐降低，工业品的价值链环节越来越具有空间上的可分性。跨国公司处于资源优化配置的考虑，在全球范围内寻找最优越的区位进行相关的产品价值链环节的生产布点，使传统的以产品为界限的国际专业化分工，逐步演变为同一产品内某个环节或某道工序的专业化分工。这种新的国际分工形式，我们称之为全球价值链分工。全球价值链分工是在经济全球化和知识经济背景下国际分工呈现出的新特点，也是当代国际分工的发展趋势。

全球价值链分工与传统的国际分工最明显的区别是，全球价值链分工打破了传统的国际分工中的国家边界，突出了跨国公司在国际分工和贸易中的主导地位，推动了国际分工主体由国家向企业过渡。

在全球价值链分工前，各国的生产建立在本国的比较优势的基础上，产品类型和各自的要素禀赋相一致，国家的比较优势表现为产品上的比较成本优势，竞争优势表现为产品上的竞争优势。但是，各国的要素禀赋与各国生产的产品中的每道价值链的类型并不相一致，换句话说，两国的要素禀赋和各自分工生产的产品的要素类型大体一致而不是完全一致。而在全球价值链分工后，两国生产的价值链环节和本国的要素禀赋不再是大体一致而是完全一致。此时，国家的比较优势表现为产品价值链上的比较优势，竞争优势也表现为产品价值链上的竞争优势，而产品的比较优势和竞争优势融合进了世界的比较优势和竞争优势。

在全球价值链分工中，发达国家生产的技术密集型价值链是产品价值链的主导环节，而发展中国家生产的非技术密集型价值链属于附属环节，因此，发达国家在全球价值链生产中处于主导地位，发展中国家只能处于从属地位。一般来讲，发达国家会把不具有比较优势的非技术密集型价值链转移到发展中国家，本国只生产具有比较优势的技术密集型价值链。但发展中国家由于本国技术水平落后、资本匮乏、企业实力弱小以及产业发展战略等原因，很难把产品中的技术密集型价值链主动放置在发达国家生产，而是在本国内既生产非技术密集型产品，又生产发达国家转移来的非技术密集型价值链。

在传统的国际分工中，一国具有比较优势的要素禀赋奠定了本国企业的竞争优势（林毅夫等，2003），但在新的国际分工中，国家的比较优势只能表现在某个特定价值链环节上的竞争优势，不能完全转化为本国企业的竞争优势。在这种国际分工格局中，一国的竞争力更多地表现为本国企业的国际竞争力，培育国家竞争优势的根本途径就是打造企业的国际竞争优势。一国如果缺少某些生产要素可以从国外引进，但一国如果没有能整合他国生产要素的企业，那么在国际经济竞争中只能沦为他国企业提供某种生产要素的基地。国家应该着力打造本国企业的研发能力、规模生产能力、差别化产品的生产能力，鼓励本国成熟的企业走出国门，整合别国的比较优势资源，使企业生产建立在世界比较优势的基础上，从国际分工中获得更多的利益。

在新的国际分工下，一国能否从全球价值链分工中获益，已不能局限于交换的国际价格是否高于国内价格的传统标准，而是看参与的国际分工对本国就税收、产业结构升级、国民收入、社会的现代化等方面的综合贡献。相对于传统分工中的静态利益而言，国际分工新形式下开展国际贸易的主要目标是追求动态比较利益，因此，对发展中国家来说，首先可以先从劳动密集型的价值链环节作为切入点，融入跨国公司的国际产业链条的发展平台，以此加快本国资本、技术的积累过程，并进一步参与和最终上升到资本技术密集型价值链环节的生产，借助国际经济一体化的生产链条实现本国产业结构的快速升级①。

由此，在国际分工新形式下，全球价值链分工的存在，使一国产业竞争优势不仅是指产业整体的竞争优势，还包括某一产业价值链环节上的竞争优势，即产业竞争优势理论又包含了产业环节上的竞争优势的内容。基于此各国完全可以根据本国的优势资源形成产业价值链某一环节或某些环节上的竞争优势。

（二）软件业发展模式选择的理论分析

国际软件业发展到现在已经历了近半个世纪，目前软件业已经历了它的孕育、产生、成长时期，进入了成熟期，在软件业生命周期中，投入期、成长期较长，需要投入大量的人力资源和财力资源，而其产品成熟期较短，现有产品在极短时间内就会被市场淘汰出局。成熟期的软件技术已经越来越成熟，分工越来越细。

以上我们谈到的国际分工理论是一般意义上的产业发展模式选择理论，同样适用于指导一国软件业发展模式的选择。特别是竞争优势理论更符合软件业发展的特点。

软件业模式选择的理论基础，是由软件业可跨越性发展以及生产组织形式的专业开放型以及“虚拟垂直一体化”等特点决定的。从资源要素角度衡量，一个国家或地区的产业国际化水平的提高就意味着对全球资源的配置能力的提升。竞争力之本存在于资源配置能力之中。一国资源具有不平衡性，表现为不同区域拥有资源数量和质量只有不平衡性、获取资源信息具有不对称性、获得资源的成本具有差异性。信息经济时代，参与国际资源配置的成本大大降低，这样不仅为发达国家（或地区）、跨国公司参与国际资源配置带来便利，也为落后国家或地区、中小企业参与国际资源配置带来了更

① 曹明福、李树民：“全球价值链分工：从国家比较优势到世界比较优势”，《世界经济导刊》，2006 年第 11 期。

大的可能。软件业的“虚拟垂直一体化”特点，就是由于跨国公司在全球配置资源，利用各国优势资源，获取综合竞争力优势的结果。

另外国际环境也为发展中国家的软件业发展创造了较好的条件：一是开放的国际环境为发展中国家加快学习过程提供了良好的外部条件，发展中国家可以通过技术贸易、企业合作、科学家和工程师的流动、购买专利技术获取知识，采取“用中学”的方式吸收和消化嵌入的技术知识，逐步加强消化吸收新技术的能力；可以在充分发挥比较优势的基础上，参与产源、降低成本，获得竞争优势。二是信息技术革命所带来的产业技术机会，这一机会首先直接缩小了差距，使技术和产业跨越成为可能。三是发展中国家企业转移成本、搁置成本较小，可以较快进入新兴行业。四是丰富的人力资源水平可为企业提供大量熟练工人和合格工程师。五是有赖于高效的创新体系和产业政策的大力支持。

软件业作为一种具有典型知识经济特征的产业，其依托的资源主要不是先天的自然资源（资源、地理），而是依靠后天资源的积累。如教育和人才资源、信息资源等，就是资本资源的缺乏也可以随着区域环境的改变而改善。这为落后地区和同家选择软件业作为优先发展战略提供了理论依据。因此许多发展中国家将软件业作为实现跨越式发展的一个途径，采取各种政策措施培育优势要素，提升其软件业的竞争优势。由此可知，完全基于比较优势理论来选择软件业发展模式是不足的，产业的特性和发展规律决定了软件业的发展需要政府政策支持和引导。

软件业作为知识密集型产业和国际化程度高的产业，其产业价值链已被切割的特别清晰。这就决定了软件业的模式选择完全可以基于某一价值链环节（或某些环节）上的比较优势要素，并且这些比较优势要素是不断发展的，最终发展为某一环节（或某些环节）的竞争优势。

综上所述，软件业模式选择的理论基础是竞争优势理论，它是包含产品价值链环节上竞争优势的理论。具体而言，就是在国际价值链分工新特点下，根据本国在产业价值链的某一环节（或某些环节）上比较优势要素选择产业发展模式，并进而在这一环节（某些环节）上形成竞争优势。

（三）国际软件业价值链分析

1. 产业层面的价值链

由于软件业对其他产业的高渗透性和中介服务性，软件业与其他产业的投入产出关系错综复杂。如图 3－3 所示，一个产业既可能是软件业的上游企业，也可能是下游企业。比如，金融业为软件企业的发展提供了资金，同时又是软件产品和软件服务的一个最大的需求市场。

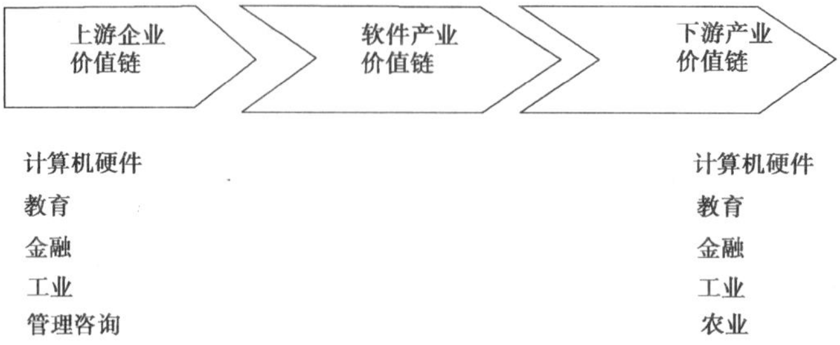

图 3－3　软件业价值链

在软件企业内部，有从事各种不同增值活动的企业和组织机构，它们之间建立的各种市场关系是它们创造的价值得以实现的基础。软件业中的市场关系把各种与软件创造和软件服务有关的价值活动衔接在一起，因此，我们可以根据这些关系构建软件业的价值链。软件业中的市场关系包括：软件企业与客户之间的关系、软件企业之间的关系、软件企业与供应商之间的关系、软件企业与中间商的关系以及软件企业与政府部门、行业组织之间的关系，其中前三种是直接产生价值的市场关系，后两种是间接产生价值的市场关系。图 3－4 描述了五种关系为基础构造的软件业价值链。

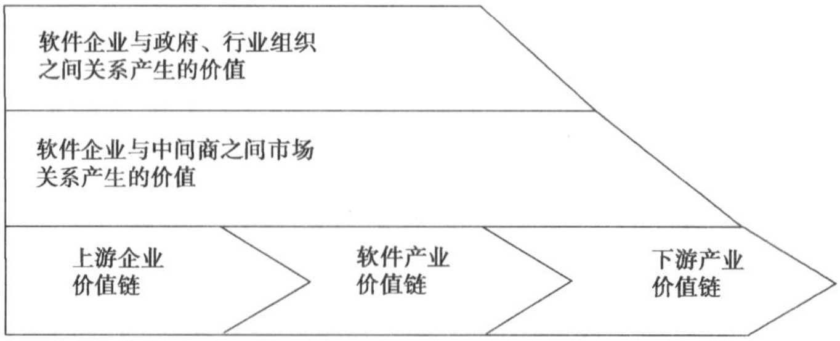

图 3－4　价值链与软件企业市场关系

客户关系产生的价值是软件企业价值链的最后一个环节，也是实现软件企业所创造价值的最后保障。软件企业制造的软件产品和提供的软件服务必须得到客户的认可才有市场，才能实现其价值。

2. 细分软件企业的价值链

软件业大体上可分为两个次级产业，即软件产品制造业和软件服务业。在软件产品制造业中，多数人对企业价值链的理解仍局限在产品生产经营导向的价值链上，即价值系统的起点是软件产品的设计，终点是软件产品的销售。而各种类型的中间商在软件产品制造企业和产品的最终用户之间发挥着重要作用，如果不考虑政府和行业组织的作用，软件产品制造业的价值链可表为图 3－5 所示。

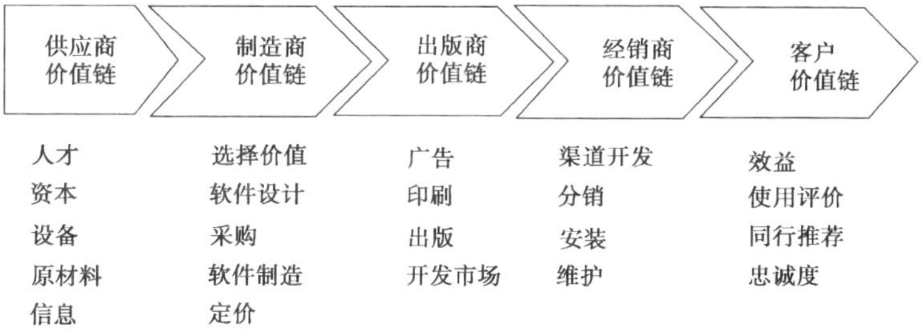

图 3－5　软件业价值链细分

软件服务业的价值链和软件产品制造业的价值链有很大的不同。软件服务企业销售的是其信用，首先必须向目标客户证明又快又好地提供软件服务。因此，理解客户的价值需求，准确界定客户需要解决的问题的性质，发展客户关系往往是软件服务企业的价值链的起点。而通过优质跟踪服务维持长期、稳定的客户关系则是价值的终点。

根据前面对软件业的发展及特性的分析，我们可以构建出完整的软件业价值链[①]（图 3－6）。

在软件价值链的各个环节，通过知识创新劳动形成价值增值，经过各个价值环节形成完整的软件业价值链，最终将软件交付到客户手中，实现软件价值。在经济全球化条件下，软件业价值链中的不同价值环节在全球范围内分解转移，从而形成软件业国际价值链。

当前在软件业中，价值链最底层的环节就是专业代工（body shopping），

---

① 刘毅：《软件资本论：价值来源与制度内涵》，西北大学博士学位论文，2006 年。

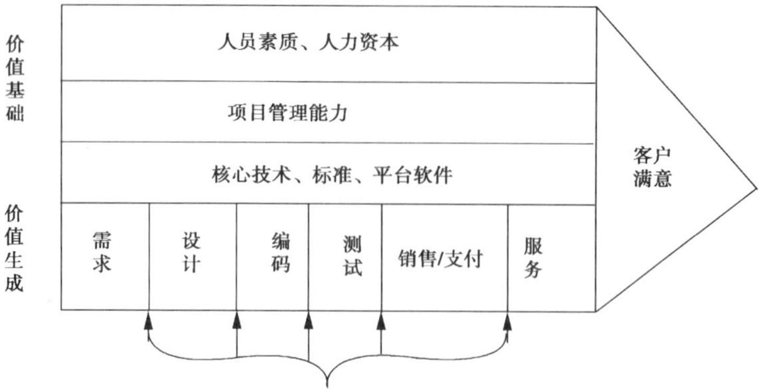

图 3-6 软件业价值链的构成

即把本国的程序员派到客户所在地提供服务，本地公司会从外国客户手中收取一定的服务费，起着类似于中介的作用。这种方式收入增长潜力最小，失败的风险也最小。

第二层是类似于专业代工的现场开发合同（onsite contracts），二者唯一的不同之处就在于，海外公司会把钱付给承包商，而不是程序员。

第三层是离岸开发合同（offshore contracts）。在这种合同中，软件开发工作被转移到承包商所在地。海外的客户通过高速数据通讯联络保留对整个项目的控制权。由于离岸承包商只需按国内的劳动力成本支付薪水，国内进行资产维护的费用也相对较低，所以其成本相对较低，利润相对较高。

第四层就是按产品分类的服务（productized services）。已经成熟的服务通常可以被归入此类。例如，多数客户某些老式机器所适用的代码可能大致相似。这样一来，软件开发商就可以将其服务按产品分类，只需稍作修改就能满足多数客户的要求。通常情况下，一个项目的 40% 都是可以按产品分类的。尽管风险同离岸开发类似，但其利润却更高。不过由于此类服务应用面有限，所以其收入增长潜力不大。

最高层就是产品，这一层又可分为细分产品和大众产品。产品就是原创的软件程序，即买即用。产品这个层次的利润最高，风险也最大。

从目前世界各国在国际软件业价值链中所处的位置看，美国在全球软件业价值链中居于领先和核心地位。据美国竞争力委员会调查的结果表明，在当今 27 项世界关键技术中，美国居领先地位的就占 24 项。美国几乎独霸整个软件业的核心，即操作系统和数据库软件，全球有90%以上的基础软件被美国所垄断。美软件企业的强研发投入在软件平台技术和关键核心技术上形成垄断地位，从而成为市场上的默认标准，并通过捆绑等方式进而影响应用软件市场，形成了软件技术及市场霸权。据统计，目前美国用于研发的费用居世界首位，为发达国家的一半，每年约2 200亿美元。在2001年全球软件前10名的软件公司中，Microsoft、Sun、Oracle、IBM、HP、Compaq等公司研发投入占销售收入的比例分别为16.3%、9.7%、6.0%、5.8%、5.4%和3.0%①。这几家毫无例外都是美国公司。爱尔兰、以色列重视软件应用技术，紧密跟随占据第二阵营。以印度为代表的国家，大多从事子模块开发和独立的嵌入式软件开发，并部分参与产业规则的制定，以其独特的出口导向性特点占据软件出口第三阵营。我国企业主要从事一般应用软件开发和系统集成，处于软件业国际分工价值链低端，为第四集团。

近年来，处于软件业“第一集团”的美欧日等发达国家和地区，为降低成本、提高国际竞争力，纷纷将软件设计和流程业务向技术劳动成本较低的国家转移，开始了新一轮全球产业布局的调整，形成了国际软件外包的巨大市场需求，使软件外包成为软件业发展的主流模式之一。据美国全球洞察（Global Insight）公司研究预测，到2008年，全球软件和服务外包将年均增长26%。美国邓百氏公司调查显示，在全球企业外包领域中，扩张最快的是软件外包。外包问题专家，美国外包中心CEO彼得·本多·塞缪尔认为，全球外包市场刚开发了不到10%，在未来5—10年，它的总量至少会增长58%以上。这表明，全球软件外包具有持续发展的巨大潜力。2003年，全球软件外包规模约1 220亿美元。美、欧、日三足鼎立。其中，美国是最大的软件外包需求国，外包额530亿美元，占43.5%；欧盟270亿美元，占22.1%；日本120亿美元，占10%②。同时在世界上形成了许多承接软件外包业务的中心。印度就是最大的外包提供国，对此，我们在后面会作详细分析。

软件产业价值链分工给世界各国带来了机会，各国可以根据自己的资源状况、制定软件产业战略目标，确定在价值链中的位置，并形成在软件产业的核心竞争力。

---

① 赛迪网 http://www.ccidnet.com/

② UNCTAD:《2004年世界投资报告》，第142—151页。

三、国际软件业发展模式的类型

（一）国际软件业发展模式的划分依据

在世界各国软件业的发展过程中，形成了各种不同的发展模式，这些发展模式可以从不同的角度理解。既可以从软件业发展的自身特点去理解，也可以从推动产业发展的外部环境理解，概括起来主要有以下几个方面：

一是从产业发展的调控方式来看，可以分为以计划调控为主和以市场调控为主的发展模式；二是从产业发展突破口来看，可以分为全面推进型和重点突破型的发展模式；三是从推动产业发展的因素来看，可分为劳动力推动型、资金推动型和技术推动型的发展模式；四是从产业链中的价值模式来看，可以分为 OEM 模式、ODM 模式和 OBM 模式；五是从产业发展的资金来源来看，可分为以外资为主和以内资为主的发展模式；六是从企业规模结构来看，可分为以大企业为主和以中小企业为主的发展模式；七是从企业的融资方式来看，可分为以间接融资为主和以直接融资为主的发展模式；八是从目标市场定位来看，可以分为以出口为主和以国内市场为主的发展模式①。

为了便于分析，本书中我们借鉴王建平（2003）的划分方法②，仅从两个纬度：市场导向和产品导向，对国际软件业发展模式进行简要的划分。这样，软件业模式大体可以划分为五类（如图 3－7），其中 a、b、e 是与国际化战略相关联，而 c、d 两种模式是单纯国内市场导向的发展模式。

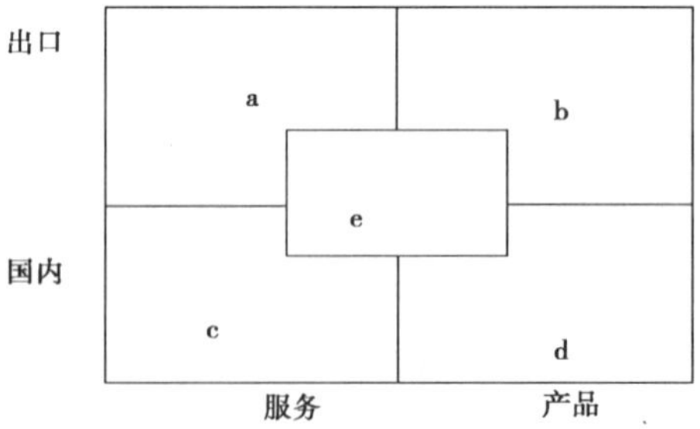

图 3－7 软件业发展模式

① 娄勤俭主编：《中国电子信息产业发展模式研究》，中国经济出版社 2003 年版，第 67—68 页。

② 王建平著：《软件产业理论与实践》，中国经济出版社 2003 年版，第 129—131 页。

（二）国际软件业几种发展模式

目前的国际软件业分工体系是在不断的变化调整中形成的，在这个体系中存在着多种发展模式，如果按照上述划分标准，概括各国软件业模式主要有：美国的"全面领先模式"、日本和韩国的"整机带动模式"、爱尔兰的"软件集散模式"以及印度的"外包服务模式"。

这其中既有发达国家亦有发展中国家的模式，且各国软件业发展状况各不相同（表 3－1）。现在我们对模式的情况作具体分析：

表 3－1　　国际软件业主要模式代表国家产业概况

国别	软件企业数（个）	软件企业员工（人）	软件业产值（亿美元）	占 GDP（%）	出口值（亿美元）	年增长率（%）
美国（1999 年）	80 000	806 900（1998 年）	2 284.7	2.5	165.1	15.5
日本（1999 年）	6 088（2000 年）	376 268（2000 年）	923	1.98	0.84	3.6
爱尔兰（2000 年）	905	25 000	106.25	11	85	na
以色列（1998 年）	2 000	na	25	na	15	na
印度（2001 年）	na	410 000（2000 年）	52.74（1999 年）	na	62.76	66.1

注：由于国际上尚无世界各国软件业生产和出口统计数据，而且美国产业普查每 5 年才进行一次。

资料来源：根据各国相关部门行业协会等多方数据编制而成。

1. 模式 a、b

爱尔兰和印度是 a、b 模式的典型代表国家，软件出口是该模式的主要特点。

（1）爱尔兰模式被称为"软件集散模式"。爱尔兰是一个人口仅 380 万人的岛国，资源稀少，被称为"欧洲农村"。近些年来，爱尔兰的软件业却得到了很好的发展，成为软件出口大国。爱尔兰软件业的发展大致经历了 3 个阶段：第一，缓慢起步阶段（1970—1985 年），主要是利用国外的软件产品对用户开展服务，同时也生产一些产品，但利润较低；第二，稳步发展阶段（1986—1995 年），国内软件业逐步发展成为一个新产业，开始向国际市场销售；第三，高速发展阶段（1996 年至今），软件企业开始上市和兼并。爱尔兰的软件企业主要从事包括开发和定制、本地化和版本翻译、生产和销售以及技术支持等商业活动。主要涉及领域包括通信产品、银行/金融、软件工具及中间件、因特网使用工具及电子商务应用、多媒体与电脑辅助培训等。经过多年努力，逐渐在工业嵌入、移动通信、企业管理、中间件、加密技术和安全等领域成为国际领先者，爱尔兰在财务服务、客户服务、远程学习、呼叫中心等领域取得了长足的进步。爱尔兰已从昔日的“欧洲农村”一跃成为“欧洲的软件大国”。

爱尔兰软件产品出口额已占全国出口额的 10%，2000 年爱尔兰软件产品的 80% 左右用于出口，出口总额超过了 85 亿美元。在欧洲大陆出售的软件产品中，有 60% 产自爱尔兰。2000 年公司总数：约 900 家，其中爱尔兰本土软件公司约 760 家，约占 84%；外商投资软件公司（以下称“外资公司”）约 140 家，约占 16%。软件业总雇员数：约 3 万人，其中外资公司雇员为 1.4 万人，约占 47%；爱尔兰本土公司雇员为 1.6 万人，约占 53%。软件业总产值：70 亿爱镑（约合 82.1 亿美元，1999 年总产值为 60 亿爱镑）其中外资公司产值为 59 亿爱镑（约合 69.2 亿美元），约占 84%；爱尔兰本土公司产值为 11 亿爱镑（约合 12.9 亿美元），约占 16%。2000 年软件业出口值：60 亿爱镑（约合 70.4 亿美元）（1999 年出口值 51 亿爱镑），其中外资公司出口 53 亿爱镑（约合 62.2 亿美元），占 88.3%；爱本土公司出口 7 亿爱镑（约合 8.2 亿美元），占 11.7%。相关比例：爱软件产值占当年 GDP 的 11%，爱软件出口占当年总出口的 10%[①]。

从上述数据可以看出，爱软件业有两个非常鲜明的特征：一是外资公司占主导地位；二是以出口型为主，产品主要外销。其实这也是爱尔兰整体经济的特色之一。

（2）印度是“外包服务模式”。印度的软件业属于外向型的产业，以外包服务为主，软件企业对于促进印度的出口起了十分重要的作用。印度软件企业有几个特点：一是市场客户大。印度软件企业瞄准全球重要的北美市

① 中国科技信息网 http：//www. Chinainfo. gov. cn/data/200509。

场、欧洲市场，拥有一批像美国通用、波音那样的著名大客户。二是企业规模大。印度目前有软件公司7 500家，从业人员41万人，其中5 000人以上的公司16家，10 000人以上的公司7.8家，而且大多已走出国门，目前，印度软件企业在欧美国家有上百家分支机构。三是发展速度快。一些大的软件公司，在人均产值近5万美元、公司近万人规模的基础上仍能保持年均40%—70%的增长速度，印度软件业近5年的年均增长率达56%。四是管理能力强。印度的几家大软件公司，其软件项目按合同完成率高达96%以上，Wipro更是达到了99.3%①。他们对时间、质量、成本的控制能力非常强。我们在第四章中将会对印度模式进行详细分析。

a、b两种模式为纯出口型模式，这是十分具有吸引力的发展模式，并由于印度、爱尔兰的成功变得神秘。但是，目前来看，a、b两种模式的发展是不平衡的，软件产品的出口只占发展中国家非常小的比例。而相反，软件服务在一些发展中国家占到本国出口的60%以上。因此，软件出口的实质是a模式的盛行。同时大量的开发工作是在合作委托方的国家进行，即发展中国家的软件开发者前往委托国与用户共同工作。但是，在软件业务外包中发展中国家承担的大多是低端的、低附加值的编程和检测等工作，而高端的、高附加值的分析、设计等工作往往由发达国家软件人员自己完成。

在a模式中存在的最大的问题就是可能会导致“出口飞地”（在发达国家建立“根据地”，即软件公司）的形式，所以发展中国家的技术、开发人员的技能、技术往往不能回流到其母国。也正是由于这种流出和流入的不成比例，使发展中国家企图提高软件业价值链中地位的努力举步维艰。

由此我们可以看到，发展中国家在出口型发展模式中所牺牲的机会成本。大量的软件精英有组织地服务于外国公司，为发达国家的经济服务，在带来外汇收入的同时，也牺牲了提高本国软件竞争力和创新能力的部分努力。

2. 模式c

日本的“整机带动模式”与c模式是一致的。由于日本是以硬件带动软件，强调满足应用需求，软件往往是帮助硬件实现部分功能的配角。有一些大公司也有自己的操作系统或嵌入式产品，主要以满足自己企业或行业生

① 中国科技信息网 http：//www. Chinainfo. gov. cn/data/200509。

产与管理的需求为目的，并不是面向全球市场的通用软件产品。

日本在移动通讯、信息家电和汽车导航等嵌入式软件开发上独具优势。日本的软件产品与日本的电子产品的结合，使得软件成为许多有竞争能力的智能产品的组成部分。如SONY公司开发数字化照相机、摄像机等产品，软件都是其重要组成部分。

2004年、2005年日本软件业的营业收入分别是832亿美元和855亿美元，分别占世界软件份额的10.63%和10.4%，居全球第三。1999年的数据显示，日本的出口额是8 400万美元，年增长率6.2%。其中应用软件出口量最多，为5 500万美元；进口额是65.5亿美元，年增长率21%，其中基础软件26.5亿美元，进口量最多。日本一半以上的收入来源于软件开发，自主知识产权的软件在日本市场上有较高的占有率。1998年其软件产值约570亿美元，占其全国信息服务业年产值（916亿美元）的62%左右，同年该国有软件企业约3 700个，从业人员33万人①。

模式c是面向国内市场开发应用软件包，但对发展中国家而言，这些市场的空间往往被发达国家所挤占，在操作系统、数据库、文字处理、电子数据表格等领域，发展中国家的企业已几乎没有竞争能力，因为进入市场的壁垒难以逾越，而只能在面向本地化市场、应用软件开发等工作上求得一席之地。但是在这种模式下，发展中国家很难培育出世界顶级企业。

3. 模式d

模式d是目前许多发展中国家选择的模式，主要是由于软件市场进入壁垒相对低的原因。这种模式也往往是出口导向发展进程的起点。相当大的国内市场需求成为通向国际市场的跳板，因为通过国内市场竞争洗礼，软件公司会积累相关的技能、经验、用户对产品的反馈意见、良好的商业记录以及资金、人才等的储备，同时大的国内市场需求也会吸引IT跨国公司与本土合作者建立良好的协作关系来开发发展中国家的软件市场。当这种关系进一步加深，就会演化为软件出口这种模式，本地公司通过跨国机构得到发达国家的软件开发、加工任务。

但是，由于发展中国家国内市场狭小，即使是中国、印度等大国对软件需求的比例与发达国家相比也很低，因此，与发达国家相比，发展中国家存

① 中国科技信息网 http：//www. Chinainfo. gov. cn/data/200509。

在“技术延迟”（Technology Lag），这就产生了一种可称其为与国际市场相分离的“国内飞地”（Domestics Enclave，即国内市场孤岛）。因此，定位于d发展模式只是一种生存战略而不是发展战略，随着技术和市场的进一步开放、统一，这种生存战略的空间也同样受到挤压。

4. 模式e：混合模式

美国软件业发展模式是e模式典型的代表。美国是信息产业的发源地，因此它的成绩也最为明显。美国在软件业价值链的任何环节都具有优势。美国掌握着世界上最先进的软件技术，拥有全球三分之一的顶尖软件人才，以微软、IBM、甲骨文等跨国公司为龙头的软件企业垄断着全球90%以上的操作系统、数据库管理软件，在全球软件业链中处于高端霸主地位。美国是全球最大的软件市场，在部分中低端应用软件外包的同时，美国还是全球最大的软件产品出口国（见图3-8、表3-2）。

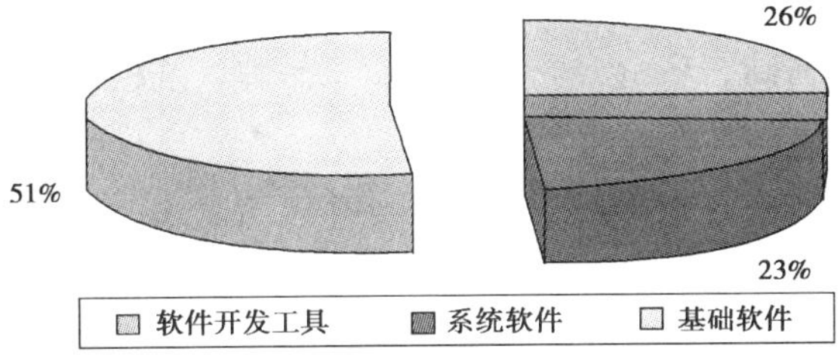

资料来源：国家统计局 http://www.stats.gov.cn

图3-8　美国软件业产品构成

表3-2　　**美国软件行业规模一览**

企业类别	数量（家）	年收入（亿美元）	员工数量（万）
软件出版	12 090	617	26.64
软件服务与系统集成	72 278	1 080.7	76.47
软件制作	124	8.2	0.80
总　计	84 492	1 705.9	103.91

注：由于美国产业普查每五年才进行一次，故目前只有依据2000年的普查资料。

资料来源：国家统计局 http://www.stats.gov.cn

美国模式的特点是：技术全面领先，产品形成垄断，产业规模巨大，攫取高额利润，技术创新活跃，产业链非常完整。

目前美国软件业发展的总体趋势是：软件服务增长快于软件产品增长，软件业呈现服务化趋势。

软件业已成为美国经济中增长最快和最具活力的部分，目前拥有规模各异的软件公司8万多个。世界500强软件公司前10位中的8个公司总部都设在美国。软件行业平均增长速度是美国GDP增长速度的3倍，软件从业人员工资是全国平均水平的两倍。新兴的软件业为美国带来了上百万的就业机会，在过去4年里，其平均就业增长率为13%，IT领域有1/3劳动力受雇于软件行业，全美软件人员人均年薪68 900美元，且年增长率保持在8%。据预测，到2008年，对软件的需求将为美国创造430万个就业机会和500亿美元的收入所得税，美国垄断着套装软件产品的出口，仅此一项就可为美国带来超过200亿美元的贸易顺差，软件业推动了美国的信息革命，促进了以信息技术为基础的传统产业改造，在电子商务领域的领先地位。美国软件业的领先是基础、环境、资金、企业、品牌、规模、人才、技术、产品的全面领先①。

当然作为美国软件业而言，其优势是其他国家无法比的，但是由于美国软件业的发展模式占据软件产业价值链的高端，利润最大的环节，因此成为许多国家追求和要努力实现的模式。

混合发展模式e正成为许多发展中国家选择的发展方向，模式e首先是基于国内软件市场的，但是发展中国家发展这种模式同样会受到发达国家软件商的严重威胁。许多发展中国家销售的软件包产品是发达国家软件产品的本地化产品，几乎在每个细分的市场中，都能看到这类产品。他们可以通过子公司和分公司，通过代理商或寻求合作者向发展中国家推销他们的软件包。尽管这样，由于发展中国家软件商具有商业渠道、公共关系、语言环境、政府支持优势，这些软件商保持着某种“知识优势”（Knowledge Advantages）。

但是混合发展模式（模式e）要取得成功必须避免模式a形成的“出口飞地”以及机会成本丧失的两大缺陷。必须具有企业家的洞察力去洞察协同作用和相互影响的机会，本地的产品和服务同样能面向国外客户服务，而

① 中国科技信息网 http：//www.Chinainfo.gov.cn/data/200509/1_20050906_117976.html

一个通用软件产品也能帮助软件开发商打开相关的服务市场。一批具有全球竞争能力的企业将会提供从一个市场（或行业）部门到另一个市场（行业）的商业渠道，进而逐步稳定国内市场，并开拓国际市场，提高竞争力。

对于发展中国家而言，选择 e 模式会受到几个方面的限制。首先，技能的限制。发展中国家自己培养的编程人员是他们本国的主要技术力量，在许多国家中为他们提供了稳定的专业技能和知识。但是，这支力量大都是偏重于编程人员（programmer - heavy），简单的编码人员占到软件人员的 80% 以上。因此，信息系统分析和设计能力的欠缺是发展中国家的致命弱点，尤其是对人力和组织管理的理解。由于软件项目管理技能的薄弱，进而产生了不能及时交付、项目超支以及质量等问题。其次，资金的限制。资金的困难是全世界一个普遍问题，部分原因是由于软件的无形，以及在分析、设计、开发等前期的大量资金投入。除了一些值得称道的例子外，对软件企业的投资通常还是比较保守和慎重的，风险投资远远不能满足发展需求①。

第二节 软件业发展模式的选择：SWOT 分析

由软件产业发展模式的理论研究可知，如果仅仅从比较优势理论的角度来分析国际软件业的影响要素，那么只能从各国的现有的技术和要素禀赋状况来分析，仅仅是一个静态的分析，如果单单遵循比较优势理论，就会使发展中国家陷入“比较优势的陷阱”，这已被许多发展中国家的产业发展事实所证明。同时，静态的比较优势理论与软件业模式的动态性以及软件自身具有的跨越式的发展规律相悖，因此，软件业发展模式的影响因素分析应该基于各国软件业发展中，可能影响其竞争优势形成的要素来考虑，即一种软件业模式的成功是由于这种模式的选择能使一国在某一产业的某一环节上形成国际竞争力。因此影响产业发展的要素就是各国软件业模式选择时必须要考虑的要素。SWOT 分析主要是对软件产业影响要素的分析，运用 SWOT 分析

① 王建平著：《软件产业理论与实践》，中国经济出版社 2003 年版，第 155—156 页。

方法对软件产业发展的影响要素进行分类，区分企业发展的优势要素、不利要素以及机会、威胁，最终确定产业发展模式。

一、软件业发展影响要素的研究

产业发展的影响因素极为复杂。“钻石模型”中的任一因素都具有丰富的经济学内涵，可以延伸出更多更为细分的因素，如“要素条件”包括人力资源、自然资源、知识资源、资本资源、基础设施等。因此，既是照搬“钻石模型”来考察软件业，也可以归纳出决定其国际竞争力的众多因素，然而本书的研究并非完全基于波特的“钻石模型”，而是主要基于“钻石模型”的理论框架，并参考了一些学者针对其局限性进行有益修正的研究成果，结合软件业的特征，对“钻石模型”中适于软件业的因素加以凸显，并对没有涉及的因素加以补充。

（一）软件业发展的影响因素

在第一章的研究中，我们谈到软件业所具有的十大特点，结合上述理论分析，我们对软件业发展的影响因素作综合分析。

1. 要素状况

要素条件包括资本要素和人力要素。人力要素在软件业发展中具有相对于物质要素更为重要的地位。软件业的人力要素在结构上可以分为高级人力要素和初级人力要素。其中高级人力要素主要是指中高层的技术研发和管理人员，往往不仅要求有较高的专业学历，更要求有一定的行业背景和相关经验，而初级人力要素则主要指普通的软件编程人员、数据和网络管理人员。高级人力要素相对初级人力要素具有更高的技术技能，并更为稀缺，因而在软件业发展中起到更为关键的作用。人力要素主要通过影响软件业的技术实力和劳动生产率来影响软件业发展。软件生产过程的核心是技术研发环节，这一环节需要一批高素质人才的合作才能顺利完成。是否拥有了一定数量的高级人力要素，是产业研发技术实力形成的关键，是大型软件开发活动的基础。因而，软件人力要素尤其是高级人力要素，是软件业技术实力形成的根本，是在软件业发展中不可或缺的基础条件。另一方面由于高级人力要素相对于初级人力要素具有更高的产出能力，其在人力要素中的比例高低也影响着软件业的劳动生产率，即影响着软件业的生产能力。考察各国软件产业发展可以发现，美国、日本、印度、以色列和爱尔兰等国都有自己的人才培养机制，且各有独到之处，并在此基础上构建了自己在国际市场上的核心竞争力。

资本要素在软件业主要指的是风险资本，这是由软件业的特点决定的。软件业是高技术产业，具有高投资、高收益的特点。对软件业而言，产品一旦成功地占领市场必然会带来巨大的投资回报。从国际软件业发展的实践来看，无论是发达国家还是发展中国家，风险投资在其软件业发展中都起着重要的作用，风险投资（包括风险投资公司的投资和股民的投资）是软件企业的重要资金来源，亦是研究开发和项目启动资金的主要来源。风险投资是指一切具有高风险、高潜在收益的投资行为，它在高技术产业发展中起着资本放大器、风险调节器与企业孵化器的重要作用，风险投资的创新性投资特点和高技术产业的特征使风险投资与高技术产业形成了相互依赖、相互促进、相互制约的辩证统一关系，形成了知识经济时代特殊的产融结合模式，这种模式也加速了高技术产业的发展；从某种程度来讲，风险投资的发展程度也决定着一国经济中高技术产业的发达程度。高技术产业发展的不同阶段与风险投资的介入程度见表 3 - 3 所示。

表 3 - 3　　高技术产业的发展阶段与风险投资

发展阶段	主要风险	风险投资的作用	资金需求量
种子阶段	技术风险 市场风险	经过科学评价，选出有投资价值的企业准备投资	较小
创业阶段	市场风险、融资风险、经营决策风险	投入资金规模不大，但须参与企业的经营和决策	种子期的 10 倍
成长阶段	经营风险、后续融资风险、财务风险	追加投资，强化企业的管理，促进企业的成长	种子期的 100 倍
成熟阶段	发展战略及政策风险、财务风险	企业上市融资或整体出售，择机退出	公开上市融资出售

资料来源：李军：《企业融资》，民主与建设出版社 2001 年，第 105 页。
周丽娟、许敏："高技术产业与风险投资"，《商场现代化》，2006 年第 1 期。

2. 需求状况

"需求条件"是"钻石模型"的重要影响因素之一，这一结论同样适用于软件业。本书所说的需求条件不仅包括波特所指的国内需求条件也包括国际需求条件。

软件市场需求的基本形态包括三个方面：需求的细分结构、挑剔性需求和先发性需求。需求的细分结构和挑剔性需求指的是需求的多样性，因而需求多样化的供给，必然刺激软件企业为了满足多样化的需求进行不断创新和追求技术进步。先发性需求往往预示了软件业未来需求的发展趋势，因而对一国软件业发展有积极的推动作用。另一方面，国内软件市场需求的规模和增长速度也决定着软件业的规模和增长速度，并由此影响着软件业的发展。巨大的、有增长潜力的需求规模有利于吸引资源投入，促进软件业技术实力、生产能力、经营管理能力等多方面的提高；反之，狭小的、缺乏增长潜力的需求规模因为制约了资源投入，影响了企业竞争的积极性，从而会阻碍软件业的发展。

"钻石模型"中的需求条件局限于国内需求条件，而没有提及国际需求条件的影响，但对于高度国际化的软件业而言，国际需求条件不可忽视。国际需求使国内软件业面对着国际市场竞争，促进包括人力要素、技术、资金、管理方法等在内的资源跨越国界流动。在这一过程中，随着竞争规则逐步与国际接轨，国内软件业的国际竞争力也得以不断提升。

3. 市场竞争结构、企业标准和认证状况

波特认为，国内企业的竞争是刺激企业进步与推动创新的动力。这一观点同样适用于软件业。面对国际竞争，国内产业的市场竞争结构和国外相同产业的市场结构常有差别，其差别往往会对一国产业发展产生较大的影响。实践表明，一个软件业发展成功的国家，其市场集中度比较高，产业内企业的数目和规模合理是合理的市场结构的表现之一。较高的市场集中度表现在有利于提高资源的利用效率、发挥产业内分工协作效率和显现品牌带动效应等方面。首先，较高的产业集中度说明产业中不会存在过多的企业过度竞争，从而避免低水平的重复投资，保证在整个产业链上各种资源得以合理的分配和利用。其次，较高的市场集中度，能保证大、中、小软件企业之间进行明确分工和协作，有序竞争，有利于提高创新效率和整个产业的产出绩效；再者，较高的市场集中度，保证软件业中形成一定规模和实力的领头企业，进而创建若干有知名度的软件品牌。此外，一些研究表明，软件企业的规模与生产率之间存在着较为明显的正向关系（Ashish Arora，2001）。由此反映了企业规模或企业集中度对软件产业发展的影响（表3－4）。

表 3-4　　**规模对人均产出的影响**　　单位：美元

	小企业（<250 人）		大企业（>250 人）		
年份	样本数	人均产出均值	样本数	人均产出均值	均值差异的 T 检验值
1995	31	19 010	24	28 670	1.96
1996	39	22 190	25	30 460	1.84
1997	39	19 850	25	27 050	1.61
1999	39	22 890	25	33 710	2.28

资料来源：Ashish Arora，V S，Arunachalam Jai Asundi，Ronald Fernandes. *The Indian Software Services Industry*，2001，30：1267-1287. 表中数据是按 1997 年公司规模进行分类统计的。

标准性和兼容性是软件业用户锁定特点的基础。重视软件品质，注重企业认证。如同其他实物产品一样，软件产品的生产也需要有一定的质量标准。目前对软件开发的质量标准包括国际标准 ISO9000 和 SEI-CMM（CMM，capability maturity model，即软件能力成熟度模型。CMM 标准共分五个等级，从第一级到第五级分别为：初始级、可重复级、定义级、管理级和优化级，从低到高，软件开发生产的计划精度越来越高，每单位工程的生产周期越来越短，每单位工程的成本越来越低。目前已得到国际上的广泛承认）。

从全球范围来看，CMM 认证是国际上最流行的软件生产过程标准和软件企业成熟度等级认证标准，所谓 CMM 是软件性能成熟化模式（Capibility Maturity Model，缩写为 CMM），它是由美国软件质量权威汉姆瑞（Watts Hamhrey）在卡内基·梅隆大学工程研究所（CEI）创立的一种先进的软件质量管理体系，其意义不仅是对软件开发的过程进行管理，关键是它还是一种高效的管理方法，有助于企业最大程度地降低成本，提高质量和用户满意度。软件能力成熟度 CMM 为软件的开发过程提供了一个阶梯式的改进框架（即路径依赖），它基于以往软件工程的经验教训，提供了一个基于开发过程改进的框架图，指明了一个软件组织在软件开发方面的管理流程。CMM 除了包括有效开发软件的作业程序外，还制定了 5 个循序渐进的质量等级①。CMM 是美国和印度的软件行业独霸天下的“秘密武器”。美国软件行

① 王兵：“印度软件产业发展经验初探”，《东南大学学报（哲学社会科学版）》，2002 年第 4 期。

业发达很重要的一个原因是，无论规模大小，企业都能按照规范化的工作方法管理软件循环过程，始终把最终用户放在软件产品供应优化和质量控制中心，把达到认证标准放在很重要的位置。而综合国力比我国差很多的印度为什么能在近年“异军突起”，成为软件大国，一个突出的原因也是印度非常重视软件的国际化管理。

总体而言，质量认证体系对于软件产业的产出效率依然存在着显著的正向影响。Arora 等人对印度产业的研究发现，拥有 CMM 证书的软件公司与未经 CMM 公司相比，人均产出水平显著要高（表 3－5），郭斌对中国杭州软件产业的实证分析也证实了这一点。

表 3－5　　CMM 对人均产出的影响　　单位：美元）

	非 CMM 认证企业		CMM 认证企业		
年份	样本数	人均产出均值	样本数	人均产出均值	均值差异的 T 检验值
1995	38	21 310	17	27 510	1.24
1996	46	22 800	18	32 110	1.89
1997	46	20 130	18	29 140	1.79
1999	46	23 710	18	35 820	2.74

资料来源：Ashish Arora，V S，Arunachalam Jai Asundi，Ronald Fernandes. *The Indian Software Services Industry*，2001，30：1267－1287. 表中数据是按 1997 年公司规模进行分类统计的。

4. 政府政策状况

在波特的“钻石模型”中，“政府”被看作一个辅助因素。但就具有高度战略意义的软件业而言，特别是具体到发展中国家的软件业时，政府往往在其国际竞争格局中扮演着决定性的重要角色。后发展国家在相当长的时间内都处于“追赶”先发展国家的状态。要追赶，就要有领导、有组织，不能全凭企业自己自发发展。因此，政府在发展中国家的现代化过程中必须起主导作用。同时，政府的积极参与也是使民族经济在国际上有效竞争的保证。如果没有政府的支持和组织，靠企业单独在国际上去竞争，发展中国家经济是很难打入国际市场的。此外，发展中国家一般面临着市场不发育的困难，市场机制长期处于无效运作的状态，资源难以得到有效配置。不能等待市场自发地发展起来。政府必须运用产业政策等手段使有限的资源得到合理配置，并大力培育发展市场体系。项飞在《发展经济学视野中政府角色的演变与启示》中认为，关于后发展国家政府在经济发展中的作用问题一直是经济学家们关注的焦点。罗森斯坦·罗丹在其“大推进”模型中指出，欠发达国家的经济发展不应听凭市场力量，而必须通过政府计划实现各部门的均衡发展。格申克龙认为，经济落后的程度与国家推进工业化的强度之间存在着正相关关系，工业化启动越晚，政府的作用越突出。刘易斯强调政府在发展中国家经济发展过程中的重要作用，并认为制定经济发展计划是政府指导经济发展的最好方法。罗斯托认为经济起飞最重要的前提通常是政治方面的，政府在经济发展的基本作用就是动员社会先行资本。世界银行《1991 年世界发展报告》认为，东亚的经济发展主要受益于促进市场效率和发展的政府行为。青木昌彦等经济学家提出了政府的“市场增进论”，认为政府政策的职能在于促进和补充民间部门的功能。斯蒂格利茨指出，发展中国家的政府应具有特殊的职能，如创造市场、替代企业家等。同期，我国国内学者有关后发展国家政府角色的研究主要有“政府第一推动力”假说。该假说认为，后发展国家发展初期政府发挥第一推动力的作用以启动经济，但政府推动的效率和利益是递减的，一旦经济起飞，政府应逐步退出和还原。

国际软件产业发展的经验也证明了政府的决策能力、服务能力和政策的有效性是软件业发展的前提，无论是美国、日本、以色列和爱尔兰，政府的战略层次对 IT 和软件业的重视都是一致的。

美国政府早在第二次世界大战时期就非常重视新技术的发展和应用。政府提供大量关于研究和发展（R&D）的资金。早期互联网就是由美国政府提供资金，并且政府为那些网络协议的发展提供技术支持和服务。直到今天美国政府仍然在继续提供这类资金。其每一代领导集团对新技术的作用都很认同，在发展美国经济过程中自觉不自觉地引导经济潮流向利用新技术的方向发展，如在 1992 年，克林顿在竞选美国总统大选时就提出要建立信息高速公路的设想。果然美国信息产业与其他信息产业一样，在他的任期内到达产业发展的顶峰。微软一度登上全球企业股票市值排行榜的首位。另外，政府还为多种形式 IT 培训和教育提供补贴。

以色列政府为高新企业提供有力的资金支持和组织协调，鼓励军工和相关企业转轨研制生产和平时期所需的高科技产品，由此诞生了一系列新的公司。

爱尔兰政府在制定长远规划时意识到，爱尔兰作为一个小岛国要想在世界上具有竞争力，只有走“科教兴国”这条路。大力培养高素质科技人才，兴办高新技术产业。主要表现在：一是政府把科技及软件产业作为本国经济长期发展的战略重点，加大投入力度，国家财政预算支出连年向该产业倾斜；二是采取鼓励外国软件公司到爱尔兰从事研究开发。

因此可知，政府是任何一个国家软件业发展的重要推动力。

5. 相关和支持行业的发展状况

软件业的发展虽然对基础设施没有严格的要求，但相关产业的发展对软件业发展产生着影响。任何一个国家产业发展模式的形成都依赖于已有的产业基础，现有的发展模式都是在已有的基础上演进来的。产业的发展基础，可以为产业未来的发展创造良好的技术、资本、人才、制度等诸多方面条件。软件业发展模式的形成，既决定于传统的相关产业的发展，如基础设施，又取决于新兴的支持性行业的发展，如信息产业、网络发展以及硬件产业的发展。

6. 技术创新状况

软件业是典型的知识密集、技术密集型产业，创新性是其特点之一。软件业的这一特点就要求软件企业必须与国际接轨，紧跟相关产业的技术潮流，使自己的产品不断推陈出新，从而在众多竞争对手中立足。因此，在很大程度上技术创新是软件业发展的主要动力。技术创新也就成为影响软件业发展的不可缺少的因素之一。

美国的科技投入和创新能力在全球首屈一指。美国政府通过一揽子方法或规章制度、示范项目、分摊费用项目等来建立国家信息基础设施，重点优先资助和扩散通用技术、刺激私营企业参与研究开发，同时又特别注重核心软件开发，据商务部《2000 年数字经济》报告说，1998 年美对信息产业研究与发展（R&D）的投资达到 448 亿美元，是全部工业 R&D 投资的 1/3 左右。

以色列工贸部设有专门机构，即首席科学家办公室（Chief Scientist Office），负责评估和管理国家产业开发基金，对通用技术和企业高科技含量产品的研究开发提供资助；实施高科技孵化器项目，为科技人员实现从科技成果到产品产业化提供风险资助。

7. 产业集群发展状况

软件业本身具有的规模经济的特点。软件业集群作为发展软件行业的基地，是推动软件行业发展的有效举措。软件园能够营造局部优化的政策环境，形成较为优越的研发、生产、通信及工作生活环境；有利于将各地方有限的资金和人力资源集中起来，构成产业化的基地和企业群体，从而产生局部的聚集效应和示范效应，不断实现资产、生产要素、人才的优化组合。因此，在各国软件业发展中无论是在发达国家还是发展中国家，都非常重视发挥产业集群的作用，美国的“硅谷”、印度的“班加罗尔”、爱尔兰的“香农”自由贸易区的成功都说明了这一点。

8. 跨国公司的经营策略状况

通过对软件业发展影响要素的理论分析，我们知道跨国公司经营策略的差异对各国产业竞争力的形成影响不可忽视，国际分工新特点出现的一个推动力量就是跨国公司在全球的资源配置。邓宁的分析也表明，随着经济全球化的日益深化，世界经济发展的一个主要特点是跨国公司的作用日益突出，跨国公司在全世界范围内实现着资源的重新配置，跨国公司在各国的软件业价值链中的活动是不同的。这种差异取决于跨国公司产业转移的目标国的产业环境、市场需求、技术技能、人才成本等因索，其中市场需求作用的导向性更强。这种差异更多的是由跨国公司的经营策略所决定的。跨国公司在各国经营策略成为各国在选择产业发展模式时不得不考虑的一个外部因素。

总结以上的分析，我们得出影响软件业发展的因素：要素条件（风险资本与人力要素可以归结为要素条件）、市场需求（国内需求与国际需求）、相关和支持行业的发展、企业标准和质量认证、技术创新、产业集群和政府政策和跨国公司在各国的投资目的这一个因素。这八个因素加上机遇就构成软件业发展的主要影响因素，成为各国软件业模式选择时的共同影响要素。

（二）软件业发展影响因素的关系

1. 就软件产业整体发展而言，软件业发展的影响要素之间并非相互独立

它们构成一个互动的系统，其内部的每一个因素的变化都会改变其他因素的表现，从而影响到一国软件业整体竞争力的状况。

“九要素”框架是对波特的竞争优势“钻石体系”的发展，是“钻石体系”在软件业中的发展和运用。“九要素”在软件业发展中的作用分别是：

生产要素是软件业发展的关键，市场需求是前提、创新是核心、政府的引导是必要条件、集群的建设、相关产业支持与企业标准和质量认证是软件业发展的保障。以上因素都是从本国角度考虑的因素，这些因素都是可以通过相关政策措施进行培育的因素，并且各要素之间是一个互动的系统。其中政府、需求条件跨国公司经营策略和机遇是产业外部影响要素，但外部因素是基于内部因素而产生的，并且也会随着投资东道国竞争优势因素的变化而发生改变。具体说哪种要素最重要是很难的，因为各要素间相互促进，整个产业竞争力是整个系统要素共同作用的结果。

2. 由于国际分工出现了“价值链分工”的新特点，与此相适应当今世界存在多种软件产业发展模式，各具特色

美国模式是从核心技术到应用，再到产业化，在“九要素”上具有全面优势，真正完整的软件产业也只有在美国才能看到；在日本则很少有纯粹的软件公司，一般是硬件带动软件，强调满足应用需求。而且日本往往是几个大公司主宰一个产业，通过这些大公司的研发带动，推动软件业的发展。印度则是由于本国市场狭小、需求低迷，而自身又有一定的人才储备，他们主要从美国和欧洲获取软件外包业务，以离岸和在岸开发方式提供服务。相反，爱尔兰主要从事产品开发和捆绑软件的销售，在定制软件市场上，印度和爱尔兰并不构成相互竞争；以色列的发展模式更多的是接近爱尔兰，但是它很少从事产品本地化服务业务，更多的是借助于技术创新能力开拓国际市场。

国际软件产业发展的历史实践表明，一个国家并非要求在“九要素”上都具有优势，才能发展软件产业和形成竞争优势。由前面的模式选择的理论基础研究可知，软件产业竞争力包括产业价值链环节上的竞争优势，各国完全可以根据本国的优势要素来选择在国际软件产业价值链上的位置，而这些优势要素就是一国软件产业模式选择的决定性影响要素，它们决定了一国软件产业模式区别于他国的特点，其他要素虽然也影响软件产业发展，但在选定的某种模式下则成为非决定性要素。

二、软件业模式选择的 SWOT 分析

（一）软件业发展影响要素的分类

我们将以上得出的软件业模式选择影响“九要素”进行分类，分为产业内部因素和产业外部因素（见图 3－9）。

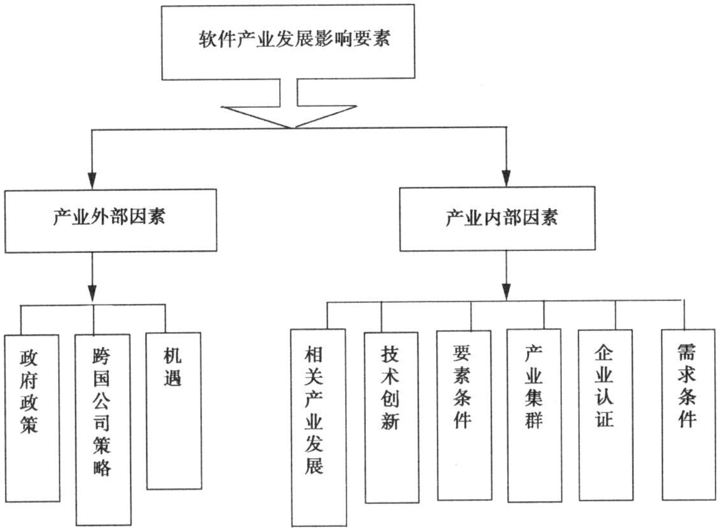

图 3－9　软件业发展影响要素的分类

（二）软件业模式选择的 SWOT 矩阵分析

在软件业模式选择时，我们可以借用战略模式选择的 SWOT 矩阵（表 1－1），SWOT 矩阵是帮助决策者制定战略的重要匹配工具。

本书研究认为，软件产业模式选择的理论基础是竞争优势理论，而竞争优势是基于一国的比较优势要素发展而来的，因此，软件产业发展模式的选择最终要落脚到形成产业竞争力上，因此发挥优势要素的 SO 战略是软件产业模式选择必然采用的战略，但前期可能会采用 ST、WO、WT 战略或同时采用几种战略，这一点通过考察各国软件产业发展模式的形成就可以得到证实。

第三节
软件业发展模式的优化：动态分析

正如我们在软件业发展模式中谈到的，软件业发展模式是一个动态的、变化的过程。因此一国选择一定的产业发展模式之后，并非一成不变的，它会随着一国产业发展状况以及国内外经济环境的变化进行不断调整。因此产业发展模式优化是一个在既定条件约束下的动态调整过程。如果说产业发展模式是一种产业发展的资源利用方式，那么产业发展模式的优化就是在既定目标下，在一定约束条件下，寻求一种最佳的资源利用方式。

一、产业发展模式优化的内涵

（一）产业发展模式的优化是以既定产业目标发展为前提条件的

如果把产业发展目标定位在为创造更多的就业机会上，于是就可以选择劳动密集型产业发展或者选择以贴牌生产的方式发展来料加工业，这将是最优发展模式。如果国内市场上本国产品供给不足、进口产品市场占有率高，而产业发展目标又定位在扶持民族工业、提高国产市场占有率方面，在技术和资本有保证的前提下，采用进口替代型发展模式是理性的选择，当产业发展壮大到能与国际著名企业抗衡、产业发展目标确定为提高国际市场占有率、提升产业国际竞争力时，应该及时转换为出口导向型发展模式。

（二）产业发展模式的优化要以提高产业绩效为直接目标

产业绩效主要指市场绩效。市场绩效是指市场的运行效率，它是指在一定的市场结构下，由一定的市场行为所形成的价格、产量、成本、利润、产品质量以及在技术进步等方面的最终经济成果。评价市场绩效的好坏，主要涉及以下几个方面：资源配置效率、市场供求平衡、企业规模效益、科技水平的提高以及社会公平等。

（三）产业发展模式的优化受制于一定的约束条件，不考虑约束条件的优化是没有意义的

在产业发展目标既定的前提下，任何一个国家的产业发展都会面临种种约束条件，如资金约束、劳动力约束、技术、制度、政策、市场等的约束。在国内市场规模有限的条件下，选择出口导向型将是最优的发展模式；在低成本劳动力丰富的时期，发展低附加值产业是正确的选择。因此，产业发展模式是在一定的产业发展约束条件下进行的。如果不顾现有条件盲目地发展，其结果可能是欲速则不达。比如在产业发展的初级阶段，将有限的资金用于发展资金密集型或技术密集型的产业发展，必然会挤占可以用来发展具有比较优势的劳动密集型产业的资金，而使劳动密集型产业发展受到限制，减少市场份额、利润，降低具有比较优势产业的竞争力，难以实现经济的持

续发展。

（四）发展模式本身并没有优劣之分

判断一种发展模式的优劣并不取决于发展模式本身，而是取决于这种发展模式是否适合一个国家或地区的发展需要，这种资源利用方式是否适合一个国家或地区产业的发展。而发展模式的优化，是指用一种新的模式（资源利用方式）来代替旧的模式（资源利用方式），但需要指出的是，并不是说新的模式一定优于旧的模式，而是在产业发展目标及产业发展的外部条件发生变化的条件下，新的资源利用方式比旧的资源利用方式更有利于产业发展。

因此，产业发展模式优化就是在一定的经济发展阶段，在产业发展目标既定的背景下，在产业发展的客观条件约束下，用一种新的资源利用方式取代一种旧的资源利用方式①。

二、软件业发展模式的优化

软件业发展模式优化是在既定前提下实现资源的最优配置，这些既定前提既是产业发展模式选择的约束条件，也是产业发展模式优化的基本动力。具体到软件产业而言，产业模式优化同样是上述“九要素”变化的结果。在软件产业发展中，每种要素的变动都会影响到其他要素。随着一国产业的优势、劣势要素的以及所面对的机会与威胁不断变化，国家产业目标的调整等，软件产业发展模式也随之变化。因此，软件产业发展模式只是某一时期一国产业发展的最优模式而并非最终模式。

本章小结

本章考察的是国际软件业发展模式的理论研究，是本书的重点，本章构建了一个软件业模式选择的分析框架。

① 娄勤俭主编：《中国电子信息产业发展模式研究》，中国经济出版社2003年版，第67—68页。

本章的开始就对模式的概念作了分析，总结出软件产业模式的内涵。理论的研究是一切问题分析的基础。随着国际分工的发展，目前国际分工领域出现了一些新的特点，出现了新的国际分工形式，就是全球价值链分工。这一分工新特点下，一国产业竞争优势不再仅表现为产业整体的竞争优势，而是表现为产业价值链某一环节上的竞争优势，因此对一国而言，完全可以根据本国的比较优势要素，在过去发达国家垄断的某些产业上，选择产业价值链的某一环节切入，并形成这一领域的竞争优势。

软件业是一国的战略性产业，政府行为是不可避免的，软件业自身的特点，也决定了软件业发展模式的选择理论基础是竞争优势理论。

本章中论及到国际软件业发展模式类型。国际软件业发展模式根据不同的标准可以划分出许多类型。为了便于分析我们仅从两个纬度重点对软件业发展模式进行划分，且划分为五种模式，并通过分析发现每种模式都存在利弊。

作为分析框架的一个重要组成部分，我们对影响软件业发展模式选择的影响因素进行了研究。由于在国际软件业发展中存在多种不同的模式，因此，每种模式的具体影响因素是不同的，但是影响软件业整体发展的要素必然是各国软件业模式选择时要考虑的，所以，我们首先对整个软件业发展的影响要素进行研究，其次，软件产业既为战略性产业，其模式的选择本质上就是战略模式的选择，因此书中运用了战略分析的SWOT方法研究软件产业模式选择影响要素。最后，依据本书软件产业发展模式选择的理论分析，提出各国软件业具体模式选择可能会先单独或同时采用ST战略、WO和WT战略，但最终都会发展到SO战略。

研究还从动态的角度分析了软件产业发展模式不是一成不变的，而是会不断调整，即不断进行着软件业发展模式的优化。

第四章 DI SI ZHANG

国际软件业发展模式的实证研究：印度案例

中印两国都是劳动力资源丰富的大国，根据古典比较优势理论，两国生产的产品应集中在劳动密集型的产业。然而作为发展中国家的印度，在近十多年里却在信息技术革命中走到了世界前列，在发达国家主导的知识密集型产业领域占据了有利地位，并形成了自身独特的软件业发展模式。这也为发展中国家如何在知识经济时代，利用本国的优势要素选择软件业发展模式提供了有益的启示。

第一节 印度软件业模式及国际竞争力分析

印度软件业的模式是“外包服务模式”，主要是由软件外包的兴起带动的，国内软件市场的规模不大。印度的软件出口，最早从“出卖人头”(Body Shopping)，或智力资本输出起步，后来由于移民限制等原因，逐步转向离岸开发模式和 IT 服务外包。

一、印度的“外包服务模式”

软件业外包模式是印度创立的。目前印度仍是全球软件外包的主要提供国，据 NASSCOM 统计，截至 2004 年 3 月底的一年里，为其他国家提供软件和后端办公（back - office）服务等外包业务，给印度带来了 172 亿美元的销售收入，占全球同类市场的 44%，居全球首位。预计 2008 年将达 51%，那时印度的软件业年销售收入将达 480 亿美元。

（一）外包的含义及软件外包市场的分类

外包也称企业流程外包（Business Process Outsourcing，简称 BPO），是通过将客户的部分或全部管理及运营流程转移到服务商，从而提高企业流程自动化的能力。BPO 包括人力资源、采购、财会、客户中心、后勤、研发、营销、工厂运作、培训等类型，对它的产生最直接的解释就是外部寻求资源，即把不属于自己核心竞争力的业务外包出去。把自己做不了，做不好或别人做得更好、效率更高的事交由别人做，是企业在充分发展自身核心竞争力的基础上，整合和利用外部优秀的专业化资源，达到降低成本，提高生产效率和增强企业对竞争适应能力的一种管理模式。

一般认为，最早确切提出“外包”一词的是 C. K. Prahalad 和 Gary Hamel（1990），而由 Ross Perot 发现了外包产业（Stafford，2000）。在早期，“外包”被不少学者理解为公司与海外公司之间的合同或契约。但是，在今天的商界，它是一个最新的上榜词汇（buzzword），被普遍认为是一种在劳动和物资方面消减成本的好方法。

虽然学者们对“外包”一词的含义表述不尽相同，但是，我们还是可以从这些表述中看出：

第一，“外包”一词的含义随着实践和理论研究的逐步深入而有所改变。在最初，“外包”仅仅被学者们用于 IT 领域和制造业内。随着研究的深入，“外包”一词的含意和运用都更为宽广。目前，它已被誉为企业的一种战略决策或管理模式。

第二，不论何种形式，“外包”均涉及独立的第三方，因此，在“外包”的过程中存在着控制权的转移。企业进行外包的最终目的是对第三方的专长或规模经济加以利用，增强自身的核心竞争力。因此，在外包的过程中必然伴随着业务控制权的转移。不论资源以什么形式存在，外包都涉及在两方或三方之间通过正式契约的方式来提供产品和服务。

第三，“外包”涉及企业围绕自身竞争优势的全面再造，是一种崭新的战略思维与经营模式。不同学者对“外包”的定义中都提到了保留与增强自身的核心业务，而将非核心或外围业务外包出去。因此，“外包”概念的内涵涉及“将有限资源集中在决定企业胜负的核心能力上”这样一种战略思想，摒弃了20世纪80年代以前大多数企业所采取的“纵向一体化”和“大而全”的思想。

作为20世纪90年代末期被极度张扬的企业经营管理新理念，外包在为美国等发达国家的企业普遍接受的过程中也不断获得了丰富的内容。从外包的范围进行划分，外包可分为现场外包、近域外包和离岸外包。而且全球离岸外包开支约占外包总开支的一半。

近年来，软件服务从美国向印度的“离岸外包”的现象得到迅猛发展。某些离岸外包行为是在公司内部进行的。只是将部分业务从母公司转移到国外分支机构（有时被称为“自营的离岸”，涉及进行外国直接投资），而另一些则是将生产环节外包给全球范围内的第三方服务供应商（见表4－1）。许多生产环节在发达国家间进行重组，而另外一些则转移到了低成本的地区。当然，并不是所有的环节都在转移，这个过程还处于初级阶段，今后可能会加速发展。这很可能标志着国际分工演进的下一阶段。经济地理学家将其视为生产活动的“全球转移”的最新进展（Dichen，2003）。

表4－1　　离岸和外包——若干定义

生产地点	内部化或外部化的生产	
	内部化	外部化（“外包”）
母国	在母国企业内部生产	将生产外包给在母国的第三方服务供应商
外国（“离岸”）	国外分支机构生产，例如：英飞凌科技在都柏林的服务中心；敦豪快递位于布拉格的IT中心。 “企业内（自营的）离岸”	外包给国外的第三方服务供应商，例如外包给当地企业：美洲银行将软件开发外包给印度的信息系统技术公司。 外包给其他跨国公司的国外分支机构，例如某家美国企业将数据处理服务外包给美国ACS公司在加纳的分支机构。

资料来源：UNCTAD.

通常软件外包项目可分为三个层次：第一层，低端的外包加工。承包商不参与需求分析和系统设计，仅负责其中整个系统某些子模块的编程，或将设计结果转换为可执行的程序代码。第二层，中端的外包加工。承包商不参与需求分析，参与系统设计活动，包括概要设计和详细设计。第三层，高端的外包加工。承包方参与客户整个软件开发的全过程，包括需求分析、系统设计、软体编码过程，其主要的特点是参与客户的需求过程，包括问题分析和需求分析。

（二）软件外包市场的分类

1. 领域分类

借鉴印度对软件外包市场的理解，从服务领域来划分，广义上软件外包市场可以划分为软件产品（技术）开发（Software Product & Technology Services，SPTS）。软件专业服务外包（Software Related Services，SRS）、IT 关联服务（IT Enabled Services，ITES）三大类。软件产品（技术）开发外包主要是指软件产品开发（通用或专用产品）和技术（形成软件技术知识产权，IP）开发外包，这类业务主要来源于通信设备、制造设备等硬件产业以及软件企业自身的业务外包，此类外包服务形成的最终成果是软件产品或技术产权。

软件专业服务外包提供的是与软件关联的各类专业服务，包括低端的软件产品支持与维护（Product Support & Maintenance Services，SMS）和高端的各类软件专业服务（Software Professional Services，SPS），高端的专业服务包括 IT 咨询服务、开发与集成服务、培训和教育服务、管理服务等。

IT 关联服务（ITES）是印度官方提出的，列入本国软件与服务业的一种业务流程外包（BPO）的服务。跨国的 ITES 是随经济全球化、技术网络化发展而衍生出来的一大专业服务门类。从本质上分析，ITES 不能列入严格意义的软件服务范畴。考虑到理解广义的软件产业（包括产品开发业、技术开发业、软件服务业、IC 设计业）对产业政策实践、软件园区规划、产业的国际比较都具有实际意义。因此，我们也将 ITES 列入广义的软件外包服务中。作为基于网络和软件技术的专业服务，ITES 包括人力资源服务、客户沟通服务、财务服务、数据收集整理和分析加工、远程教育、数字内容开发等服务门类。

2. 区域分类

按照地域范围划分，软件外包分为国内软件外包（DSO）市场和国际软件外包市场（GSO）市场。印度的软件外包市场是以 GSO 市场为主，中国则是以 DSO 市场为主。

（三）企业选择国际外包的影响因素

按照全球产业价值链理论，国际企业可以将产品价值链不同环节的生产分布到不同的国家和地区，自己只需要生产核心环节，以降低成本和优化生产环节，从而增强核心竞争力和整体竞争力。

1. 选择企业自营还是外包的决定因素

企业先要在企业自营和外包两种模式之间进行选择，而在选择企业自营还是外包决策时要受到以下因素的影响：

（1）当公司认为对某项活动的严格控制至关重要时，当所涉及的交易成本很高（Buckley 和 Casson，1976），或专有知识和信息是敏感的、默示的、生产成本很高、很复杂或很特殊但却容易复制时（Dunning，1989），企业通常会将这项活动安排在企业内部进行。在任何一项经济活动中，其职能的战略性越强，越接近企业的核心竞争力，这项业务外包的可能性就越小。

（2）与一项活动有关的内部互动程度是很重要的，经常提到的外包风险是指和供应商沟通的困难（Bajpai et al.，2004）。对于那些在技术上可分，但又必须和企业的其他活动（服务、制造、研发等）保持密切互动才能提高效率的业务，企业倾向于选择内部化方式。相比之下，后台管理和客户沟通服务可以很容易地实行标准化，并和其他活动分离开来，因此外包的可能性比较大，所以许多跨国公司将例行的、标准的软件开发外包给印度公司，但对比较复杂的开发活动实行内部化（Kumar 和 Sinha，2003）。

（3）能否找到有能力的当地企业也影响着选择。在一些发展中国家出现低成本的外包供应商是近年来发生的现象（Huang 和 Khanna，2003；Zaheer 和 Rajan，2003；Kumar 和 Sinha，2003）。开始时，印度并没有企业可以接受外包业务，而是由外国跨国公司在印度先成立自己的分支机构，随着印度国内企业承接外包能力的增强，外国企业再将生产环节逐渐转移。结果是：对企业来讲，那些已经外包一段时期的较为“成熟”的服务（如软件开发）比那些新兴的业务更容易找到第三方供应商。

2. 选择了外包模式的企业在进行外包地选址（区位）时受到的因素影

响

（1）降低成本和提高质量是企业外包的关键驱动要素。国际外包是公司战略的一个组成部分。降低成本是外包的主要动机之一，跨国公司通过在全球内整合资源，可以获得规模经济的优势。不同的研究表明，大多数企业认为降低成本是软件服务外包的重要原因（UNCTAD 和 RBSC2004；IBM 和 Oxford Intelligence，2004；Bajpai et al.，2004；CM Insight et al.，2004）。找到成本较低的区位、合并经营业务以及降低基础设施、培训和管理的费用，都可以部分地降低成本。这种合并可以大幅度降低成本，尤其是在劳动力成本还随之降低时（但并不一定），效果就更加明显。据相关报道，美国 GEIS 公司由于将业务离岸处理，每年节约成本 3 亿美元以上。同样，在拥有离岸外包经历的欧洲大型跨国公司中，大约 80% 的公司报告说成本节约了 20%—39% 左右，另外还有 10% 的公司成本节约的幅度更大（UNCTAD 和 RBSC，2004）。成本节约使企业可以降低价格或提高效率，从而提高企业的竞争力。

但降低成本只是一个方面。随着公司经验的积累，企业将会认识到来自提高服务质量的其他收益。正如 Dossni 和 Kenney（2004）指出的：一些离岸公司“去是为了成本，留是为了质量”。欧洲大跨国公司认为，质量是提高离岸外包带来的第三大重要收益（排在降低劳动力成本和其他成本之后），而且质量的提高经常超过预期（UNCTAD 和 RBSC，2004）。当外包企业的“后台服务”成为承包企业的“前台服务”时，后者将会更加注重质量。此外，与发达国家相比，低成本地区可以提供受过更好教育的雇员从事工作，与高成本国相比，低成本还可以使企业有可能雇佣更多的员工以满足峰值负荷业务，从而强化服务质量。此外，将标准化和例行工作外包出去，企业就能将稀缺的资源集中于核心活动。

（2）就区位决定因素而言，虽然降低成本仍然是主要的因素，其次是掌握适当技能的劳动力的供给，但另一个关键的考虑是基础设施的质量，其中特别是具有成本效率的、可靠的电信和电力供应（Bajpai et al.，2004；UNCTAD 和 RBSC，2004；IBM 和 Oxford Intelligence，2004；Taylor 和 Brain，2003；Outsouring Insight，2001）。除此以外，经济和政治稳定、法律和管制框架也是重要的。由于外包业务性质的不同，其中每个因素的权重都是不同的。对与 IT 相关的离岸外包项目来讲，企业在选址时特别重视技能的可获得性（图 4－1）。

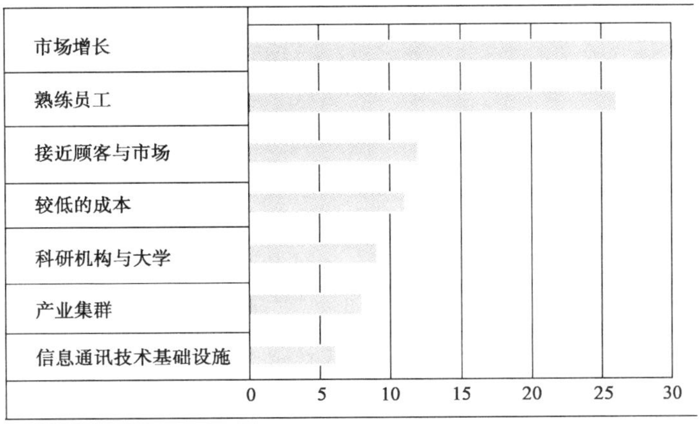

资料来源：UNCTAD，根据 LOCO 监控数据库的信息。

图 4－1　2002—2003 年发展中国家和转型国家吸引 IT 服务外国直接投资项目的主要区位决定因素（单位：确认起决定因素的公司数）

一般说来，现成的受过良好中等或高等教育、IT 熟练人员的供给是很重要的，但仅此还不够，软件开发还要求专业化的工程技术人员。

对 IT 外包来讲，大学和有活力的 IT 集群的存在很重要。发展中国家很难在这些领域获得必要的能力，因为它们需要时间来建立并获得积累的集聚经济。这就解释了为什么 IT 中心往往集中在少数几个地点的原因。此外，如果吸引了第一个离岸外包项目，那么先进入者就会获得潜在的学习效益，这样可以巩固其最初的优势。这种模式在次等国家环境长期存在。例如，在印度，大部分的软件工作是在为数不多的几个城市完成的（Kumar，2001a；D` Costa，2003）。

二、印度软件业模式的形成与发展

（一）印度软件“外包服务”模式形成的国际环境——国际产业转移

国际产业转移主要指发达国家和地区通过国际贸易和国际投资等多种方式，将产业转移到次发达国家和地区或发展中国家和地区进行生产的过程。随着世界经济特别是跨国公司的迅猛发展，发达国家或地区与发展中国家和地区由传统的垂直分工已向水平分工转变并迅速普及。20 世纪 90 年代以来，伴随着经济全球化和知识经济的到来，国际产业转移速度明显加快并出现了新特点。除了已有的制造业和劳动密集型产业的转移外，一些高科技的产业包括IT产业和服务的生产环节也已外包的形式向发展中国家转移，形成了许多承接IT外包离岸服务中心。其中以印度外包业发展最快，最有代表性。

当今国际产业转移的变化趋势就是利用“头脑”与“躯干”的价值差异，实现“价值链拆分”和“产业空间分割”实现“头脑产业”与“躯干产业”的国际分工。一个产业按其价值可分为一系列既独立又相互关联的经济活动，即产品的研究开发、生产制造、加工组装、展览营销和应运管理等构成产品的增值活动，其总和即构成产品的价值链。产业（产品）的投入产出的垂直联系和价值链的不同区段，使得国际分工和由此形成的国际生产中心的分布，不再仅仅局限于各国之间的资源禀赋，而是取决于产业（产品）价值链中各个环节（区段）的要素密集性的变化状况和由此导致的产品成本的高低，取决于跨国公司的全球战略定位和企业内部资源的合理配置。如果把一个制造企业的价值链分为四个区段的话，研究开发、展览营销和应运管理是运用大脑的“头脑产业”，而生产制造、加工组装等则是运用手脚的“躯干产业”。制造业或劳动密集型产业在全球范围的转移扩散，使得发达国家或地区的跨国公司竞争力的构筑不再依靠对产品价值链的整体占有，而是利用技术力量和充裕的科研经费，使其成为新产品研究开发的发源地，利用企业的综合实力和比较优势，抢占价值链的高端，将低附加值的制造和装配等低端增值部分转移到低工资的发展中国家或地区，自己则控制新产品、新工艺和新装备的研发和销售等高附加值环节，并通过知识产权保护，确保其在产品工艺和装配等方面的领先地位。

在产品价值链中，各个环节之间的相互关联，相互影响，每个环节的成本和效益都直接影响着产品的整体竞争力。一般来说，价值链各个环节的投入要素差异很大。由于各国生产要素禀赋不同，国与国之间的比较优势主要表现为在价值链上某一特定环节的优势。为了实现其全球战略的需要，跨国公司对整个产业（产品）价值链进行拆分和对产业空间分割，把各个环节分布到能更好地实现总体战略目标的地方，实行统一的管理和控制，分别布局到具有比较优势的国家和地区实行专业化生产，然后在全球范围内实行产业整合。

近年来，处于软件产业“第一集团”的美、日和欧洲的一些发达国家，为降低成本、提高国际竞争力，纷纷将软件设计和流程业务向技术劳动成本较低的国家转移，开始了新一轮全球产业布局的调整，形成了国际软件外包的巨大市场需求，使软件外包成为软件业发展的主流模式之一。据美国全球洞察（Global Insight）公司研究预测，到2008年，全球软件和服务外包将年均增长26%。美国邓百氏公司调查显示，在全球企业外包领域中，扩张最快的是软件外包。外包问题专家，美国外包中心CEO彼得·本多·塞缪尔认为，全球外包市场刚开发了不到10%，在未来5—10年，它的总量至少会增长58%以上。这表明，全球软件外包具有持续发展的巨大潜力。2003年，全球软件外包规模约1 220亿美元。美、欧、日三足鼎立。其中，美国是最大的软件外包需求国，外包额530亿美元，占43.5%；欧盟270亿美元，占22.1%；日本120亿美元，占10%。

（二）印度软件模式的形成与发展

根据已有的文献（Suma S. Athreye，2005）分析可知，印度软件模式的形成与发展经历了四个阶段①。

1. 1984年以前

政府政策主要是推动硬件生产能力的自力更生，对当时处于幼稚期的印度软件业最有意义的是著名的IBM的存在和对外汇管理法案（FERA）规定的抗议。

宏观层面上，1984年以前，印度软件业的发展是在一个高度管制的政策框架内。印度推行的是独立自主的经济政策和进口贸易替代的工业化政策（ISI）。政府的政策窒息了企业的发展，并使印度从世界经济的发展中孤立出来，进口手续繁琐、关税税率很高，换取外汇的成本很高。1977年IBM公司从印度撤离是这一时期最重要的事情之一，原因是为抗议印度外汇管理法案中要求其降低持股不超过40%的规定。IBM的撤离为印度国内企业创造了一个进口替代的机会。1980—1985年，国内的政策倾向于促使软件企业与硬件企业同步发展。1981年的软件政策强调软件的生产和出口必须利用国内的计算机生产能力，而不能依靠进口的计算机。1984年的《计算机政策》保留了该产业的出口义务和进口关税的规定。唯一积极的方面就是

① Suma S Athreye. "The india software industry and its evolving service capability," *Industrial and Corporate Change Advance Access*. published march 21, 2005.

因为软件属于服务性活动，因此可以对其不加限制和免除生产许可证。这一举措吸引了私人企业和一些大商行的投资。

这一时期国内对软件的需求来自国家公共部门建立核能和空间能力、银行对程序和维护的需要以及其他主机用户的不断增长。因此，尽管印度国内计算机市场狭小，印度企业借助早期的软件编程建立了大量软件平台和完成大量复杂的软件项目开发，并且印度企业因此积累了大量的编程技能和软件语言知识。

微观层面上，在 20 世纪 70 年代前，印度国内软件企业与外国企业间存在很大的技术差距，尽管国内企业清醒地认识到在互利的基础上与外国企业建立战略联盟可以提升技术能力，但国外企业只愿与少数企业建立联盟关系①。

20 世纪 70 年代，外汇收入只占到全部收入较少的比重，大约只有 1/3 的收入来自出口。这一时期印度企业在国外很少的项目中，以数据交换项目为主，它是按照外国公司的要求来做的，因此又称“在岸项目”。在软件服务交付的在岸模式中，软件出口企业派出人员按照客户公司提供的说明要求做一些项目。这个模式中劳动力报酬按时计价。在岸模式得到普及的原因有两个：一是当地比较容易“雇到”软件服务工程师而不必把工作放到印度国内去做。二是在“在岸模式”中，客户可以确保对服务质量的监督——这是这一时期印度软件企业建立产品声誉的一个重要因素。

在基础设施差和政策限制的条件下，早期的印度企业取得的一个最显著的成绩就是把一批有才能的软件程序员集中成一个团队，为一些操作各种不同软件系统的大型外国公司提供高技术项目，并由此为印度软件企业获得了良好的声誉。

2. 1985—1991 年

在全世界范围的硬件价格下跌和印度取消进口许可证政策的同时，市场对软件服务需求增加，世界各大型跨国公司生产纷纷从主机转向客户服务系统。从 1986 年开始，印度的软件政策与国内硬件政策相分离而独立制定。

宏观层面上，20 世纪 80 年代中后期，随着个人电脑和计算机网络的出现，计算机在欧美国家得到广泛推广使用。20 世纪 80 年代，网络计算机的

① See Suma S Athreye (2005), p. 10.

使用开启了对定制软件的巨大市场需求，使得软件公司纷纷从生产主机转到生产网络计算机再到企业资源系统的安装和维护上。在政策方面，1984年上台的拉·甘地总理十分重视科学技术的作用，采纳了科利等科学家的建议，视电子工业为国家的神经，决心要“用教育和电子将印度带入21世纪”，力图10年内使印度电子工业在某些领域走在世界前列。印度政府专门成立了电子部并制定了电子工业发展战略，强调努力发展电子工业，扩大产品出口。1986年印度政府制定了《计算机软件出口、软件发展和软件培训政策》，明确了印度软件行业发展战略目标，并采取了降低或减免计算机系统、硬件和软件进出口关税，鼓励对计算机产业领域的外国投资与外国技术合作，鼓励软件企业进口专有技术，加强研究与开发等促进电子产业快速发展的政策措施。

微观层面上，印度许多软件公司已涉及对主机系统维护业务，借助其过去良好的声誉逐渐形成了全球需求。西欧公司在使自己的操作系统计算机化中发现需要懂各种软件语言和方案的人才，而这个成本将会很高，于是许多软件编程就开始外包。此时，印度国内市场也出现了新变化。微型电脑和个人电脑的出现伴随着计算机硬件价格的下跌促使国内市场上出现了一批广泛使用计算机的小用户。据估计，安装计算机系统的数目从1983年的3 500个增长到1987年的26 560个[①]。或许是基于此点尽管当时印度对软件进口征收60%的关税，印度的套装软件却出现了大量的市场需求。

计算机硬件的低成本鼓励了企业进入软件行业（表4－2）。同时，外国公司很快看到雇佣印度程序员编写软件程序的成本优势。因此，尽管此期印度对外商投资存在大量限制，德克萨司仪器公司和COSL公司都在印度建立了分公司。美国跨国公司则是利用印度与美国的时差和印度的成本优势提高工作效率。

早期的许多软件公司面对国内各种限制条件，实行迂回的外包服务模式。此时已建立良好的信誉，对提高产品质量的投资替代了巨大的市场营销费用。国外客户对企业需求的要求促使企业增加投资产品质量和加强质量控制。软件服务出口的利润比那些国内生产和服务的利润更稳定，软件服务企业呈现出稳定增长的趋势。

① Estimates from Lakha (1994).

表 4-2　　2000—2001 年进入公司数目及构成类型

公司类型	1980 年前	1981—1984	1985—1991	1992—1999	2000—2001	公司数	收入比	就业比
商行	10	2	10	60	5	112	26.24	26.89
跨国公司	1	3	24	80	20	128	11.29	16.28
美—印公司	0	0	10	38	10	58	7.87	7.87
创业投资公司	1	1	4	13	3	22	1.44	0.85
新进入 IT 业公司	11	8	46	129	35	229	36.99	34.10
其他	7	2	5	26	3	44	8.08	7.97
总计						657		

资料来源：作者根据 Suma S Athreye（2005）、NASSCOM（2002）数据整理。

注：1. 进入公司的分类参见 Suma S Athreye（2005）附录。“其他”包括合资公司和 PSU。

2. 由于数据的缺失，就业比和收入比总计都不是 100。

3. 10 家跨国公司是在 1991 年建立的，25 家是在 1995—1996 年跟随外资政策自由化第二次浪潮建立的。

3. 1992—1999 年

随着印度金融领域的完全自由化，许多跨国公司大规模进入，对软件服务的需求显著增加。在政策领域，制定计划发展电信基础设施建设和通过建立印度软件科技园区计划充分利用因特网的低成本。

宏观层面上，1991 年印度拉奥政府加快了经济自由化改革的步伐，采取了不少推动软件行业发展的举措，其中最重要的举措是建立软件技术园区（STP）。印度政府于 1989 年开始制定软件技术园区计划，1991 年印度电子工业局专门成立了软件技术园区中心（STPI）负责实施。

微观层面上，国内企业很快抓住机会，利用离岸模式与外资企业签订合同，按固定价格提供软件服务以获取高额利润。出现了一批离岸软件开发中心（ODCs），专门服务于一个公司。像 Wipro 和 TCS 这样的大公司还为每一个大的跨国用户设立了专门开发中心。后来一些印度公司为了降低只依赖一个外国客户可能带来的风险，与多家跨国客户签订服务合同。在提供服务的过程中印度公司的管理能力得到不断提升。

软件业的新进入者不断增加，伴随着外国直接投资标准的更加自由化，大量由印度专业人员和管理人员经营的外资分支公司进入印度。软件在印度分公司开发，然后再由印度的软件专业人员到各国进行安装。同时期，国内软件公司如 TCS 和后来的 Infosy 公司在在岸服务模式的收益中已包含有离岸的部分，跨国公司的分公司则被看作成功离岸模式形成的主体。同类型的进入者所利用的软件外包销售模式差别也很大。跨国公司依靠的是它自己内部化市场和稳定增长的收入；商社利用它的良好声誉建立公司为不同客户服务；“海归”印侨开办的美国后台服务公司则有进入国际市场的很好的渠道。但不同的公司在支付职工的收入上没有什么大的差别。

新企业的不断进入，加剧了市场竞争压力。也促使市场领导者要采取差别战略。一种战略就是取得质量认证，如 SEI－CMM 认证。到 1998 年，一半以上的印度软件企业通过 SEI－CMM4 和 SEI－CMM5 等级认证[1]。另一个差别战略就是取得某一领域的专有技术，这需要在与合作伙伴合作中获得。各大领导公司都有自己选择性的业务领域：TCS 和 Infosys 业务集中在金融保险业，Pentafour 集中在创建动画软件的数码资料库，Satyam 寻求运输制造业的自动系统软件的生产业务，而 Wipro 集中在电信和服务业 R&D 领域[2]。

到这一时期的后期，印度软件业已经建立起了一般能力（外包服务交付能力）和企业特殊的能力（特别在软件生产管理上的能力）。具有更好发展的管理能力的企业能提升它们的生产力。下面分别在中型和大中型企业中选取典型公司和行业领导公司进行基本特征描述（见表 4－3）。

表 4－3　　选取的中型和大中型典型企业的基本特征

中　型　企　业	1994—1995 年 N＝105	1996—1997 年 N＝225	1999—2000 年 N＝390
经审定的资本规模（$ 1 000）	248.41	352.11	928.07
销售收入（$ 1 000）	891.72	1 080.56	1 153.13
出口收入（$ 1 000）	636.94	704.23	633.41
全部就业人数	85.00	115.00	96.50
软件专业人员数	66.00	90.00	64.00

---

① See Suma S Athreye (2005).

② NASSCOM www.nasscom.org.

续表

中型企业	1994—1995 年 N = 105	1996—1997 年 N = 225	1999—2000 年 N = 390
专业人员占全部人员比重	77.60	78.26	66.30
人均收益（$ 000 每人）	10.51	9.30	12.06
大中型企业			
经审定的资本规模（$ 000）	1 206.69	1 352.11	2 552.20
销售收入（$ 000）	4 554.14	3 661.97	3 712.30
出口收入（$ 000）	3 662.42	2 552.11	3 155.45
全部就业人数	230.00	315.00	230.00
软件专业人员数	83.5	69.2	70.9
专业人员占全部人员比重	19.75	11.55	16.24
人均收益（$ 000 每人）			

资料来源：Suma S Athreye（2005）.

表 4 - 3 中显示，大中型企业表现为是大规模、高资本密集型生产和比中型企业更高的劳动生产率。同时，中型企业（代表印度企业的平均水平）也表现出生产率和规模的不断增长。

到了 20 世纪 90 年代后期，印度软件模式与早期不同的是存在更强的路径依赖。国内企业集中发展在 20 世纪 90 年代早期出现了更有利可图的、更有成本效益的不同的外包服务模式，并把它运用于不同领域及 R&D 服务。

4. 2000 年后，软件服务需求减速（但对外包的需求开始扩张），产业合并增加

宏观层面上，随着网络泡沫的破灭和美国经济的衰退，国际软件需求减少。面对这个问题，印度软件业开始计划进入其他的市场，如欧洲、日本以及非洲市场等，在政策上制定了有利软件业更快发展的战略和规划。

这一时期，印度政府根据特别工作组的建议，制定了《信息技术行动计划》。行动计划包括软件、硬件和国家长期 IT 政策等三个组成部分。印度议会于 2000 年 6 月 9 日通过了《信息技术法》，2000 年 10 月正式颁布执行。此法在很大程度上保护了企业和消费者的信息安全，为计算机信息纠纷的解决提供了法律规范。2000 年 12 月 4 日，印度又颁布了《半导体集成电路设计法》。在此期间，印度政府还采取了其他一些促进 IT 和软件行业发展

的优惠政策。

微观层面上，2000 年后出现的两个显著变化是：一方面由国内最大软件公司带动的外包交易规模稳定增长，另一方面是在外包收入中离岸的比例增加。据报道最大的印度公司常规获得的离岸合同，价值达 7 500 万美元或 300 人时（即一个人一天完成的工作量），大大高于 20 世纪 90 年代早期价值 1 000—1 500 万美元而且还必须由多家公司分享的合同①。

这一时期，印度软件企业的生产能力得到提高。领袖企业将商务流程外包业务作为其战略的一部分，基于终端对终端咨询业务增加附加值。其他国内企业则集中于不断扩大他们更有利可图的离岸业务。最后，随着风险资本和公司风险基金的增长，第三种战略就是瞄准新技术领域的空缺市场，如数字信号处理软件（DSP）、嵌入软件和片上系统（SOC）②。

三、印度软件业的国际竞争力分析

根据波特的理论，出口状况可以作为一个产业竞争力测度的指标。通过测算印度软件业的 RCA③ 指数可以说明印度软件业的国际竞争力状况。由于印度软件业统计数据上的不完整和不连续性，我们在对印度软件业国际竞争力进行测算时，采用了印度服务业的进出口数据，测算其服务贸易的 RCA 指数，由于印度的服务贸易最具代表性的行业就是软件业，所以我们计算印度服务贸易的 RCA 指数，结果基本可以反映出印度软件业的国际竞争力总体状况。RCA 指数的计算公式为：

$$RCA = (X_{ij}/Y_i)/(X_{wj}/Y_w) \qquad (4.1)$$

其中，X_{ij}表示 i 国 j 类产品出口额，Y_i表示 i 国全部产品出口额，即包括商品出口额与服务贸易出口额；X_{wj}表示世界 j 类产品出口额，Y_w表示全世界产品出口额。在服务贸易中，X_{ij}则为 i 国服务贸易出口额，X_{wj}为世界服务贸

① Suma S Athreye（2005）.

② 《印度金融快报》，2002 年 5 月 3 日。Nasscom Say ITES Export To Zoom By 65 Per Cent This Year. 下载自 www.financialexpress.com

③ RCA 指数，即显示性比较优势指数（Revealed Comparative Advantages，RCA），是美国经济学家 Bela Balassa 于 1976 年提出的一个具有较高经济学价值的竞争力测度指标，它可用来衡量一国某类产品的出口在该国出口中所占的份额占世界该类产品出口占世界总贸易额的份额；将其用于服务贸易，则反映一国服务贸易出口占本国总出口的比例占世界服务贸易出口占世界总贸易额的比重，表明一国服务贸易的国际市场占有率。

易出口额，其他符号的含义不变。如果 RCA 指数大于 2.5，则表明该国服务贸易具有极强的国际竞争力；如果 RCA 介于 2.5 —1.25 之间，则表明该国服务贸易具有较强的国际竞争力；如果 RCA 介于 1.25 —0.8 之间，则认为该国服务贸易具有中度的国际竞争力；倘若 RCA <0.8，则表明该国服务贸易的国际竞争力弱。通过计算我们得到 1995—2005 年印度服务贸易的 RCA 指数（表 4 -4）。

表 4 -4　　1995—2005 年印度服务贸易 RCA 指数

年　份	世界服务出口/总出口	印度服务出口/总出口	印度 RCA 指数
1995	0.186656376	0.180862728	0.968960888
1996	0.190461202	0.178209711	0.935674612
1997	90.191008308	0.203168389	1.063662573
1998	0.197073897	0.248674276	1.261832642
1999	0.197531732	0.281964045	1.427436707
2000	0.187712451	0.274444007	1.462044767
2001	0.194415867	0.279238697	1.436295819
2002	0.197922463	0.279707495	1.413217533
2003	0.194361166	0.288012772	1.481843197
2004	0.191925400	0.337790025	1.760006880
2005	0.187952014	0.371016602	1.973996418

由表 4 -4 知，印度的 RCA 指数在 1998 年之前小于 1.25，但是从 1998 年开始大于 1.25，说明印度服务贸易的出口份额逐年增加，在国际市场上崭露头角，而且从数值上我们可以看出印度服务贸易的 RCA 指数呈逐渐增大的趋势，表明印度服务贸易出口份额在国际市场上的占有率是持续上升的，呈现出良好的发展势头。它从一定程度上说明了印度软件业国际竞争力优势具有不断增强的趋势。

表 4 -5 是印度 2004—2005 年排名前 10 家的软件企业，从中可以看出印度 2004—2005 年排名前 10 家的软件企业完全相同，甚至名次完全相同，并且在基数很大的情况下，仍保持了平均 30% 以上的高速增长。这说明，印度已经形成了一批稳步发展的大型软件企业集群，在国际市场上具备了强大的竞争能力。

表 4－5　2004—2005 年印度出口额排前十名的软件企业　单位：百万美元

序号	公司名称	2003—2004 年	2004—2005 年	年增长率
1	塔塔咨询服务公司	1 198.9	1 644	37.1%
2	印孚瑟斯技术有限公司	1 026.0	1 502	46.4%
3	韦普罗有限公司	854.1	1 198	40.3%
4	萨蒂扬软件技术有限公司	538.6	745	38.3%
5	HCL 技术公司	412.9	588	42.4%
6	帕特尼计算系统公司	266.4	342	28.4%
7	艾—佛莱克斯解决方案公司	168.4	245	45.5%
8	马辛德拉英国电信有限公司	158.5	202	27.4%
9	珀拉瑞斯软件公司	126.1	154	22.1%
10	佩罗系统公司	118.6	145	22.3%

资料来源：中国软件行业协会：《2006 年中国软件行业研究报告》，2006 年 4 月。

目前，在软件外包服务供给上，印度保持了其最大市场的地位。根据印度软件和服务企业全国协会对 2005 年的战略评论，随着迅速上扬的全球服务业前景，基于 IT 的服务——业务流程外包部门增长最快。印度的 IT 业和基于 IT 的服务收入从 2003—2004 年度的 215 亿美元增加到 2004—2005 年度的 280 多亿美元①。跨国公司将服务离岸外包到印度的数量不断增加。从印度出口服务的外国分支机构在 2003 年初曾预测（表 4－6），在接下来的 12 个月里，其雇员人数将增加一倍（Dossni 和 Kenney，2004）②。

以上我们从历史的角度对印度的软件产业的发展做了说明，接下来将从影响软件产业发展的“九要素”现状对印度软件产业做一个考察。

① NASSCOM. www. nasscom. org.

② UNCTAD：《2004 年世界投资报告》，第 138 页。

表 4－6　信息通讯技术行业跨国公司在印度的服务离岸计划

（依据 2003 年底可获取的资料）

公司名称	雇员总数	印度雇员人数	印度业务计划
埃森哲	65 000	3 500	2004 年 8 月达到 8 000 人
阿道比系统公司	3 250	185	6 个月内达到 250 人
益华计算机	5 000	315	4 年内翻一番
凯捷	56 500	800	2004 年 12 月达到 2 000 人
思科	34 466	2 300	…
Covansys	4 556	2 000	一年内达到 2 800 人
CSC	92 000	1 200	2004 年达到 4 800 人
EDS	138 000	300	2005 年达到 2 400 人
i2	2 800	1 000	积极招聘
IBM 全球服务公司	150 000	3 100	3 年内达到 10 000 人
英特尔	79 200	950	2005 年达到 3 000 人
Keane	5 819	623	2003 年底达到 2 000 人
Logica－CMG	24 000	350	2004 年底达到 1 000 人
朗讯	35 000	570	…
微软	55 000	200	3 年内达到 500 人
甲骨文	40 000	3 159	1 年内达到 6 000 人
Sapient	1 500	600	继续增长
太阳微系统	36 000	700	继续增长
德州仪器	34 400	900	2006 年 3 月达到 1 500 人
Xansa	5 583	1 200	几年内达到 6 000 人

资料来源：Roach 2004，pp. 90－92.

第二节 印度软件业模式选择研究

一、印度软件业发展影响因素状况

（一）要素状况

1. 人力要素

印度有重视教育、尊重知识的传统。经过几十年的积累，印度已成了世界第二大科技人才资源库（仅次于美国）。2001年底，印度有各类科技人员约800万人，其中约有41万人从事信息技术（IT）产业[①]。瑞士洛桑国际管理开发研究院发表的《国际竞争力报告》已连续几年评价印度在合格工程师和IT人才的获得方面为世界第一。

为了促进信息产业的发展，印度特别注重信息产业人才的培养。在各类高等院校设立信息技术专业，在大学各专业都讲授信息技术知识，并在全印各地设立专门的信息技术学院。主要有三种培养方式[②]：一是院校培养。从20世纪50年代开始，印度就投入巨资，仿照美国麻省理工学院的模式，在全国陆续建起了5个“印度理工学院”。二是民办或私营的各类商业性软件人才培训机构。印度政府鼓励私营部门从事高级信息技术人才的培养，在印度政府的引导下，民间资本、外资大量地投入计算机教育，形成了产业化的IT职业教育。三是软件企业自身建立培训机构。企业尤其重视培养计算机应用专家、系统分析员、开发管理人员、软件企业经销人员。

印度软件人才的培养有其独到之处。首先注重复合性软件人才和学生竞争力的培养。印度重视交叉学科的软件人才培养，他们培养的软件工程师不仅熟悉软件，而且深谙哲学、历史、艺术等学科，这就使得软件人才的思维空间得到极大拓展，并且更具有创新能力。其次，注重软件人才沟通能力的培养。在软件开发过程中，软件开发人员用于沟通的时间占到整个项目的40%以上，同时沟通也是维系客户与理解需求的关键能力之一。最后，大力推进软件开发规范化的职业教育。软件开发规范化、教学以应用性、标准性和针对性为主，在接受教育后，学生成为合格的工程师，可以马上负责大型软件的某个具体环节的工作，标准而且熟练[③]。

就人力成本而言，与西方发达国家相比，印度的软件人力成本相对较低，而且质量较高。各国软件人员年均工资状况见表4－7。

同时表4－7中也显示了印度近年来的软件业人力资本优势渐失，由于对软件人才的大量需求，使得印度的软件业人员工资逐渐高于中国、印度尼西亚和越南的软件人力资本。

---

① NASSCOM. www. nasscom. org.

② 谢娟：“比较优势与竞争优势的对比研究”，《国际经贸探索》，2001年第4期。

③ 陈华超：《比较优势、竞争优势与印度软件业的发展》，河北大学硕士学位论文，2004年。

表 4－7　　2003 年各国软件人员年均工资　　单位：美元

国　　家	工　　资
美国	63 000
日本	44 000
俄罗斯	7 500
菲律宾	6 500—10 000
印度	5 000—8 000
中国	5 000—9 000
印尼	5 000
越南	1 400—6 000

资料来源：Erran Carmel：The New Software Exporting Nation – Success Factors. p. 6.

2. 风险资本

印度是一个发展中的大国，经济落后，发展资金不足，但在软件业的发展中，印度却较好地利用了风险资本的作用。在对很多产业仍实行严格保护的情况下，印度政府对软件行业发展则管制很少，大力吸引跨国风险投资。

与其他发展中国家相比，印度的风险投资发展得比较早。印度于 1989 年 9 月通过了它的“七五计划”（1985—1990 年），强调要发展风险投资体制。1985 年成立了一个初始资本额为 1 亿印度卢比的风险投资基金（VCF）作为试点，以便为那些有意推广本国科技的试点厂家提供权益资本，同时也可以使印度以前引进的科学技术在国内得到更广泛的应用。这项基金由一个叫 IDBI 的组织管理。该组织从 1987 年下半年开始运作，除了印度政府提供的初始资本以外，该基金还将得到 5% 的研发税。1986 年 5 月，印度国会提出了“科研开发税议案”，制定了“科研开发税条例”。据此，印度政府可以对所有技术引进项目征收研发税，为风险投资基金聚集财源，并可以资助那些民族科技企业。该条例规定，对所有用于国外技术引进的费用征收 5% 的税款，这些引进费包括：专利支出费、国外合作一次性劳务费、设计费等，这其中的一部分收入（每年从大约 2.5 亿卢比中抽取 1 亿卢比）划归 IDBI 下属的风险投资基金（VFC）①。印度政府为推动和规范风险投资业，

① 陈文晖：“论我国软件产业当前的形势、机遇和发展道路”，《学术论坛》，2003 年 1 期。

由印度经济事务部于1988年11月颁布了风险投资指导方针。经过近20年的发展，印度已经确立了以国外资金为主体（占印度风险投资总额的60%以上，主要来自跨国公司及海外印裔科技企业家），以软件业为重要投向（约占风险投资总额的20%以上）的国际化风险投资体系。

自2001年以来，多达230家跨国公司在印度设立了研发中心。根据印度NASSCOM的数据，在未来3年内，仅仅建立研发中心一项，就能为印度带来1亿美元的外商投资①。国际风险投资与印度软件业形成了良性互动局面，国际风险资金促进印度软件业发展的同时，软件业的发展反过来进一步加大吸收国际风险资金的容量与力度。

（二）需求状况

1. 国内需求

印度软件业是一个面向国际市场的产业，与大规模的软件产品和服务的出口相比，国内市场对计算机软件的需求要小得多。但是，印度软件业的建立与发展壮大都是建立在国内市场需求基础上的，国内需求的增加促使软件企业不断改进技术，创造新的产品与服务，从而为印度软件进军国际市场奠定基础。20世纪70年代，印度国内对软件产品及服务需求的年均增长率是13%，80年代为17%，进入90年代增长更加迅速（见图4－2）。

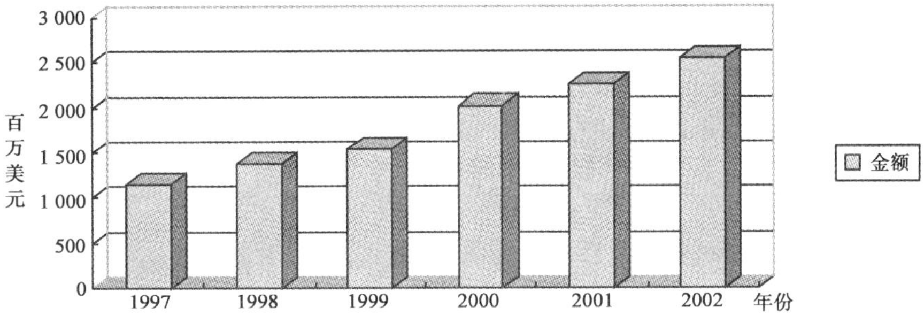

资料来源：NASSCOM. www. nasscom. org 数据整理所得。

图4－2 1997—2003年印度国内软件和服务的发展情况

根据波特的竞争优势理论（1990），国内需求是今天服务业国家竞争优势最重要的决定要素。但在分析印度软件业的竞争优势时，我们发现仅仅将

① NASSCOM. www. nasscom. org.

印度国内生产作为印度软件业的有利要素是不足的。在印度软件业发展过程中，国际市场的作用是不可忽视的。印度国内软件市场虽然在规模和层次上都有很大的发展，但其所占份额与发达国家相比依然很低（表4－8）。

表4－8　印度软件收入的国内份额与西欧国家、日本和美国国内份额比较表

产品种类	美　国	西　欧	日　本	印　度
定制设计服务	52%	41%	21%	19.4%
套装软件	42%	36%	21%	2.3%
定制设计	18%	8.2%	14%	—
核心产业	75%	90%	56%	17.5%

资料来源：Mowery（1996），Chardana Chakraborty & Dilip Dutta（2006）.

表4－8中明显可以看出，西欧的软件产品和服务主要销售到西欧大市场内部，国际化水平很低；美国软件收入则有3/4来自国内市场，日本虽然没有西欧国家和美国国内市场比重大，但国内收入也占到其全部收入的一半以上，而印度的比例只有17.5%，与以上发达国家相比，其国内市场份额则显得非常小。

2. 国际需求

印度软件业的迅猛发展是利用国际大市场的结果。印度的出口市场主要集中在美国和欧洲。表4－9中是按产品分类列出的印度软件收入来源。

表4－9　印度的计算机软件业：收入来源　单位：%

产品分类	收入来源			
	国　内	美　国	欧　洲	亚洲及其他地区
定制计算机程序	19.4%	60%	13.2%	7.4%
套装软件	23%	58%	7%	12%
定制设计	—	74%	20%	6%
核心产业	17.5%	61.5%	12.1%	8.9%

资料来源：转自Chardana Chakraborty & Dilip Dutta（2006）。

据印度全国软件与服务公司联合会（NASSCOM）的统计数据，印度软件出口的主要市场在美国等发达国家，截至1999年，印度软件出口已覆盖世界上91个国家，其中61%的印度软件出口到美国，23%出口到欧洲，日本（4%）、东南亚的国家（4%）、澳大利亚（2%）、西亚的国家（2%）等国家也是印度软件出口的主要市场。美、日、英、德、法和意大利等经合组织的六个主要国家吸收了印度软件出口的79%。富有活力的新的国际市场也正在开发，包括韩国、南非、拉美和东欧国家和地区。在2001—2002年度，尽管美国经济在下滑，欧洲经济也缺乏活力，仍有63%出口到美洲（以美国为主，包括加拿大和拉美），26%出口到欧洲。可见，印度软件是充分利用了信息技术服务需求旺盛的美欧大市场。由表4-8可以看出，印度2/3软件收入来自服务于美国市场，在所有3类产品中，美国都是最大的收入来源，欧洲占的收入比例较小，甚至小于印度国内市场，东亚市场最小，直到20世纪90年代以后比例才略有上升。

（三）相关产业和支持产业状况

信息产业主要由计算机硬件制造业、软件及系统形成（即信息资源开发业）和网络信息服务业三个行业组成。

1. 硬件与信息业基础设施的发展

据印度信息技术制造商协会（MAIT）2003年数据显示，印度全国共有计算机500万台。以普及率衡量，每千人约有3台，远远落后于美国（每千人200台）和中国（每千人17台）的水平，随着信息技术的发展，特别是印度的软件业已成为发展最快和竞争力最强的产业之一，计算机硬件市场也存在很大的发展潜力。

近十几年的时间，印度计算机硬件产业发展迅速。其营业额已从1990年的1.5亿美元上升到2001年的40亿美元。2000—2001年度，计算机硬件产品的龙头——个人计算机销售量达188万台，同比增长34%，销售额达12.84亿美元，增长26%；打印机的市场销售量和销售额也分别达到80万台、5.22亿美元左右。但是，进入2001—2002年度后，受经济衰退因素的影响，印度个人计算机销售出现下滑。目前，印度市场的个人计算机可分为品牌机和组装机两类（品牌及市场占有情况见表4-10）可以看出，除个人计算机外，其他硬件产品市场基本是国外品牌的天下[①]。

① See Suma S Athreye (2005).

表 4－10　　印度市场上各种个人计算机市场的占有情况

类　别		品 牌 名 称	市场占有率
品牌	印度国内品牌	HCL、Zenith、Wipro	20%
	国外品牌	IBM、康柏、戴尔、惠普、宏基、三星等	30%
组装机		120 多家中小企业生产的组装机和杂牌机	44%

资料来源：NASSCOM. 官方网站：www. nasscom. org。

此外，印度政府于 1999 年制定了“新电信政策”（New Telephone Policy），试图促进电信市场的发展。政策中包括：国际长途、国内长途和基础电话服务，引入竞争机制，不再实行垄断；电信运营商可以单独与国外电信网络实现连接，并可有自己的接收和发射系统；运营商可以合法经营网话（Internet telephony）业务和集成数据网（Integrated Services Digital Network）业务等。据印度信息产业部的统计，到 2002 年对电信产业的私人投资已经超过 67 亿美元，外商直接投资也将近 17 亿美元，总共建立起来 4 460 万个直接交换线路（Direct Exchange Lines），有 1 130 万个网话转接器。随着电信业的发展，与之相配套的电信网络服务系统也被不断地开发与改进①。

2. 信息网络服务业的发展

信息网络服务业包括传统的文献情报服务、新兴的电脑咨询服务等。早期的提供服务网络业务的印度企业主要经营方式是专业代工（Body shopping），即充当商品供求双方的中介商，把程序员派到客户所在地提供服务，公司会从客户手中收取一定的服务费，起着类似于中介的作用。这种方式收入增长潜力最小，失败的风险也最小，但是形式较单一，同时无法满足客户多样化的需求。随着公司对信息化的需求增加以及个人电脑与互联网的普及，公司和个人对于个性化的信息服务需求与日俱增。

3. 软件行业协会的支持

行业协会在软件行业中起着沟通联系、解决困难、扩大宣传、组织研讨会、组织展览、关注国际市场动态、保护企业利益、向有关政府部门反映企业呼声和促进企业发展等方面的作用。印度比较重要的软件行业组织有：印度国家软件与服务公司协会（NASSCOM）、信息技术产品制造者协会

① 陈华超：《比较优势、竞争优势与印度软件业的发展》，河北大学硕士毕业论文，2004 年。

(MAIT)、信息技术加工者协会、电子与计算机软件出口促进理事会 (ECS) 等。其中，最值得一提的是著名的印度国家软件与服务公司协会 (NASSCOM)，该协会成立于 1988 年，初期拥有 38 个成员，到 2002 年，它一共有 864 个成员，其总收入占软件总收入的 95%[①]。在印度软件业的发展过程中，NASSCOM 发挥最为积极的作用（见表 4－11）。在 20 世纪 90 年代中期，其他许多产业自由化的步伐放慢了，而 NASSCOM 在 1997 年的大力游说却使软件业继续通过一系列的特定的政策改革而获益。

表 4－11　　　　印度 NASSCOM 的作用

	阶段 1：1999 年前 整合全行业努力	阶段 2：1999—2002 年 先见之明并采取主动措施	阶段 3：2003—2004 年 应对增长挑战的创新途径
行业行动	· 行业协会的制度化 (NASSCOM) · 建立一个有效的管理结构 · 投资于理解市场趋势和机遇的研究 · 信息技术部的成立 · STP（印度软件园）的设立	· NASSCOM 和政府联合确定发展 BPO 的先见之明 · 来自包括总理的高层领导对此先见之明的支持 · 启动关键法规改变 ——宽带共享取消管制 ——24×7 劳动法 · 宣布财政激励，包括税收减免 · 设立政府发展机构 · 启动人才主动的“权宜之计”	· 发展机构给予顶级跨国公司激励的自由处置权 · 启动公有—私有伙伴模式 ——人才培训 ——房地产增长 · 影响主要跨国公司以支持营销活动 · NASSCOM 主动推销应对美国的离岸反跳 · 为专门的活动设立基础，比如特定范围领域内的优先权证明

资料来源：作者根据中研普华咨询公司、中国行业研究网 http://www.ChinaIRN.com 整理。

(四) 重视软件品质、实行严格的质量管理及认证状况

软件业不仅是一种知识密集型产业，而且是一种国际通用性很强的产业。因此它的发展从一开始就应该与国际标准接轨。早在独立后不久，印度就建立了国家标准化机构，并陆续制定了许多产业标准。各产业在发展中也严格执行产业标准，从而有力地促进了相关产业的发展。印度的软件业发展很快，其中一个重要原因是由于它们在发展过程中，采用了国际通用的最高

① 华碧云：“迅速发展的印度软件业”，《求是》，2001 年第 8 期。

级的软件开发标准，真正做到高标准、严要求。在印度，软件企业将自己的核心竞争力定位于“高质量的软件、按时的工期、最低的成本”。这便是印度软件企业吸引了大量外包业务的根本原因。印度软件企业之所以能具有这种核心竞争力，在于他们对软件质量永无止境的追求。从人员培训、软件开发的规范化管理，到软件最终的质量检测，印度软件企业无一不按照国际标准来要求。

由于美国公司在当今软件业中占有压倒优势地位，因此印度软件企业的质量管理及认证主要采用美国体系及标准。以第一家在纳斯达克上市的印度软件公司 Infosys 为例，它采用的是以 CMM 为首的包括 ISO、摩托罗拉的国际通用化软件制造程序以及马尔科姆·贝德里奇系统（Malcolm Baldridge）等多元复合的认证体系。到了 20 世纪 90 年代中期，印度就有 58 家软件开发公司获得 ISO9000 质量认证。截至 2001 年 11 月，全球通过软件企业最高质量认证（SEI－CMM5 级）的企业只有 72 家，印度就有 42 家①。截止到 2005 年底，印度有 85 家软件企业通过 CMM5 认证。印度等后起的国家正是靠被世界公认高质量的产品和服务，才使软件业得以长足发展。

从软件企业市场竞争状况分析，印度软件企业市场集中度较高，到 1998 年，印度有计算机软件生产的企业 1 156 家，其中约有 300 多家是以出口导向性为主的。印度最大的出口企业出口额占全部出口额的近 70%。由上面的分析可知，印度每年排名前十家企业位次基本不变，并且产生了 Wipro 等一批具有世界竞争优势的大企业。

随着软件开发商对印度外包服务承接商提出更高要求，印度外包服务承接商总能对产品和服务需求迅速作出回应。当别的国家才开始向印度取经，仿效印度外包经验时，印度工业联合会已在最近提交的一份报告中表明：印度已做好充分准备从离岸外包目的地向知识处理外包目的地转型。届时，印度知识处理外包业务将增长 46%，达到 170 亿美元。国际市场需求的变化有力地推动印度软件业向高附加值业务领域迈进。

（五）政府政策状况

1. 切实可行的软件业政策对印度软件产品和服务的市场定位产生了积极的影响

---

① 肖德、吴燕：“中国软件业的国际竞争力分析”，《湖北大学学报》，2006 年第 1 期。

纵观印度历届政府的政策，都对信息技术、特别是软件业的发展倍加关注。制定一系列前瞻性的科技发展纲领及相关的配套政策法规，是印度政府向来立法、行政的一大职责。早在1986年，印度政府制定了《计算机软件出口软件发展和培训的政策》。在之后又陆续推出了一系列放宽进出口许可证发放、降低软件和硬件进口关税，为进口软件和硬件提供外汇等优惠政策，同时还成立了一个专门负责促进软件业出口的部门。这些措施提高了印度软件企业生产和开发软件的能力，推动了印度软件的出口，使印度在不到10年的时间里，成为全球软件外包生产的中心。1998年，印度“技术信息预测评估委员会”编制了《2020年科技远景发展规划》，以期在2020年使印度成为世界第四大经济大国，实现软件和信息技术出口500亿美元的目标。为了推动电子商务的发展，2000年10月18日，印度政府颁布的《信息技术法》正式生效。该法律确定了认可电子合同、电子文书、数字签字的法律依据，为电子商务的发展提供了法律保障，使电子商务“有法可依”。法律的健全使得外国软件企业敢于在印度投资。连续的切实可行的大力发展软件业的政策，刺激了印度软件业的快速膨胀和发展。目前，全球外包市场产值达到1 000亿美元，而印度占有20%的世界市场份额①。

2. 加强知识产权保护

软件业属于知识技术密集型产业，知识产权的保护对软件业的发展至关重要。作为一个经济欠发达的国家，印度的软件侵权问题曾经十分严重，影响和制约了印度软件业的正常发展。从20世纪90年代开始，印度政府加强了对知识产权的保护。1994年，印度政府出台了新的《版权法》，于1995年5月10日生效。印度新《版权法》是世界上最严厉的版权法之一，它明确规定了版权所有者与使用者之间的权利和义务，未经许可严禁出售、出租和拷贝任何计算机软件。新《版权法》对任何违禁者将给予严厉的处罚甚至刑事诉讼，情节严重的将被处以监禁和高额罚款。印度各级政府严格执行新《版权法》，加大了打击盗版力度，降低了软件盗版率，有效保护了知识产权。

3. 有利的财政、金融配套措施的制定与实施对印度软件业的发展产生了极大的促进作用

---

① UNCTAD：《2004年世界投资报告》，第152—155页。

在大力推行发展印度软件业的产业政策的同时，印度政府一直努力为发展软件业创造一个良好的金融环境。

（1）执行倾斜的财政信贷政策，集聚大量发展基金。执行倾斜的信贷政策，成立信贷委员会，负责制定全国的信贷计划。通过行政的手段干预信贷规模和流向，优先扶持国民经济计划规定的重点国营部门、优先项目和工程。印度储备银行（即印度央行）实行向高新技术行业提供优先、优惠的贷款政策等，因而印度软件业的发展得到了极大的财政信贷支持，在发展中具有大量的资金资源。

（2）完善金融市场体系，多途径拓展融资领域。首先，修改了《国家银行法》，开放私人资本经营银行业务，允许国营银行转让股票给私人。在更多非国有持股人增多的情况下，那些对市场反应灵敏的新兴产业如软件业能得到更灵活、更高效的融资服务。其次，建立多层次股票市场体系，完善市场机制。目前，印度有23个股票市场，随着印度经济发展到一定水平，资本市场对经济发展的资源配置作用对产业发展、特别是对促进印度软件业竞争力的提升发挥了十分重要的影响。

（3）进出口政策。如软件出口利润100%免税；对于软件及电信基础设施的进口实施零关税；在承担一定出口义务的条件下，进口资本品可以免税；软件业使印度首先达到了世界贸易组织所规定的零关税的产业。

（六）产业集群发展状况

20世纪80年代后期，印度政府根据现代信息技术发展的潮流，制定了重点开发计算机软件的长远战略，并于1991年6月首先在印度著名的科技中心——班加罗尔建立了全国第一个计算机软件技术园区。在执行“软件技术园区”计划的开始，印度政府已充分认识到数据通讯特别是高速数据通讯是各国开拓软件出口市场、成为软件开发全球化的必要条件，也是印度出口型软件出口的重要手段。因此，印度政府为每个园区的基础设施建设投入了大约5 500万卢比（约合110万美元），主要用于园区内软件开发的基础设施尤其是通信设施的建设，在每个软件技术园区都架设了高速数据通信线路和卫星地面接收站。建立了中央计算机数据处理系统等。印度目前的数据网国际线路宽带是330兆位/秒（Mbps），而最大的班加罗尔软件园区的宽带就占了45兆位/秒。而且，政府还允许软件公司租用外国卫星，以方便软件通过高速数据通信线路出口，缓解通信基础设施与发展速度之间的矛盾，为软件企业提供便利服务。另外，提供单一窗口服务，简化各种审批手续。园区成员单位能够以合理的价格优先使用园区内各种基础设施。园区代表政府向从事软件开发和出口的单位提供质量标准、进口许可审评、软件价格评估、项目审批等服务，成为沟通政府与企业的桥梁。为方便企业办理出口手续，园区还帮助企业办理清关手续和出口认证手续。印度政府指示印度软件技术园区和出口加工区内企业提供专项数据通讯服务和增值服务。每个软件技术园区都可通过卫星地面站与国际用户联系。印度软件公司可利用数据通信线路直接承包外国公司的委托项目，并可迅速把做好的项目传输给客户。高速数据线路更有利于用户经济便捷和及时地为异地客户提供产品和服务。

在加强园区内基础设施建设的同时，还为区内企业提供更加优惠的条件，以鼓励海内外投资，促进软件生产和出口。其优惠政策主要包括：（1）放松审批，园内行政管理机构有权审批投资不超过3 000万卢比的软件出口企业；（2）放宽外资政策，积极引进外国信息技术公司投资。凡园内软件产品全部出口的企业，外资可控股75%—100%。（3）在承担一定出口义务的条件下，园内软件企业进口资本品可以免征进口关税，货物在海关的保税期为5年，投资周期长的项目可延长到10年，国内采购免交地方税。（4）园内软件企业可以将货物转口。（5）园内软件企业在前8年中，允许免除5年的所得税。（6）园内软件企业在保税区可以销售相当于销售额25%的产品。（7）园内软件企业享受出口加工特区的其他各项优惠政策。（8）园内各单位可以零关税进口电信基础设施，且不承担出口义务。（9）园区为软件出口企业提供便利、廉价的基础设施。印度政府后来出台的政策更为优惠，如在软件园区注册的企业可10年免交所得税，并且是对外资、内资、合资的软件公司完全一视同仁，进口软件设备免税并加速折旧。这些措施方便了园区内企业，降低了企业成本。

另外，1998年印度还成立了国家信息技术与软件开发特别工作组。1998年5月，印度总理瓦杰帕伊召集特别会议，组建“国家信息技术与软件开发特别工作组”，其成员包括了来自政府、工业部门和学术界的杰出代表。1998年7月，特别工作组向印度总理提交了包括108条建议的研究报告，涵盖了推动印度IT发展至关重要的领域及其推进措施。目前，这些建议中的绝大多数已经得到执行。优惠政策大大刺激了国内外投资。世界上许多著名的信息业公司，如微软、因特尔、苹果、国际商用机器公司等都在印度设有研制中心和生产基地。一些公司甚至已经把它们在全球一半以上的软件研究和开发项目转移到印度进行。从而在班加罗尔形成了软件业的产业集群，该产业集群不断扩散推进，形成全国的软件技术网络。在班加罗尔的带动下，马德拉斯、海得拉巴等南部城市的软件业集群接踵而起，同班加罗尔交相辉映，成为印度南部著名的计算机软件业“金三角”。到目前为止，该地域的注册公司由1992年初的142家发展到2003年的5 552家。软件园出口额从初建时的5.1亿卢比增加到2002年的3 160.7亿卢比，增长了600多倍，占印度计算机软件总出口额的70%。班加罗尔已成为印度软件之都，吸引了海内外400多家著名信息技术业公司，被誉为世界十大硅谷之一①。

（七）研发与创新状况

1. 研发投资

1998—1999年度全国R&D开支中，基础研究占17.6%；应用研究占39.9%；试验开发占33.3%。2002年印度科技部发布的统计数据表明：2000—2001年国家对研究与开发（R&D）的投入为1 766亿卢比（约37亿美元），占当年国民生产总值（GNP）的0.94%。1998—1999年度的科技总投入中，中央政府投入占62.5%，地方政府占8%，高等教育部门占2.9%，国营企业占5%，私营部门占21.6%。1998—1999年度印度人均R&D为130.26卢比（约3.1美元）。从事R&D人员的年平均经费为183万卢比（约3.6万美元）。

2004年3月4日，印度议会作出决定，将耗资100亿卢比（约合2.3亿美元）建立世界级的国家科学与工程研究基金会。该基金会有望行使与美国国家科学基金会相似的职责。还计划分别在加尔各答和浦那市创建致力于科学研究与教育的国立大学，每所大学大约花费1.1亿美元。近10年来，印度的R&D的比例一直徘徊在0.8%—0.9%之间②。

2. 科技人员状况

据印度科技部统计：1991年在R&D机构中工作的人员为30万人，其中30.9%从事R&D活动；32.7%从事辅助性工作；3.64%为行政管理人员。在从事R&D工作的96 428人中，60 455人任职于学术机构，34 973人

---

① 童有好：“中印软件产业比较及中国发展机会分析”，《经济前沿》，2006年第6期。

② NASSCOM. www. nasscom. org.

在国营或私营企业的研发中心工作。

1991 年印度的科技人员约为 485.1 万名，之后以每年平均 6% 的速度增长，到 1996 年，印度科技人员估计达 631.4 万人。在印度全国人口中，平均每千人中有 6.91 名科学家、工程师和技术人员。与其他发展中国家相比，印度科技人员的数量是相当多的。但其中专门从事研发活动的人员却不多。

从 1986—1990 年期间，平均每 10 万人中专门从事 R&D 活动的科技人员从 10.7 万增长到 12.8 万人，而在 1992 年期间又下降到 11.7 万人。1994 年以来印度 R&D 人员数量有了较大增长。

表 4－12　　1994 年度印度研发机构中 R&D 人员情况　　单位：人

机构		研究人员	技术辅助人员	行政支持人员	总计
政府部门	主要科研团体	40 947	51 512	43 497	136 056
	政府各部/局	7 784	7 595	10 859	26 238
	邦政府	28 382	21 128	36 857	86 367
	合计	77 113	80 235	91 313	248 661
企业部门	公共企业	13 280	8 318	2 832	24 530
	私营企业	24 010	10 216	7 072	41 298
	合计	37 290	18 534	10 004	65 828
总计		114 403	98 769	101 317	314 489

资料来源：中国软件业协会，http：//www. csia. org. cn.

从表 4－12 可以看出，1994 年度约有 6.6 万人在 1 298 家工业部门R&D 机构受雇，其中 3.7 万人直接从事研究与开发活动，占全国研发机构人员的 32.6%。在企业的研究与开发机构中，从事 R&D 活动人员的 63% 在私营企业，37% 在公共企业受雇。到 1995 年度，这个比例有所变化，65% 研发人员在私营 R&D 机构工作，35% 在公共企业 R&D 机构工作。这说明私营企业工作的研发人员在逐渐增加。

从表 4－12 中还可以看出，在企业中，每百名研究与开发人员有 57 人专门从事研究工作，28 人为技术辅助人员，15 人为行政支持人员。而在公共企业中，这三项比例指标分别是 54 人、34 人和 12 人。

2005 年，印度政府宣布将创造 1 000 个新的就业岗位，主要针对大学中的研究人员，并成立中心来促进合作研究。此外印度政府宣称将落实委员会提出的加强印度基础科学研究的建议，为此每年要投入 60 亿卢比（约合 1.38 亿美元）。

印度政府计划拨款 2 330 万美元资助农村知识中心，此中心由 80 多个组织联合建立。到 2007 年使得印度 60 万个村庄能够利用现代信息和通信技术。此外，印度计划建立世界级大学，从预算中拨款 2 330 万美元资助印度班加罗尔科学院①。

（八）机遇

1. 国际层面

20 世纪 80 年代中期开始，国际资本继在纺织、家电、组装等方面向发展中国家转移后，开始了第二波的以建立信息处理基地为核心的海外投资活动，包括卫星地面站、国际直达通讯线路、数字交换与数据传输设施等等。这些投资常常是流向自由贸易区或经济开发区，为这些区内的企业提供先进的通讯服务，在信息基础设施普遍落后的发展中国家形成一个个突出的“电信港”。根据世界电信港协会（World Teleport Association）的资料，目前在世界范围内已有 100 多个电信港在建或运营。而印度抓住了这个机遇，其电信港建设堪称成功范例。印度的 5 个软件技术园区，包括所谓“印度硅谷”，都已建成电信港，包括可为软件开发商提供电子邮件、文件传送和视频会议服务的网络设施。印度抓住国际资本投资转向的机遇，成功地发展起自己的“信息特区”——具有高宽带通讯设施的电信港。这为印度打开了通往发达国家的信息大门，为发展外向型的软件业提供了强有力的支撑条件。

2. 国家层面

20 世纪 80 年代初期，印度政府大幅度转向自由化的经济政策，减少对国有企业的支持，转而鼓励私有部门，技术发展的方向也随之转移。伴随生产化转型，印度政府把技术发展的重点也转到推动高技术的产业化上。国家对研究开发的干预大大减少，转而采纳“自由化 + 进口”的技术政策，特别是对高技术领域。

① 中国软件行业协会，http：//www.csia.com。

到了 20 世纪 80 年代中期，一批有远见的企业家开始意识到印度在发展计算机软件方面的优势和潜力，认为它将可能成为印度经济中发展最快的产业，将在赚取外汇的同时创造大量高质量的就业机会。正确、客观的认识与不失时机的行动，加上政府于 1986 年及时出台了第一个“软件发展政策”，使印度软件业很快起步。目前，印度一批软件企业已积累了相当的开发与服务能力和开展国际业务的经验。在 Tata 咨询服务公司、Infosys 和 Wipro 等一批成功的软件公司的带动下，恰逢“千年虫”危机和欧洲统一货币，以及世界经济特别是美国经济的持续繁荣，国际软件业务激增，使印度软件企业又有一大批软件公司得以成功起飞，统计显示，仅消除“千年虫”一项，印度就赚取了 25 亿美元。就此，印一批软件公司完成了原始积累，奠定了印度在国际软件市场的地位，树立了良好的信誉形象，为进一步发展创造了极有利的条件。

（九）跨国公司在印度的经营策略

跨国公司在各国的产业活动各有不同，经营策略各有差异，具体体现在跨国公司在该国的目标定位、主要产业特征、主要产业活动、收入形式和支出费用方面。跨国公司在印度的经营策略见表 4－13。

表 4－13　　　　跨国公司在印度的经营策略

国家	目标定位	主要产业特征	主要产业活动	收入形式	支出费用
印度	1. 国际市场（美国） 2. 业务外包	1. 专业化服务为主 2. 价值链活动的一部分 3. 业务外包 4. 在岸开发	1. 机构运营 2. 研究开发	出口收入	人员工资（研究开发为主），机构运营费用

二、印度软件业发展影响因素的 SWOT 分析

在分析了印度软件业发展模式影响要素的基础后，我们可以运用 SWOT 方法进行说明该模式的形成。依据上章首先对影响要素进行内外划分，然后用 SWOT 方法区分优势要素、劣势要素、机会和威胁（见表 4－14）。

表 4－14　印度软件业发展模式选择各影响要素的 SWOT 分类

产业内部因素		产业外部因素	
优　势	劣　势	机　会	威　胁
1. 质量高而成本较低的人力资源、语言优势 2. 良好的风险投资机制 3. 班加罗尔等产业集群 4. 良好的软件品质、信誉以及施行完善的国际产业认证标准 5. 对美国业务外包的优势	1. 相关产业发展不强 2. 国内市场需求不旺 3. 国内企业缺乏核心技术产品 4. 出口市场集中于欧美，产业区域依赖性强	1. 国内信息化的发展 2. 国际服务业转移 3. 政府部门相关政策的大力支持	1. 中国等发展中国家的追赶 2. 欧美市场的政策变化

表 4－14 是按照 SWOT 对印度软件业发展模式选择各影响要素进行的分类。通过 SWOT 模型分析，企业决策者可以得出 SO、WO、ST、WT 四种经营策略。通过以上对印度软件业八个要素的分析可知：印度优势在于有良好的软件人才储备、风险投资机制，因此具备发展软件业的要素条件，政府政策支持、企业重视质量认证和标准，并且具有较好的产业发展环境，集聚效应明显。但不足是国内市场狭小，产业整体发展不强，因此选择出口，以国际市场作为主要需求市场，另外由于创新能力不足，因此以承接发达国家的外包业务和提供服务为主，又恰逢国际服务业转移的大好时机，因此印度的软件业迅速发展，并最终形成自己独特的服务外包模式，并在这一领域里取得了国际竞争优势。印度软件企业根据上述原则，主要采用了策略 SO（通过对内部力量的充分利用，把握外部环境变化带来的机遇，即扬自身之长）和 WO 策略（利用外部环境变化提供的机遇，克服企业自身的弱点，即避自身之短），在全球价值链分工的新特点下，选择了一条符合比较优势原则的、以外包出口为导向的国际化经营战略，以促进印度向知识经济社会的转型和经济增长方式的转变，即以信息化带动工业化。

通过对印度软件产业的分析，我们得出以下结论：

一是印度的软件业的发展符合国际分工新特点下的竞争优势理论。在它发展的初期，以代工作为进入国际软件价值链条的切入点，遵循了软件业价值链价值增值从低到高的环节，先后经历了软件的代工、在岸服务与离岸外包的发展过程，在这一过程中，随着宏观环境的改善和企业能力的不断提高，其在国际软件业价值链中的位置不断攀升。因此，印度模式的形成完全是顺应了国际分工的新特点，选择具有比较优胜要素的生产环节进入，通过各种要素的培育不断形成竞争优势的过程。另外，印度软件业发展中从代工到外包模式的发展路径与波特的发展阶段思想相吻合。印度的软件业竞争力发展起初始于要素推动阶段。某种要素（高级而非基础要素）成为其竞争优势来源。外包模式对国内需求和相关支持性工业相对要求不重要，所有这些都符合波特对投资驱动阶段所描述的特征，因此印度软件业实际已发展到投资驱动阶段，这种变化在成熟的出口型企业中更多地体现出来，特别是那些有很多客户群——已建立了某种信任关系的开发商。但没有迹象表明印度已进入革新推动阶段。

二是印度软件业模式符合国际软件业发展环境。即这一模式的选择使得优势要素得以充分利用和发挥、避免劣势要素，利用机会、消除威胁。正是外包这种新的模式则可以克服其他要素的劣势。因此，其他要素起的作用很小，并且经过持续投资，以前的劣势要素可以转化成优势要素或对竞争优势没有负面影响的要素。

世界各地的公司通过使用印度提供的软件服务获得了竞争优势，这些软件是以高质量、低成本、节约时间、采用先进技术为特征，尤为重要的是它们的可靠性保障。来自麦肯锡公司的分析表明，印度是发展跨国的关联服务业（ITES）、提供企业信息技术方案最佳的国家。

第三节 印度模式的效果

一、印度软件业对印度经济的推动作用

20 世纪 90 年代初以来，以软件为驱动，印度的信息产业持续以惊人的高速度发展。软件产值从 1990 年的 5 000 万美元，上升到 2005 年的 295 亿美元。印度的软件业不但带动了信息产业，还带动了印度经济的全球化发展。即使在进入 21 世纪世界经济总体低迷、信息产业发展放缓、印度经济

发展放慢的大背景下，印度的软件业仍然取得了耀眼的成绩。利用高速数据通信网，印度软件企业创造性地开拓了离岸软件开发业的新型模式。印度的软件服务以高质量、低成本、周期短、技术先进享誉世界，印度已成为软件工程和网络服务领域的领导者。印度软件企业已占有全球软件服务市场份额的1.5%—2%。

整个20世纪90年代，印度的软件出口增长率在50%左右，最高年份达到60%，软件业成为印度高新技术出口增长最快的产业。世界银行在对各国软件出口能力的调查中，印度的软件出口规模、质量和成本三项指数位居世界首位。全球500强企业中有160多家企业由印度供应其全球应运点所使用的软件①。

表 4-15　　1998—2004 年印度 IT 产业及软件业状况　　单位：十亿美元

年　　份	1998	1999	2000	2001	2002	2003	2004
IT 产业总产值	5.0	6.0	8.2	12.1	13.4	16.4	21.5
IT 产业对 GDP 贡献率	1.2%	1.5%	1.9%	2.7%	2.9%	3.2%	3.5%
软件与 IT 服务业产值	—	—	5.3	7.8	8.7	9.9	12.8
IT 产业出口值	—	—	4.0	6.2	7.5	9.9	13.3
软件与 IT 服务产业出口产值	—	—	3.4	5.3	6.2	7.1	9.2

资料来源：NASSCOM 数据整理。

从1995—2002年印度总生产以及软件开发增长状况（图4-3）中可以看出，印度软件业增长表现出的几个重要特征。首先，出口销售额是软件业收入提高的关键。2000年的软件业出口销售额占到全部软件业销售额的2/3以上，并且这一比例持续攀升，在2001—2002年占到全部收入的将近80%。其次，从图4-3中还可以看到印度软件业在20世纪90年代中期的大幅增长和2000年后增长速度出现放缓的迹象。据此，印度软件业收入的年均增长率1995—2000年期间是37.5%，而到2000—2002年期间则下降

① NASSCOM (2003) and Ministry of Finance, "Government of India Economic Survey" (2002-2003).

到14.5%。第三，从出口曲线可以看到，早在1984年印度软件业就已能出口创汇，尽管它与20世纪90年代中期出口创汇额相比数量很少，但却是真实存在的，这就表明在出口迅猛发展以前的十几年印度的软件就已经建立。

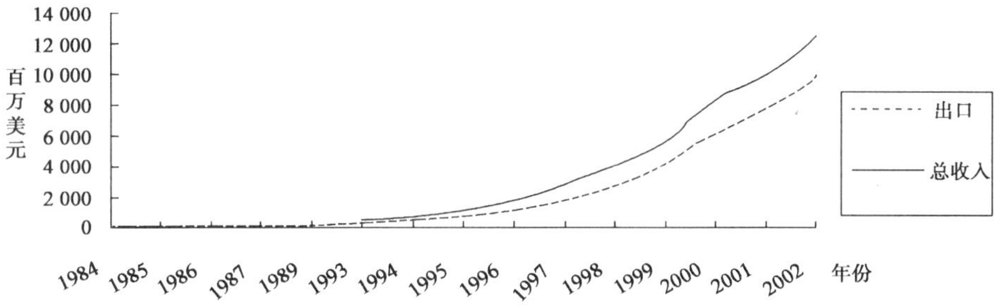

图4－3　1984—2002年印度软件业收入增长

（一）印度软件业对印度经济增长的贡献

1. 印度软件业的发展对经济增长的直接贡献

从整个软件业来看，虽然软件业占国民收入的比重很有限，2003年软件及服务产业产值仅占印度国民生产总值（GNP）的2%。但由于它的高速增长，目前对整个国民收入增长的贡献已接近12%。印度国家软件和服务公司协会与麦肯锡咨询公司（NSSSCOM－McKinsey）合作完成的报告中估计，2008年软件业产值将占印度国民生产总值的7.7%。

十几年前，印度软件业的出口占印度总出口的比例还微乎其微，而现在已经接近8%，国家软件和服务公司协会与麦肯锡咨询公司的报告认为，到2008年这一比例将升至35%。有58家印度软件企业参与的一次抽样调查的结果表明，印度软件业单位出口中外汇支出的比例已经从1996年最高时的61.65%下降到1999年的48.01%，而净出口的比例则从1996年的38.34%上升到1999年的51.99%[①]。这说明印度软件业的国内增值部分不断扩大，产业正朝着健康的方向发展（表4－16）。

① "Indian software industry development: international and national perspective". *Economic and Political Weekly* XXXVI. 2001（45），4278—4290.

表 4-16　　印度软件业与印度宏观经济指标　　单位：亿美元

宏观经济指标	1998—1999 年	1999—2000 年	2000—2001 年
印度国内生产总值	3 797	4 047	4 270
软件业的产值	39	57	83
软件业占 GNP 的比例	1.027	1.41	1.94
商品和服务的出口额	600.7	678.5	797.6
软件业的出口	265	400	630
软件业出口占总出口的比例（%）	4.41	5.89	7.89

资料来源：http//www.nasscom.org。

2. 印度软件业的发展对经济增长的间接贡献

软件业的发展对经济增长的间接贡献体现在软件业对其他产业产生的外部性上。虽然软件及服务业所包含的信息技术可以被应用于各个经济部门，并且应用了新技术部门的劳动生产率会有所提高，但这并不是产业外部性的体现，因为这是在支付了购买软件及服务的成本之后应该获得的收益。而我们所讲的外部性是指其他经济部门由于软件业的存在，而在未支付或少支付成本的情况下就获得了收益，或者因为软件业的存在未获得收益却不得不承受一定损失。

在过去 20 年中，印度软件业的飞速发展具有明显的正外部性特征，这对经济增长起到了一定的积极作用。随着印度软件业在价值链中的不断提升，软件对其他行业的带动能力不断增强，主要表现为向其他知识性产业的渗透上（图 4-4）。

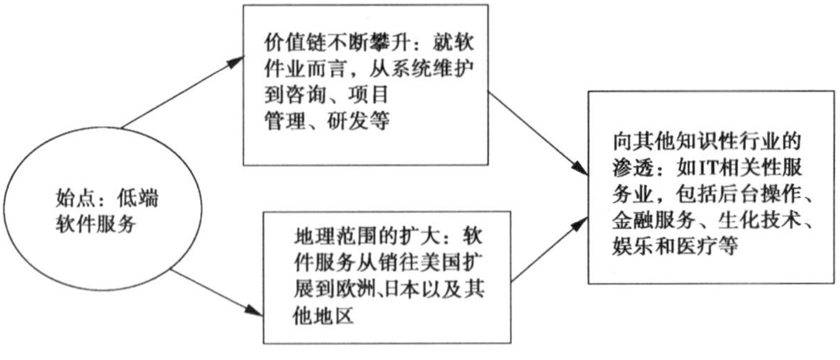

图 4-4　印度软件业的发展及向其他行业的渗透

（二）改善印度国内的就业状况

随着 IT 业的蓬勃发展，印度 IT 人才市场也随之发生了根本的变化，由供过于求转为供不应求。据印度全国软件服务公司协会调查，按印度软件业目前的发展势头，今后两年印度软件业将需要 14 万名专业技术人才，至 2008 年将需要 220 万名软件技术人员和 160 万名硬件技术人员。此外，在因特网超越地域界限功能的推动下，美国及欧洲一些国家大力推行就地吸纳印度 IT 科技人才的战略，使印度的 IT 业出现了求才若渴的空前景观。截至 2000 年 3 月 31 日，印度软件业的专业技术人员达到了 34 万人，而三年前仅有 16 万人，其软件科技人才以每年 6 万人的速度急剧增长。2002 年，印度软件新增就业机会 92 000 个，就业总数达到 52.2 万人，创造了间接就业机会 25 万个①。

到目前为止，印度软件业的快速增长主要来源于：编写电脑程序以及生产其他脑力劳动密集型产品，而这本身就是一个巨大的产业。这些业务能够让印度在整个信息技术行业中得到 5% 的市场份额，未来 20 年里还能为印度提供 5 000 万个工作岗位，这足以使印度实现“成为一个富裕的、以中产阶级为主体的国家”的宏伟目标。

（三）大量吸引外资，加强了印度开放的力度

印度政府重视软件园区的建设，鼓励和吸引外资进入。20 世纪 80 年代后期，国际卫星通讯的普及，使得西方公司普遍青睐印度庞大而廉价的人才市场，纷纷采用异地雇用印度人才开发应用软件的生产模式，因特网的出现加速了这一进程，外资更如潮水般涌入。仅 1998 年，班加罗尔就吸引外资 11.4 亿美元。迄今，在印度“硅谷”创立的高科技企业达到 4 500 家，其中 1 000 多家有外资参与。

与此同时，早年至美国“硅谷”淘金的印度 IT 人才的事业走向成功，他们大多将资金投入到以班加罗尔为中心的印度高科技园区，投资速度为年均每人 20 万美元。在雄厚的资金基础上，印度不仅成功地将“硅谷”用作振兴国民经济的一块跳板，而且使发展多年的软件开发达到了一个新的层次。除投资高科技园区外，海外印度人纷纷携带资金、技术、合同、人才，回归故里求发展。据统计，在 20 世纪 90 年代的投资高潮期，海外印度人对

① 狄承锋：“印度软件产业发展的经济学分析”，《北京师范大学学报》，2004 年第 1 期。

本土的投资近6亿美元，占同期外商在印度直接投资总额的30%。海外印度人的作用，远不足这些干巴的数字所能完全说明得了的。除了直接回国投资以外，这些海外印度人还给印度本土引来了更多的外资。尤其值得一提的是，在西方跨国公司高级管理层任职的印度人，还能借助其影响，说服他们所任职的公司在印度投资。在印度经济中没有哪一个部门取得的经济成果能够像信息技术那样显著。印度信息工业崛起的标志最初表现在它的公民在国外获得的成功，主要是在美国加利福尼亚州的硅谷。正是这些技术人员以及他们所掌握的技术，把印度同这个世界联系在一起。全球信息技术产业的大公司正在涌入这个国家，建立它们自己的软件开发公司，同时也推动了当地公司业务的发展。

二、印度软件业发展模式的局限

一方面，事实证明，印度的软件发展选择了一条适合自身的发展模式，在当前的国际软件业的发展中取得了举世瞩目的成绩，但另一方面印度软件模式也存在许多不足之处，正如文章前面对a模式的分析中存在的不足一样。

1. 缺少自己知识产权和自有品牌

从全球价值链的角度看，印度软件业只是发达国家软件企业的海外业务分流，并没有属于自己的终端客户且缺乏自主品牌。近年来外包软件的技术含量虽有所上升，知识外包产业逐渐兴起，但缺乏自主知识产权和自有品牌一直严重制约印度软件企业大发展和整体技术水平的提高。

2. 受世界经济影响明显

印度的软件政策是出口导向型的，内需不足导致软件业发展严重依赖国外特别是美国市场，而且国际经济周期性波动影响了印度软件业的稳定发展，世界经济萧条会直接导致印度软件业增长滑坡。

3. 软件人才外流

印度每年流失的软件人才达到15%，其中大部分流入美国。也正是由于这种流出和流入的不成比例，使发展中国家企图提高软件业价值链中地位的努力难以实现。

4. 对产业结构升级没有起到应有的作用

从根本上讲，一国产业结构水平的提高，应是全社会各经济部门生产效率和协同效应的共同提高，以高级生产要素比例的提高为主要标志，最终带动经济发展和人民福利的提高。对大国而言，如果缺乏其他产业部门的支撑协调，少数经济部门的发展不可能从根本上提升该国的产业结构水平。外包模式虽然推动了印度软件业的发展，但无法从根本上推动印度产业结构升级①。

本章小结

本章的内容是对前一章所构建起的分析框架的一个实证研究，通过分析印度案例来印证前面的分析。作为与中国有着相似国情的印度，近年来在软件业的发展中取得了令世人瞩目的成绩，对印度软件业模式形成的剖析也对中国软件业发展模式的选择有很强的借鉴意义，因此本章可以说起着承上启下的作用。

印度软件业发展模式是“外包服务模式”。软件业外包模式是印度创立的。而且，目前来看印度是全球最大的软件外包提供国。本章的开始考察了外包的含义，外包也称企业的流程外包，是通过将客户的部分或全部管理及运营流程转移到服务商，从而提高企业流程自动化的能力。对它产生的最直接的解释就是外部寻求资源，即把不属于自己核心竞争力的业务外包出去。把自己做不了，做不好或别人做得更好、效率更高的事交由别人做，是企业在充分发展自身核心竞争力基础上，整合和利用外部优秀的专业化资源，达到降低成本，提高生产效率和增强企业对竞争适应能力的一种管理模式。

印度软件业发展模式形成经历了四个阶段，本书分析了不同阶段的印度软件业所面临的宏观环境和微观环境，从中可以清晰地看出印度软件业发展模式的演进过程。本章还详细地考察了印度软件

① 刘庆林：“印度承接服务业外包对其产业结构的影响及启示”，《国际经济合作》，2006年第9期。

业发展模式的“九要素”，并进行了SWOT分类，详细分析了印度软件业发展的优势和劣势。指出印度优势在于有良好的软件人才储备、风险投资机制，因此具备发展软件业的要素条件，政府政策支持、企业重视质量认证和标准，并且具有较好的产业发展环境，集聚效应明显。其不足是国内市场狭小，产业整体发展不强，因此印度软件的产业发展模式选择了出口，以国际市场作为主要需求市场，另外由于创新能力不足，因而以承接发达国家的外包业务和提供服务为主，又恰逢国际服务业转移的大好时机，所以，印度的软件业应选择外包模式。由于其他发展中国家的追赶以及欧美等国政策变化的威胁，因此印度的软件业发展模式也在不断调整，趋势是不断加强优势要素、提升劣势要素，提高产业的整体竞争能力。

印度软件业发展模式发展的效果积极作用主要有，印度的软件业对印度的经济发展无论是直接还是间接贡献都很大；印度软件业的发展也改善了印度国内的就业状况；大量外资的进入，加强了印度的开放力度等。印度的软件业发展模式的成功是有目共睹的，同时印度模式的局限性也是显而易见的，包括缺少知识产权和自有品牌、严重依赖国际市场、人才外流以及产业结构优化不足等。因此，中国在选择本国软件业发展模式时应借鉴其成功的经验，避免其局限性，形成中国特色的发展模式。

第五章 DI WU ZHANG

中国软件产业发展模式的选择

中国的软件产业可以说是从改革开放之后开始慢慢发展，到现在已经有20多年的历史，当我们用新的视角去看中国软件这20多年的历史的时候发现，实际上中国软件业的道路才刚刚开始，此前中国软件都是对美国模式或者是对一些其他模式的复制模仿。我们试图模仿操作系统、我们试图模仿中间件、我们试图模仿ERP、我们试图模仿CRM、我们试图模仿很多很多东西，却忽略了这是一个根本不能被复制的市场。

第一节 中国软件业发展模式选择的必要性

自改革开放以来，中国的国民经济保持着8%左右的增长速度，在这种高速发展的势头下，为软件产业的发展提供了一个非常好的发展空间。目前，中国软件产业以平均超过30%的速度增长，软件和信息技术在国民经济和社会各领域得到广泛应用、成为推动产业结构调整、产业技术改造的重要基础与支撑。极大地推动了中国信息化建设进程，软件产业正逐渐成长为国民经济发展的重要动力和支柱性产业。

一、中国软件业与经济增长关系分析

（一）软件产业有较快的增长速度

表5－1的数据显示，中国软件产业发展的平均增长率要远远高于同期国民经济增长的增长率，表明软件产业是一个新兴的、飞速增长的行业。2004年，中国软件产业规模2 780亿元，软件出口28亿美元。2005年软件产业规模达到3 900亿元，软件出口35.9亿美元，分别比上年增长40.3%和28.2%。占全国电子信息产业及出口规模的10.2%和1.3%①。

表5－1　1996—2000年、2005年中国软件市场销售额增长情况

年　度	1996	1997	1998	1999	2000	2001	2005
软件销售额（亿元）	92	112	138	176	230	315	564.65
增长率%	35.3	21.7	23.3	27.5	30.7	34	17.9

资料来源：作者根据中国软件行业协会数据计算整理。

（二）软件产业与经济增长关系分析

软件业发展在国民经济中的地位是不言而喻的，这里我们用一个简单的计量模型来进一步加以说明。数据的选取来自历年软件协会的《软件产业发展报告》和BVD《EIU各国宏观经济指标宝典》。

表5－2给出了1995—2005年中国软件产业的产值（SOFT）和中国的实际国内生产总值（RGDP）等相关的数据。

表5－2　1995—2005年软件产值与国内生产总值　单位：亿元

年　份	软件产业产值	RGDP	软件产值占RGDP比重
1995	95	63 220	0.15%
1996	112	69 540	0.16%
1997	260	76 000	0.34%
1998	325	81 950	0.40%
1999	420.5	88 200	0.48%

① 中国软件行业协会：《2006年中国软件产业研究报告》，2006年4月。

续表

年　　份	软件产业产值	RGDP	软件产值占 RGDP 比重
2000	560	95 630	0.59%
2001	750.6	103 570	0.725%
2002	1 100	112 980	0.88%
2003	1 435	124 300	1.15%
2004	2 780	136 830	2.03%
2005	3 900	151 060	2.58%

资料来源：软件产值来自软件产业相关的报告，RGDP 来自《EIU 各国宏观经济指标宝典》。

利用表 5－2 中提供的数据绘制 RGDP 与软件产业产值（SOFT）散点图，然后运用 EVIEWS 软件计算 RGDP 与软件产业产值（SOFT）的相关系数 R，得表 5－3。我们发现 1995—2005 年中国的实际 GDP 数据与同期的中国的软件产业的总产出都是随时间快速增长的数列，通过对它们进行相关性检验，两者的相关系数达到 0.93，可见 GDP 和软件产业产值存在很强的相关性。说明软件产业的发展与国民经济的发展有着极为密切的关系。要发展国民经济，软件产业的作用不可小视。

表 5－3　　　　RGDP 与 SOFT 相关性检验结果

	GDP	SOFT
GDP	1.00	0.93
SOFT	0.93	1.00

由散点图和相关系数推测 GDP 和 SOFT 之间存在着相关的关系。根据 $RGDP' > 0$，$RGDP'' < 0$ 的特征，选取了几种有代表性的函数关系，在分析的过程中，分别选取 $SOFT^{1/2}$ 与 RGDP、$SOFT^{1/3}$ 与 RGDP、lnSOFT 与 RGDP 等建立函数关系。经过简单的分析①，选取 RGDP 与 lnSOFT 建立函数关系②。首先给出相关的数据见表 5－4。

① 在分析的过程中涉及到建绘制图形、显著性检验等很多相关的数学知识，可查阅概率论与数理统计等书籍。

② lnSOFT 是对 SOFT 取对数。

表 5－4　　1995—2005 年软件产值对数与真实国内生产总值

年　份	lnSOFT	RGDP
1995	4.553877	63 220
1996	4.718499	69 540
1997	5.560682	76 000
1998	5.783825	81 950
1999	6.041444	88 200
2000	6.327937	95 630
2001	6.620873	103 570
2002	7.003065	112 980
2003	7.26892	124 300
2004	7.930206	136 830
2005	8.268732	151 060

通过 lnSOFT 与 RGDP 的散点图可以看出，lnSOFT 与 RGDP 的图像接近于直线，所以初步建立关于 lnSOFT 与 RGDP 的线形回归模型：

$$GDPt = C(1) + C(2)\ lnSOFTt + \varepsilon t \qquad T = 11 \qquad (5.1)$$

利用表 5－4 数据和 EVIEWS 软件得出模型为：

$$GDPt = -4812.13 + 2329.71 lnSOFTt \qquad T = 11 \qquad (5.2)$$

$$(-5.53) \qquad (17.34) \qquad R^2 = 0.97$$

由结果可以看出该模型的拟和效果较好。

以上是利用简单的模型从整体上分析软件产业产值对实际国民生产总值的影响，由于样本个数太少，该模型仍有待于以后取得足够的数据后进一步的推敲。另外，中国软件协会数据显示，软件产业产值在计算机市场产值中所占比重从 1998 年的 25.9% 提高到 2002 年的 37.9%，占到四分之一强；在 GDP 中所占比重也逐年上升，由 1995 年的 0.15% 上升到 2005 年的 2.58%。对经济增长的贡献率也逐年上升。由此可见软件产业的地位变得越来越重要，因此，中国应该大力发展软件产业，加大对软件产业的投入，推动国民经济的快速发展。

二、中国软件产业发展现状及特点

（一）中国软件产业现状

1. 中国软件产业总体规模

中国的软件业从20世纪80年代初开始起步，90年代后有了快速的发展（图5-1所示），正在逐步走向成熟、稳定并与国际产业界保持充分的沟通与对话，软件市场不断扩大，应用领域日益广泛（表5-5）。

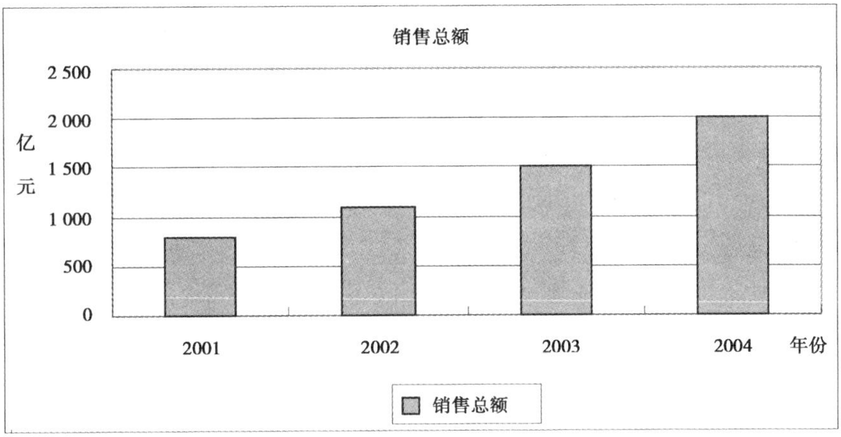

资料来源：国家统计局。

图5-1　2000—2004年中国软件行业销售总额增长情况（单位：亿元）

表5-5　1996—2000年、2005年中国软件市场销售额增长情况

年　度	1996	1997	1998	1999	2000	2001	2005
软件销售额（亿元）	92	112	138	176	230	315	564.65
增长率%	35.3	21.7	23.3	27.5	30.7	34	17.9

资料来源：中国软件行业协会数据整理。

从表5-5中可看出，中国软件产业发展的平均增长率要远远高于同期国民经济增长的增长率，表明软件产业是一个新兴的、飞速增长的行业，尽管目前软件产业的总额还不足以对国民经济的增长率有举足轻重的影响，但其举足轻重的地位日益显现（表5-6）。2004年，我国软件产业规模2 780亿元，软件出口28亿美元。2005年软件产业规模达到3 900亿元，软件出口35.9亿美元，分别比上年增长40.3%和28.2%。占全国电子信息产业及出口规模的10.2%和1.3%（图5-2）。

表 5-6　2004—2005 年软件产业规模占全国 GDP 比重表　单位：亿元

	软件规模	国内 GDP	所占比重
2004 年	2 780	159 000	1.7%
2005 年	3 900	182 000	2.1%

资料来源：中国软件行业协会。

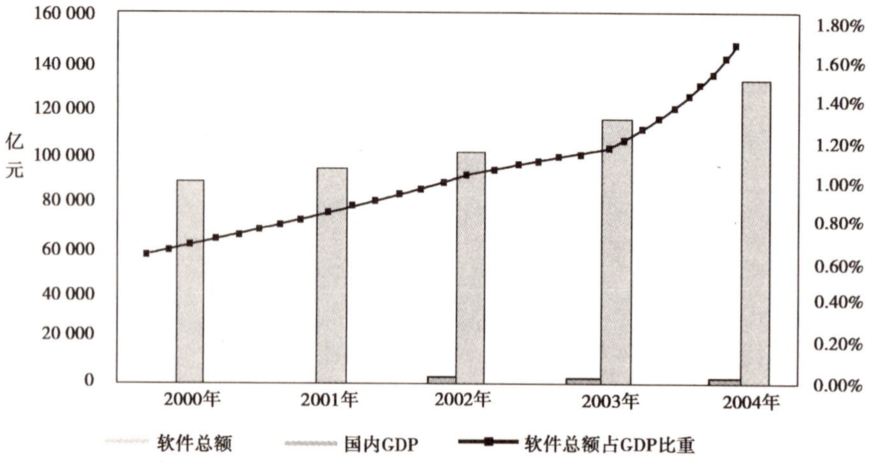

资料来源：中国软件行业协会。

图 5-2　2000—2004 年软件产业占我国 GDP 的比重

目前，随着国家信息化建设的推进，软件产业在各行各业全面开花，在网络与通信、金融、电子、制造、交通、医疗、能源、娱乐、教育、城市信息化等重要应用领域结出累累硕果。当今信息时代，软件无所不在，软件除了以软件产品的形态外，更多地是通过嵌入到各种系统或设备里，以网络、通信、家电、汽车、机床、医疗等数字设备的形态来体现。由于软件强大的存储和计算功能，软件可以为用户提供各种便捷的信息增值服务和实现城市、商业、个人管理等方面的智能化需求，因此，嵌入式软件及软件服务业市场份额的不断扩大，为我国 2005 年软件产业实现 3 900 亿美元、软件出口 35.9 亿美元的发展规模做出了很大的贡献。

虽然我国软件行业在总量上持续高速增长，但与软件发达国家相比仍然处于劣势（图 5-3）。目前我国软件行业在全球软件行业的研发、生产、加工、服务等产业链中尚处于中、下游的位置，在软件外包出口方面与印度等国家还存在一定差距。

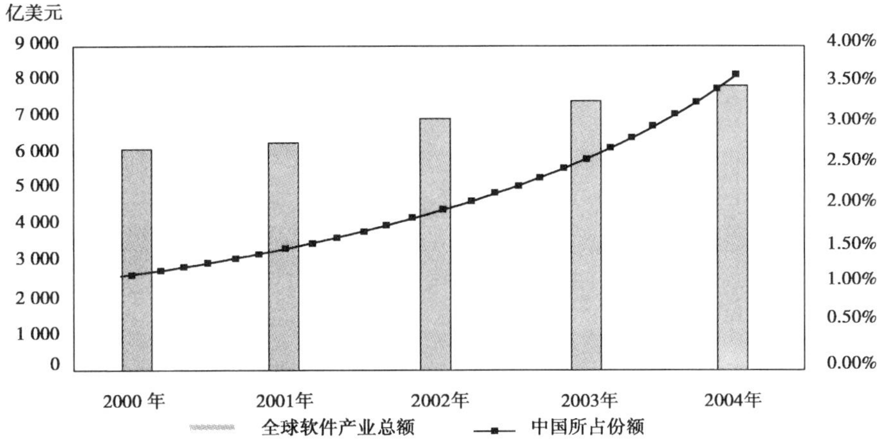

资料来源：中国软件行业协会。

图 5－3　2000—2004 年中国软件产业占世界软件产业的份额

2. 中国软件产业构成

（1）产值构成。2001 年全球软件产业的规模达到 6 219 亿美元，其中软件产品为 2 030 亿美元，占 31.6％。软件服务业为 4 400 亿美元，占 68.4％（见图 5－4），附加值越来越高的软件服务在软件产业总额当中所占的比重有不断上升的趋势。

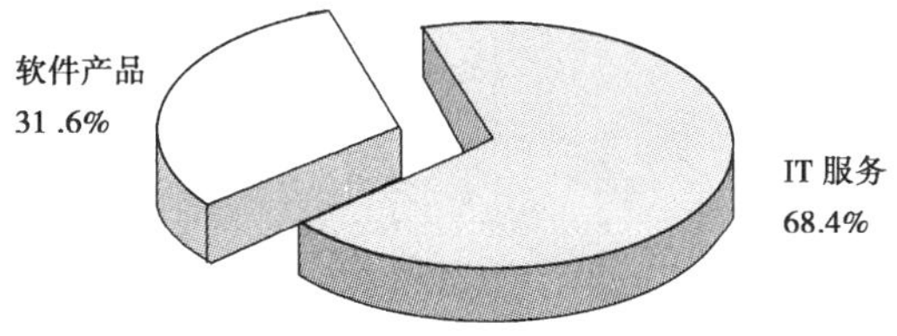

资料来源：陈冲："中国软件产业现状与发展趋势"，《中国计算机报》，2002 年 5 月 6 日。

图 5－4　2001 年全球软件产业的构成比例

中国的软件服务水平与世界水平相比还存在较大的差距，1999—2001 年软件服务在整个软件产业当中的比重不到 60％，2001 年与 2000 年相比还略有下降（见图 5－5）。

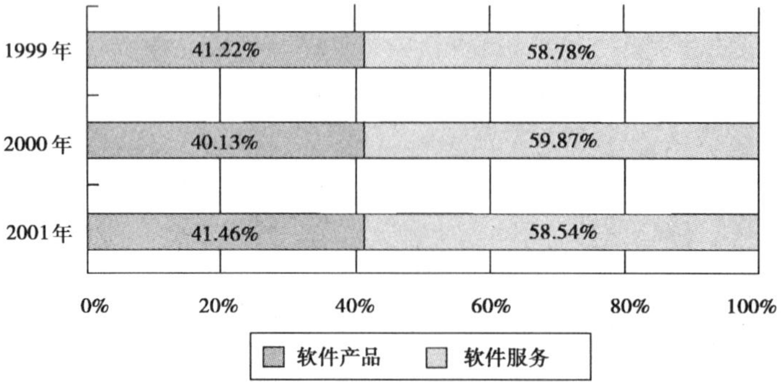

资料来源：陈冲："中国软件产业现状与发展趋势"，《中国计算机报》，2002 年 5 月 6 日。

图 5－5　1999—2001 年中国软件产业结构

2005 年中国软件产业构成中，软件（含嵌入式）产品销售额为 1 932 亿元，占软件产业总额的 49.5%，增长 26.4%；软件服务营业额为 916 亿元，占软件产业总额的 23.5%，增长 202.3%；系统集成销售额为 1 052 亿元，占软件产业总额的 27%，增长 10.9%①。1992—2005 年中国软件市场构成及增长状况，见表 5－7。

表 5－7　　1992—2005 年中国软件市场构成及增长状况　　单位：亿元

年　份	1992	1993	1994	1995	1996	1997	1998	1999	2000	2001	2002	2003	2004	2005
软件产品	19.8	40	49	68	92	112	138	182	238	285	507.4	805	1 528	1 932
软件服务	23.85	49.14	58	77	113	148	187	238.5	322	465	468.6	265	303	916
系统集成	已含	已含	已含	已含	已含	已含	已含	已含	已含	已含	已含	530	949	1 052
合　计	43.65	89.14	107	145	205	260	325	420.5	560	750	1 100	1 600	2 780	3 900
年增长率（%）	—	106	18	32.7	46.8	31	26.4	27	33	34	38.19	45.5	73.8	40.3

资料来源：中国软件行业协会 http：//www.csia.org.cn/各年数据整理。

从表 5－7 可以看出，虽然中国软件产业增长较快，但中国的软件服务水平与世界水平相比还存在较大的差距，软件服务在整个软件产业当中的比

① 中国软件行业协会：《2006 年中国软件产业研究报告》，2006 年 4 月。

重较小。2002 年以后比重有所下降。2001 年，软件服务所占比重为 57.5%，2005 年只有 23.5%。

2005 年，中国软件产业规模构成中，软件产品占 49.5%，系统服务占 27%，软件服务所占比例为 23.5%①（图 5-6）。

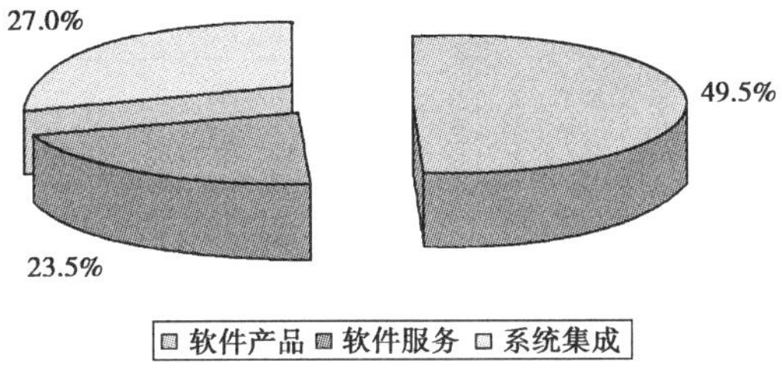

图 5-6　2005 年中国软件产业规模构成图

（2）销售市场。中国软件行业结构以国内市场为主。与印度出口型软件行业结构相比，中国软件行业是一个典型以国内市场为主的产业（表 5-8、图 5-7、图 5-8）。

表 5-8　2004—2005 年国内软件产业规模与出口比较表　单位：亿元

	国内市场	所占比重	软件出口	所占比重	产业总额
2004 年	2 548	91.7	232	8.3%	2 780
2005 年	3603	92.4	297	7.6%	3 900

资料来源：中国软件行业协会：《2005 年、2006 年中国软件行业研究报告》。

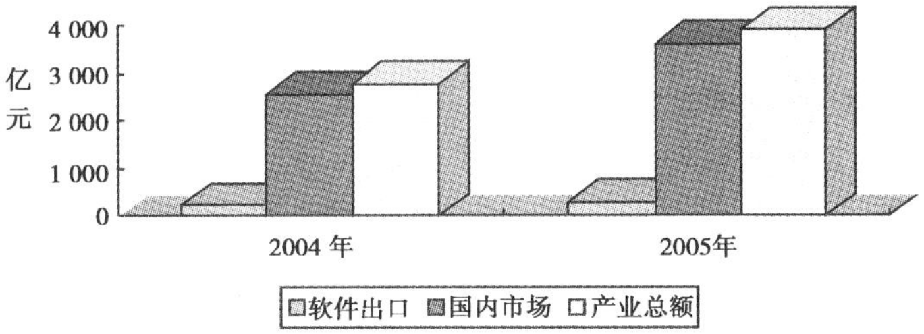

图 5-7　2004—2005 年国内软件产业规模与出口比例图

① 中国软件行业协会，http://www.csia.org.cn。

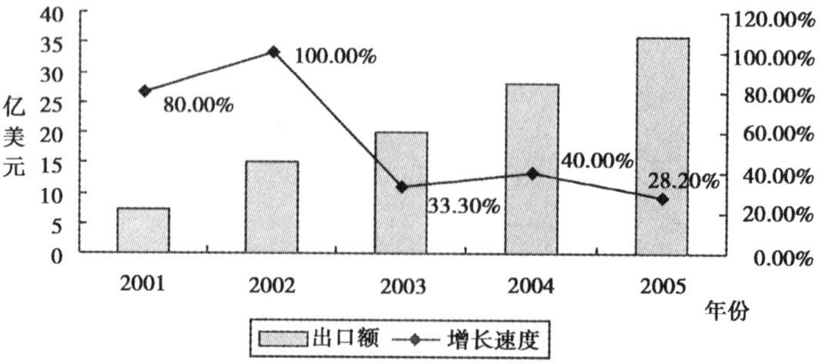

图 5－8　2001—2005 年中国软件出口增长情况

目前，我国软件出口以嵌入式软件产品为主，其他还有定制开发、软件代工、软件服务和自主产权产品出口等形式。2005 年我国软件出口额仅占当年软件产业总额的 7.6%，并且近几年此比例呈逐年下降的趋势。这一方面说明国内软件市场需求旺盛，持续保持了高速发展势头，从另一方面也说明软件出口虽然得到了重视，但仍没有取得根本性的突破，与印度软件外包的差距在不断拉大，未来将有很大的发展空间和潜力（表 5－9）。

表 5－9　　2001—2005 年中国软件出口占产业总额的比例　　单位：亿元

	软件产业总额	软件出口额	出口额所占百分比
2001 年	796	60	7.5%
2002 年	1 100	124	11.3%
2003 年	1 600	165	10.3%
2004 年	2 780	232	8.3%
2005 年	3 900	297	7.6%

资料来源：中国软件行业协会。

（3）软件产品市场构成。软件产品结构以应用软件为主。在中国软件市场中，操作系统、数据库等基础软件市场几乎被国外产品所垄断，国内软件企业研发、生产和销售的软件产品基本属于应用软件。中国国内品牌产品在财务管理软件、教育软件和针对各个行业定制的行业应用软件市场中占有绝对优势。如在财务管理软件市场中，国内品牌占据 90% 以上的份额；在行业应用软件开发方面，国内软件企业取得了巨大的成绩，自行研制开发出金融、财税、电信、能源、交通、石油地质等关键部门的行业应用软件。

2005 年中国软件产品销售额为 1 932 亿元，较 2004 年的 1 528 亿元增长 26.4%，其中系统软件（操作系统、数据库系统等）销售额为 102 亿元，增长 7.3%，占软件产品销售额的 5.3%；支撑软件（中间件、网络及通信管理软件、工具软件等）销售额为 196 亿元，增长 13.9%，占软件产品销售额的 10.1%；应用软件（通用、行业、嵌入式软件等）销售额为1 634亿元，比上年增长 29.6%，占软件产品销售额的 84.6%[①]（见图 5－9、表 5－9）。

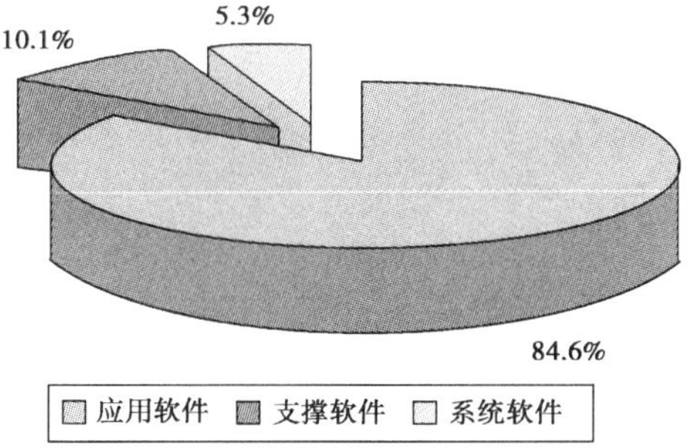

图 5－9　软件产品市场构成

表 5－9　　2004—2005 年软件产品市场构成及增长表　　单位：元

	系统软件	支撑软件	应用软件	合　计
2004 年	95	172	1 261	1 528
2005 年	102	196	1 634	2 066
增长（%）	7.3	13.9	29.6	40.3

资料来源：中国软件行业协会：《2006 年中国软件行业研究报告》，2006 年 4 月。

近年来中国嵌入式软件发展迅猛，在各类商用、家用数字化产品中都有着嵌入式软件的身影。嵌入式软件在软件产品中所占比重逐年加大。尤其在通信领域中，不少通信设备中嵌入式软件的价值占整个设备价格的 30%—40%；在移动设备、数字家电、数控机床、汽车电子、医疗电子、智能化仪

① 中国软件行业协会：《2006 年中国软件行业研究报告》，2006 年 4 月。

表、航天航空、康乐设备、工控等领域，嵌入式软件收入也分别占到整个设备价格的10%—30%。随着硬件设备的成本不断降低，嵌入式软件在各类设备中的“含金量”会逐步提高，以嵌入式软件为核心的各类系统、数字化设备和增值服务将带动软件与信息服务业的进一步增长。

（4）地理结构。从地理分布上看，中国软件行业集聚效应明显，地区分布集中。环渤海地区软件、珠江三角洲、长江三角洲的软件行业发展较快。中国软件企业主要分布于华北、华东、华南等经济、文化比较发达的地区，尤其是主要的软件骨干企业大多集中在北京、上海、深圳、沈阳、成都等中心城市。

但近几年西安、成都、长沙、武汉、重庆、哈尔滨、长春、昆明等地的软件行业也在崛起。从软件企业数量，软件销售总量的大小来看，仍是北京、广东、辽宁、上海、浙江占据前五位。

根据各省市信息产业主管部门和各地方软件行业协会提供的数据，软件收入超过200亿元的省市软件产业规模统计见表5－10，2005年各地区软件企业发展情况见附表1。

表5－10 2005年软件收入超过200亿元的省市软件产业规模统计表

序号	地区	软件规模（亿元）	软件出口（万美元）	软件企业总体数量	软件从业人员数量	上亿软件企业数量
1	北京	780	30 300	3 200家	16.5万人	129家
2	广东＊	569	192 209	2 300家	16万人	45家
3	上海	390	26 811	1 100家	12万人	43家
4	江苏	320	18 000	800家	14万人	30多家
5	浙江＊	273	26 000	550家	5万人	20多家
6	山东＊	252	17 386	800家	5.3万人	12家
7	辽宁＊	203	18 692	800家	4.8万人	10家
8	其他	1 113	29 602	2 000多家	10多万人	30多家

注：＊表示含省内计划单列市数据。

资料来源：中国软件行业协会：《2006年中国软件行业研究报告》，2006年4月。

其中计划单列市和3个省会城市软件企业情况见下表5-11所示。

表5-11　计划单列市和3个省会城市软件企业情况统计表

序　号	地　区	认定企业（家）	200人以上企业（家）	认定产品（项）	通过CMM3以上企业（家）
1	深圳市	1 228	45	3 934	10
2	南　京	400	35	1 887	4
3	杭　州	400	25	1 700	4
4	大连市	234	16	696	22
5	珠海市	177	19	759	2
6	厦门市	165	7	795	3
7	济　南	145	16	902	3
8	青岛市	106	7	505	8
9	宁波市	68	5	290	1

资料来源：中国软件行业协会。

3. 中国软件出口的状况

（1）总体出口规模。近年来，中国软件业出口总体规模继续增长。但增长速度不稳定，2002年最高，以后出口增长速度出现下降趋势（图5-10）。表5-12是中国软件出口占产业总额的比例情况[①]，数据显示2002年出口额占产业比重达到最高，但后来的年份比重出现下滑。

据印度NASSCOM的数据，2005年财政年度印度软件外包（含BPO）234亿美元，同比增长35%，同年中国的出口额是35.9亿美元，印度出口是中国出口额的6倍多。通过2000—2005年两国的出口数据对比可以看出，中印两国在软件外包领域的差距在逐年拉大。

① 中国软件行业协会，http://www.csia.org.cn。

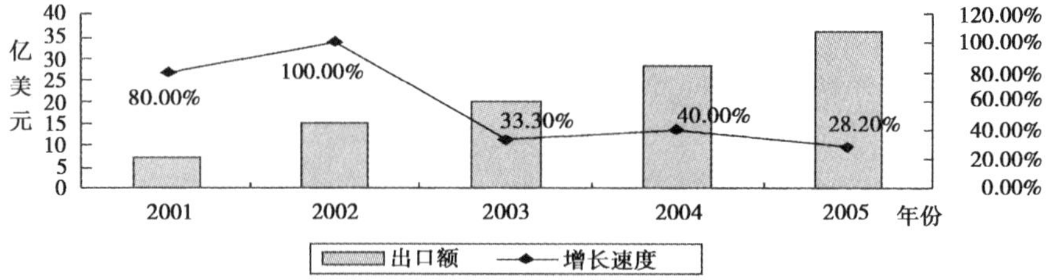

图 5-10　2001—2005 年中国软件出口增长情况（单位：亿美元）

表 5-12　　2001—2005 年中国软件出口占产业总额的比例　　单位：亿元

年　份	软件产业总额	软件出口额	出口额所占百分比
2001	796	60	7.5%
2002	1 100	124	11.3%
2003	1 600	165	10.3%
2004	2 780	232	8.3%
2005	3 900	297	7.6%

资料来源：中国软件行业协会，http：//www.csia.org.cn/数据整理。

NASSCOM 数据，2005 年印度软件产业总额为 295 亿美元，同比增长 31%，软件出口约占软件总额的 79.3%。据麦肯锡预计，在未来 5 年内，印度软件出口每年将以 25% 左右的速度增长，到 2010 年，软件出口将达到 600 亿美元（表 5-13）。

表 5-13　　2000—2005 年度中国、印度两国软件出口比较　　单位：亿美元

	2000 年	2001 年	2002 年	2003 年	2004 年	2005 年	2010 年
中国	4	7.3	12	20	28	40	
印度	62	86	74	95	130	172	600

资料来源：中国软件行业协会和 Nasscom 数据。

印度已经有 2 家年出口总额超过 10 亿美元的巨型软件集团，而中国最大外包企业东软集团 2005 年国际外包收入为 6 270 万美元，两者相差近 20 倍，承接外包项目的层次及利润也有很大的差距（表 5-14、表 5-15）。

表 5 - 14　　2001 年中国、印度两国前 10 家软件公司的出口及外包服务收入对比

中国前 10 家软件出口公司	2001 年出口（百万美元）	2001 年出口（百万美元）	印度前 10 家软件出口公司
华为技术有限公司	48.9	604.0	Tata Consultancy Services
华北计算机系统工程研究所	28.7	390.0	Infosys Technologies
北京北大方正公司	23.7	370.0	Wipro L. td.
日电系统集成（中国）有限公司	8.7	261.0	Satyam Computer Services L. td.
东大阿尔派	6.1	237.0	HCL Technologies
中国计算机软件与服务总公司	5.6	148.0	Congnizant Technology Solutions
亚信科技（中国）有限公司	2.5	136.0	Silverline Technology Limited
托普集团科技发展有限公司	2.0	120.0	NIIT Limited
PFU 上海计算机有限公司	2.0	117.0	Penssoft Technologies Limited
创智信息科技股份有限公司	1.3	115.0	Pentamedia Graphics Limited
总　计	129.5	2 498.0	
平　均	12.9	249.8	

资料来源：中国软件行业协会（CSIA），印度全国软件和服务行业联合会（NASSCOM）数据。

表 5 - 15　　2005 年中国软件外包前 15 家企业　　单位：百万美元

序　号	公司名称	2005 年出口额
1	东软集团有限公司	62.7
2	大连华信计算机技术有限公司	43.0
3	海辉软件国际集团公司	—
4	浪潮集团有限公司	—
5	浙大网新科技股份有限公司	20.2
6	中软国际有限公司	18.8
7	恩益禧中科院软件研究所有限公司	18.8
8	上海晟峰软件有限公司	13.0
9	上海交大海隆软件股份有限公司	11.52
10	上海新政软件有限公司	9.7
11	上海微创软件有限公司	8.0
12	南京日恒信息系统有限公司	6.4
13	南京富士通南大软件技术有限公司	4.2
14	音泰思计算机技术（成都）有限公司	3.4
15	PFU 上海计算机有限公司	2.8

资料来源：中国软件行业协会，http：//www. csia. org. cn。

2005 年中国出口排名前 20 名企业出口总额为 3.1 亿美元，占全国出口总额的 8.6% 左右，平均每家企业的出口额为 1 555 万美元：企业总人数为 26 468 人、平均每家企业为 1 323 人①。以上数据虽然都比 2004 年有了很大的提升，但仍然要看到中国软件企业多而整体实力不强，缺乏重量级的软件企业，与印度、爱尔兰等软件出口强国还有较大的差距。

（2）出口地区分布情况。从出口地区分布看，对日软件出口仍占主导地位，占出口总额的 59%，2005 年对欧美的出口取得了快速增长，占到 20%，比 2004 年提高了 4%。如图 5－11 所示，中国软件出口国家主要是日本，占到 59% 的比重，欧美国家的比重是 20%②。

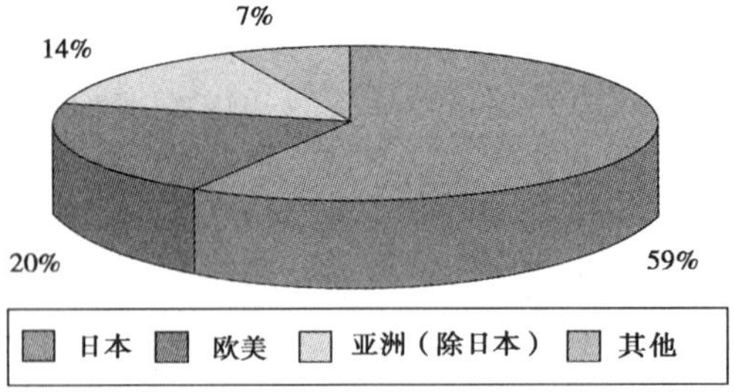

图 5－11　2005 年中国软件出口国分布情况

（二）中国软件产业特点

1. 软件产业发展速度加快、企业规模偏小

20 世纪 90 年代以后，中国的软件产业得到了迅速发展，正在逐步走向成熟、稳定。软件市场不断扩大、应用领域日益广泛。但与世界软件大国和强国相比，中国软件产业规模偏小（表 5－16）。具体表现为多数软件产业上市公司赢利能力较差、企业成长性不足，缺少大型企业，市场竞争激烈。企业规模小在外包方面体现的尤为明显。我们来看一下软件外包市场的结构与中国软件企业的能力匹配问题。如果以 3 个月为工程期限，中国软件企业都具备承担 10 万美元以下订单的能力。如果订单达到 100 万美元，只有不到 10% 的中国企业能够接单。如果到 1 000 万美元，很可能只有不到 1% 的企业能够接单。10 万美元以下的项目和超过 1 亿美元的项目总和不会超过

① 中国软件行业协会：《2006 年中国软件产业研究报告》，2006 年 4 月。

② 中国软件行业协会，http：//www.csia.org.cn。

20%的比例。剩下的80%份额实际上只有不到20%的企业能够参与竞争①。

表5－16　　我国前10位软件企业规模国际比较

中　国		印　度		世　界
亿元人民币	亿美元	亿卢比	亿美元	亿美元
18.3	2.21	314.2	6.89	457.5
17	2.05	196.6	4.31	238.4
15.5	1.87	127.6	2.79	215
13.4	1.62	126.9	2.78	192.2
12.9	1.55	83.2	1.82	107.4
11.4	1.37	71.4	1.56	103.9
10.8	1.3	70.4	1.54	102.7
9.4	1.13	68.2	1.49	80.6
8	0.96	64.2	1.4	73.5
8	0.96	57.4	1.25	58.4

数据来源：中经通数据库。

2. 产业内各种经济类型的软件企业并存，但主要以内资企业为主

中国软件企业主要以内资企业为主，2002年内资企业共4 056家，完成软件及系统集成收入905亿元，占全国的82.3%。企业数和软件收入主要集中于有限责任公司、股份有限公司和私营企业。有限责任公司2 525家，占全国软件企业总数的53.7%，完成软件及系统集成收入537亿元，占全国的48.8%。股份有限公司353家，占全国软件企业总数的7.5%，完成软件及系统集成收入215.6亿元，占全国的19.6%，私营企业870家，占全国软件企业总数的18.51%，完成软件及系统集成收入84.7亿元，占全国的7.7%②。

① 《2006年中国软件行业咨询研究报告》，中研普华管理咨询公司。

② 崔辉：《我国软件产业发展与对策研究》，吉林大学博士学位论文，2005年。

3. 软件产业结构不尽合理

整个中国软件产业的结构明显存在两个方面的不足，一是软件出口总额与拥有庞大的软件人力资源的中国严重不成比例，与印度出口型软件产业结构相比，中国是一个典型的以国内市场为主的产业。二是软件服务所占的比重不到60%，说明软件的应用服务不够充分，产品导向依然是中国软件产业的主要部分，没有完成向软件服务业的转化。中国软件产业的这种特点与中国庞大的内需市场密切相关。

4. 软件产业区域发展差异显著

中国经济发展的地区差异同样影响到软件业，造成软件产业地区间发展的不平衡。从全国软件产业的收入来看，软件业高度集中于东部地区，中西部地区软件产业的发展主要依靠少数几个省市的带动。东部十一省市（辽、吉、黑、京、津、粤、沪、江、浙、闽、鲁）的软件及系统集成收入共完成880亿元，占全国的80%。其中比较发达的省市主要有：北京、广东、江苏、上海、浙江和山东，这六个省市软件及系统集成收入占全国的比例依次为：20%、17%、12%、10%、9%、6%，它们的软件及系统集成收入总和占全国的74%。中西部地区从整体上来看，软件产业的发展水平仍相当低。

5. 国产系统软件开发能力较弱

伴随着各级政府及各行业信息化建设的快速推进，中国软件市场在实现快速发展的同时，市场竞争日趋激烈。国外品牌软件在系统软件市场占据垄断地位。2002年，国外品牌在系统软件市场上所占份额为95.3%。微软在桌面和PC服务器高端操作系统方面具有强大的优势，在高端服务器操作系统、数据库管理系统以及网络管理软件市场，国外品牌占主导。国外品牌软件在系统软件市场占据垄断地位。2002年，国外品牌在系统软件市场上所占份额为95.3%。国内品牌软件的领域主要是中间件软件市场和应用软件市场。

6. 中国软件产业以国内市场为主，国际市场开拓不足

中国软件主要出口日本，对日本作外包，欧美外包业务才刚开始起步。然而美国占据全球发包市场的65%，由于中国企业自身能力的不足，当前直接在美国市场“打单”的企业很少，主要依赖与跨国公司在华机构的合作取得项目，也有一些软件企业通过与世界顶级公司合作进入国际市场。与

印度大公司合作也成为中国软件出口的一个新动向。

对日承包存在一个问题就是日本发包的产品多为外包加工等技术含量低的服务，而印度主要市场是欧美，欧美发包的产品技术含量则要高得多。据统计，2004—2005 年印度有 17 家企业出口额超过了 1 亿美元，前 10 家出口企业的销售总额达到了 67.65 亿美元，这已经远远超过了 2005 年中国软件出口总额①。

三、中国软件产业的国际竞争力分析

中国的软件出口竞争力状况，我们通过计算中国软件产业的 RCA 指数来测量（表 5－17）。

表 5－17　　中国软件产业 1998—2004 年的 RCA 指数

年　份	1998	1999	2000	2001	2002	2003	2004
RCA 指数	0.2189	0.4412	0.4421	0.5265	0.6920	0.69502	0.7014

资料来源：转自李丽娟：《中国软件产业国际竞争力决定因素的研究》，2006 年。

从表 5－17 我们可以看到，中国软件产业的 RCA 指数小于 0.8，表明中国软件产业出口国际竞争力较弱，中国软件产品的国际市场占有率低。根据作者在上一章中的计算知，印度服务贸易的 RCA 指数 2004 年是 1.76，2005 年达到 1.97。因此与印度等软件大国相比，中国软件业出口的国际竞争力差距较大。

分析出现以上情况的原因，其中之一就是由于中国软件产业存在发展模式不清，资源有效利用不足的问题，致使软件产业在国际市场缺乏竞争力。因此，中国的软件产业要快速健康的发展并在国际市场上占有一席之地，需要根据本国国情、研究软件产业发展模式选择的理论和分析影响要素，明确产业发展定位，选择中国的软件产业发展模式。

四、中国软件产业发展模式

（一）中国软件产业的发展阶段

中国的软件产业产生于 20 世纪 70 年代末，1994 年以后得到了较快发

① 中国软件行业协会：《2006 年中国软件产业研究报告》，2006 年 4 月。

展。一般而言，中国软件产业历经了如下三个阶段：

1. 萌芽阶段（20 世纪 70 年代末—80 年代初）

1978 年，以计算机工业管理局的成立为标志，中国的计算机工业真正开始登上了历史舞台。在此期间，中国计算机服务公司（中软前身）、中国计算机软件公司、中国计算机系统集成公司等相关公司相继成立，对于中国软件产业而言，有着非常重大的意义。

2. 起步阶段（20 世纪 80 年代初—80 年代末）

20 世纪 80 年代初，中关村出现在人们的视野里，由于“科研要面向经济，要服务于经济的发展”的观念深入人心，许多科研院所的研究员们也纷纷走向市场。许多提供代理销售、增值服务、应用软件开发的公司纷纷成立。中国软件行业协会等也相继成立，中国的软件产业开始了面向市场、面向客户的转变。

3. 发展阶段（20 世纪 90 年代至今）

20 世纪 90 年代初，为了发挥集群优势，中国的软件产业开始了集群式的发展。与此同时，一系列金字工程的建立，更推动了软件在各个方面的应用。2000 年随着国务院 18 号文件颁布软件产业获得了更好的发展环境、更大的发展空间，中国软件产业的发展全面提速。

（二）中国软件产业的发展模式

总的来看，中国软件产业从产生之初到后来的发展，一直存在着软件产业定位不清的问题，或者说，中国软件产业并没有明确的模式，表现出来的特点是中国的软件产品主要是满足国内市场，国际市场较小。我们大体可以称之为“以满足国内市场和发展应用软件产品为主”的产业发展模式。

2000 年 18 号文件出台以前，政府对软件产业的发展重视和政策引导一直不够。因此，虽然中国软件产业与印度软件产业几乎同时起步，但在后来发展的过程中却落在了印度的后面，中国软件产业发展定位不清不能不说是一个根本原因。正是由于这种状况的存在，中国的软件产业虽然近年来发展较快，但仍然缺乏国际竞争力。

由于本研究对模式的研究是动态的、发展的（即使存在模式，也会随着软件产业发展影响要素的改善得到优化），因此，我们可以假定中国当前的软件产业目前没有明确的发展模式。

第二节 中国软件产业模式选择的影响要素分析

一、中国软件产业发展影响要素的状况

（一）生产要素状况

1. 中国软件人才培养情况

经过多年的发展，中国已培养出一批优秀的软件人才队伍。到2005年年底，全国软件行业从业人员总数达到90多万人。

（1）普通高校软件及相关专业在校生情况。2005年，全国有本科院校701所，专科院校1 091所，民办普通、成人高校252所，共计2 044所，其中有计算机软件专业的院校513所，与软件相关专业的院校964所。2005年全国软件专业在校研究生达到5.14万人，软件相关专业在校研究生达到3.46万人。计算机软件专业及相关专业在校研究生总数为8.6万人（图5－12）。2005年全国软件专业本、专科在校生达到15.8万人；软件相关专业本、专科在校生达到195.8万人。计算机软件专业及相关专业本、专科在校生总数为211.6万人①。

（2）普通高校软件及相关专业毕业生情况。2005年，全国普通高校计算机软件专业及软件相关专业共毕业研究生2.7万人，本、专科毕业生40.1万人（表5－18）。其中软件专业毕业研究生1.12万人，软件相关专业毕业研究生1.58万人；软件专业毕业生1.35万人，软件相关专业本、专科毕业生39万人（表5－19）。

另外，示范性软件学院、软件职业技术学院软件人才培养数量也不断增加。到2005年年底，35所示范性软件学院有在校生54 485人，其中本科生27 886人，研究生26 599人。到2005年年底，35所示范性软件职业技术学院共有96 335名在校生。

① 中国软件行业协会：《2006年中国软件产业研究报告》，2006年4月。

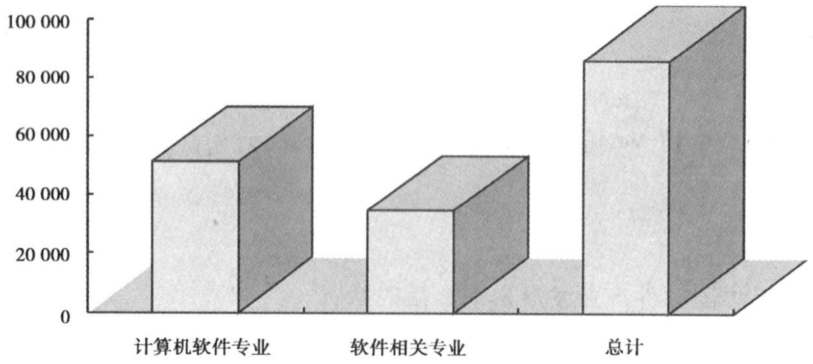

图 5-12　2005 年全国软件及相关专业在校研究生数量图

表 5-18　　2004—2005 年全国普通高校计算机软件专业研究生毕业数量表

年　份	计算机软件专业	软件相关专业	总　计
2004	7 796	4 140	11 936
2005	11 249	15 783	27 032

资料来源：中国软件行业协会：《2006 年中国软件产业研究报告》，2006 年 4 月。

表 5-19　　2005 年软件专业毕业生学历结构表

	研究生（人）	本科生（人）	专科生（人）	合计（人）
2005 年	7 796	6 831	6 702	21 329
所占比重	37%	32%	31%	100%

资料来源：中国软件行业协会：《2006 年中国软件产业研究报告》，2006 年 4 月。

（3）示范性软件学院、软件职业技术学院软件人才培养情况。软件学院在校生和毕业生情况。到 2005 年年底，35 所示范性软件学院有在校生 54 485人，其中本科生 27 886 人，研究生 26 599 人（表 5-20）。

表 5－20　　全国 35 所示范性软件学院在校生情况

	本科生（人）	研究生（人）	合　计
在校生数量	27 886	26 599	54 485
毕业生数量	3 067	2 400	5 467

资料来源：中国软件协会数据整理。

到 2005 年年底，35 所示范性软件职业技术学院共有 96 335 名在校生，2006 年毕业生的估计值是 33 056 名。

（4）民间资本进入软件人才培训领域。在中国政府大力扶植软件人才培训的政策背景以及中国软件产业高速发展的经济环境下，国内软件企业均加大了独立培养软件人才的力度，2005 年，又有几家企业设立的软件人才培训机构成立，以企业为主的民间资本进一步涉足中国的软件人才培训领域（表 5－21）。

表 5－21　　2005 年民间资本设立的软件人才培训主要项目

项目名称	项目内容简介
惠普软件工程学院项目	2005 年年初，惠普软件工程学院在北京成立，该学院的办学宗旨是“以实战的经验，培养国际化软件人才”。惠普软件工程学院将针对企业软件人才和刚毕业的大学生，内部有着多年软件项目管理经验的项目经理。到 2007 年，惠普计划将在中国的软件研发中心人数由现在的 700 人扩充到 5 000 人的规模，2 年内增加软件开发人数超过 4 000 人。
西安索创软件技术培训中心	2005 年初，西安软件园正式宣告成立，该机构以“索求专业智慧，创启职业人生”为理念，立志打造西北第一软件外包培训品牌的索创，在课程设置、师资队伍、培训理念等各方面独树一帜，引人关注。西安索创软件技术培训中心的培训主要分为软件工程师培训、软件外包人才培训两大块，培训中心依托跟软件企业的良好合作关系，为学员提供实用、实践、实战性的服务。将培训称为服务的索创对此有独到的见解，索创始终坚守，“培训即服务”的品牌价值理念，将培训服务与受训对象价值最大化体验作为索创培训开展一切活动的基本准则。
微软中国高级开发及项目管理 MBA 项目	微软公司举办的“微软中国高级开发及项目管理 MBA”于 2005 年进入中国，该课程集中包括了中国国内的著名软件业领军人物、微软总部资深经理、微软中国开发者事业部和微软全球技术中心项目管理高级经理等高水平讲师；同时邀请了国内软件界优秀管理、营销人员加入本次培训，共享微软先进的软件开发管理经验。软件管理 MBA 培训课程是微软公司根据各项高级培训的数千名软件和高科技企业的决策者、高级开发及项目管理人员、软件企业市场营销人员的直接反馈和需求，用微软公司以及中国软件企业大量的实际成功、失败的案例为蓝本、与微软专家、中国软件界的领军人物、中国软件管理营销领袖、国内外管理学院 MBA 理论界学者共同研究探讨，为中国软件企业度身订制的 MBA 精华课程。

资料来源：中国软件行业协会。

（5）中国软件人才存在的不足。

①在软件人才需求量方面，据预测，当前我国软件人才的需求量为50万人左右，且这一需求仍在以每年20%左右的速度增长；在软件人才供给量方面，随着我国高等院校计算机相关专业扩大招生为软件人才市场输送了更多的毕业生人才以及与大学教育并行的职业技术学校和培训学校教育的快速发展，我国软件人才供给在2004年有了较大幅度的增长，总量供不应求的局面得到缓解，但与高速发展的软件人才需求相比，继续呈现短缺状态。

目前，全世界对软件人才的争夺可谓不择手段，目前世界上的几个发达国家（如美国、德国、日本）对软件人才的缺口巨大，相继制定了对策措施。其中美国专门修改了移民法，以方便软件等信息技术人才的引进。此外，软件开发人员收入上与国外软件公司的巨大差距，也促使大量软件人才流失到国外。

②软件人才结构不尽合理。

第一，高低端软件人才缺乏。从经济规律来看，一种工业化时代的产业结构，要求是一个金字塔型的人才梯队，软件业需要的不仅仅是高校培养成的高级人才，同样更需要从事基础开发的程序设计员作为智力基础。目前中级、高级软件人才仍是我国软件企业所最紧缺的软件人才类型。在这种背景下，我国软件人才的“金字塔”形合理结构并未实现，软件行业健康、快速发展所需要三类人才：既懂技术又懂管理的软件高级人才、系统分析及设计人员（软件工程师）、熟练的程序员（软件蓝领）这三类由高到低的人才结构并未呈金字塔形。相反，我国的软件人却呈橄榄形（缺少高级管理者和基础程序员），因此必须多发展“塔基”（软件蓝领），这样才能形成合理的软件人才结构（表5－22、图5－13）。因为只有更多的软件蓝领产生，由其作为基础发展出来的高级管理人员才能逐渐成长。

表5－22　合理的软件从业人员工作层次分布结构示意表

	工作层次	一般占总从业人数的比例
高端	系统分析及设计人员、架构工程师、数据库人员等	4%
	专项软件技术研究	3%
中端—高端	程序员、软件工程师	35%
	客户关系开发与维护	
低端	编程的技术工人、基础程序员 客户支持（售后服务等）	50%
	其他	8%

资料来源：中国软件行业协会。

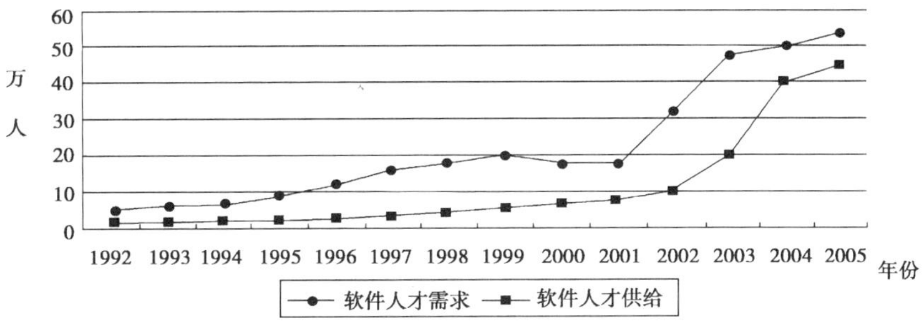

资料来源：中国软件行业协会。

图 5－13 1992—2005 年软件人才发展趋势

第二，地区性供给量存在较大差异。分地区来看，北京、上海、广东等经济发达地区软件人才供给数量明显高于国内其他地区，这些地区软件人才市场总量上存在供过于求的迹象；对于一些经济欠发达地区而言，在经济发展的过程中，软件人才需求数量逐年增加，由于自身培养能力的不足以及对软件人才缺乏吸引力等原因，这些地区的软件人才供不应求态势明显，且供需缺口有逐步拉大的趋势。

第三，个别专业软件人才尤为匮乏。从专业细分化来看，通用型软件人才，包括文字软件处理、翻译软件等人才需求趋缓，一些专业软件人才供不应求现象明显，供需缺口进一步拉大。

以网络游戏软件研发人才为例，预计未来几年我国会成长成为亚洲最大的网络游戏市场。但我国目前专业网络游戏技术人员仅有 3 000 多名，人才缺口较大，当前最为缺乏的首属游戏设计、开发与编程人员。新闻出版总署负责人指出："我国网络游戏人才奇缺的问题亟待解决，目前国内所需技术人员至少 2 万名，人才的缺口已经在 1.5 万人以上。" 2004 年上半年，我国内地共有 77 家网络游戏企业在运营，已经公开测试或收费的游戏 81 款，全部从业人员 6 000 人。

第四，软件从业人员学历结构需改善。由前面的数据可以看出，我国目前软件从业人员中，学历多集中在本科阶段，研究生（硕士、博士）学历的从业人员数量偏低，仅占从业人员总数的近 10%。即软件高端人才，包括系统分析师、项目技术主管等以及低端人才，如软件编码工人严重短缺。

另外，中国高校软件人才的教育体制存在着调整速度落后于软件产业发展的速度的问题，高等院校及各类培训机构每年有几万到十几万软件相关专业毕业生，在软件人才总体供不应求的形式下，仍有很多软件专业毕业生找不到工作，说明中国的软件人才培训结构与市场需求明显脱节，滞后于实际市场需求。

2. 资金条件

中国的软件企业多为大学科研机构的衍生公司，个人和民间投资为主。对高技术产业来说，其种子期、创业期、成长期的资金投入比发达国家约为1∶10∶100，而中国约为1∶0.5∶100，产业化阶段资金短缺严重制约着中国科技成果转化为生产力。在获取资金的渠道方面，通过银行贷款的间接融资成为高技术产业融资的主要方式，然而银行信贷管理要遵循安全性、流动性、收益性三大原则，并且商业银行在贷款时要企业用一定的资产进行抵押，而高科技产业初期由于缺乏完备的固定资产投资、缺乏较好的信誉基础，可抵押资产的抵押率低且没有较强的信用担保，因此，商业银行出于规避风险和自身利益考虑不愿对高技术产业发放贷款。

但是，高技术一旦实现产业化，其产品一旦成功地占领市场必然会带来巨大的投资回报，正是由于这一点吸引了高技术与金融相结合的投资机制——风险投资的产生。风险投资是指一切具有高风险、高潜在收益的投资行为，它在高技术产业发展中起着资金放大器、风险调节器与企业孵化器的重要作用，风险投资的创新型投资特点和高技术产业的特征使风险投资与高技术产业形成了相互依赖、相互促进、相互制约的辩证统一关系，形成了知识经济时代特殊的产融结合模式，这种模式也加速了高技术产业的发展；从某种程度来讲，风险投资的发展程度也决定着本国经济中高技术产业的发达程度。高技术产业发展的不同阶段与风险投资的介入程度见表5－23。

表5－23　高技术产业的发展阶段与风险投资

发展阶段	主要风险	风险投资的作用	资金需求量
种子阶段	技术风险 市场风险	经过科学评价，选出有投资价值的企业准备投资	较小
创业阶段	市场风险、融资风险、经营决策风险	投入资金规模不大，但须参与企业的经营和决策	种子期的10倍

续表

发展阶段	主要风险	风险投资的作用	资金需求量
成长阶段	经营风险、后续融资风险、财务风险	追加投资，强化企业的管理，促进企业的成长	种子期的100倍
成熟阶段	发展战略及政策风险、财务风险	企业上市融资或整体出售，择机退出	公开上市融资出售

资料来源：李军：《企业融资》，民主与建设出版社2001年版，第107页。

自1985年中国第一家具有风险投资性质的投资公司——中国新技术创业投资公司成立以来，中国的风险投资业已经有了很大的发展。目前中国风险投资公司已有100多家，总资产达100多亿元。但是风险投资规模不大、政策法规不够完善、操作尚欠规范等问题依旧在一定程度上制约着中国风险投资的发展。

中国风险投资机构组成。目前中国风险投资机构主要由五种类型构成：政府出资的风险投资公司是目前国内数量最多的风险投资机构；民间出资的风险投资机构约占总数的17%；外资设立的风险投资机构约占总数的33%；上市公司出资的风险投资机构已达20多家，约占风险投资机构的11%；金融系统出资的风险投资机构，这类公司以证券公司出资为主也有小部分由专业投资公司成立，数量约10家左右。

中国风险投资市场，海外风险投资金额占了一大半，总的来说，中国风险投资的资金规模较小。目前大多数风险投资公司资金规模均在1亿元以下，只能支持一些投资少、风险低的短平快项目，难以在IT产业化方面起到主导作用形不成产业规模，而且受规模和实力的限制，无法进行组合投资、平衡投资来分散风险，缺乏抗风险能力，资金难以快速地滚动发展。资金严重短缺使风险投资发展缓慢，并制约中国IT企业的发展。

从风险投资的地域分布来看存在明显的不平衡，主要集中于一些中心城市。2004年北京以获得1.35亿美元成为风险投资最活跃的城市，其获得的风险投资占到了全国风险投资总量的34.45%。在上海获得的风险投资当中，50.74%来自芯片设计公司募集来的资金。深圳的境况则并不理想，其获得的风险投资仅占国内风险投资总量的7.93%，与之相对应的则是：广州、西安、成都、杭州以及南京等城市开始受到风险投资商的关注，并不断出现大手笔的投资案例，这也是导致地域不平衡的主要原因[①]（表5－24）。

表5－24　　2004年风险投资的地域分布

北京	34.45%
上海	25.18%
深圳	7.93%
广州	6.35%
西安	5.27%
杭州	4.87%
南京	4.46%
成都	3.17%
其他	8.32%

资料来源：国家统计局，http：//www.stats.gov.cn。

2001年以来，面向成熟企业的投资案例较多，但是对中小企业的投资很少。一方面是由于国内风险投资公司在当前市场情况下更关注风险的控制和利润的实现，另一方面国内软件创业企业在技术方面的创新不够，创业人员素质特别是管理能力有待提高。尽管这只是阶段性的特点，但也反映了国内软件行业的不足。

（二）需求状况

1. 国内需求

中国本身有巨大的国内市场。与印度相比中国软件业是典型的内向性产业。党的十五届五中全会明确提出："大力推进国民经济和社会信息化，是事关现代化建设全局的战略举措。"随着中国信息化建设的大面积、深层次地铺开，必将进一步促进全社会对软件的巨大需求，为软件业的发展提供广阔的市场空间和发展机会。中国有近1.5万个大中型企业和大约1 000万个中小企业，而根据IDC的统计，截止到2000年底，只有2 051个企业安装了企业管理软件系统，在中国企业的500强中只有2%安装了这个系统。目前50%的中小企业还没有配备计算机，仅有4%的中小企业开展了不同程度的信息化建设，近期内至少有700多万家企业都要搞信息化建设；随着国内

① 中研普华管理咨询公司：《2006年中国软件行业研究咨询报告》，第481页。

因特网的迅速普及，电子商务软件的需求越来越迫切；电子政务刚刚起步，出于国家安全的考虑，绝大多数项目当然会落到民族软件企业手中。科技部在“863 计划”、攻关计划和相关重大专项中，将大力开展电子政务、制造业信息化、信息安全、电子金融等多项应用示范工程，这将为软件企业和软件产业的发展创造更多的市场空间。目前，中国软件（含服务）与硬件的比例为 27:73，而全世界为 55:45，这说明中国目前的投资主要集中在软件基础设备上，软件和软件服务的价值没有充分挖掘。同时，软件业在中国国民经济产值中的比重只有 0.67%，这是很不相称的，说明今后软件还有很大的发展天地。按照 IDC 的预计，未来 5 年中国软件市场将以 48.3% 的速度增长①。

2. 国际需求状况

对日出口外包仍占主要份额。日本当前是中国软件产业的最重要的合作伙伴，无论是软件出口额还是从事软件出口企业的数量，对日出口占主导地位，从未来几年的发展趋势来看，日本软件服务市场仍将是中国外包市场的快速增长空间。

由表 5－25 可知，中日两国在地理位置、语言、文化方面具有合作的天然优势，在产业的发展上有很强的互补性，这都是中国在日本的软件服务市场占有 60% 左右份额的根本原因。

表 5－25　　各国对日出口因素对比

	单价水平	目前的技术人员数新生供给力	日语能力	IT 技术、经验	交通的便利性（飞行时间）	日本的发包额（2004 年）
中　国	2	1	1	2	1（约 3H）	710 亿日元
印　度	3	1	4	1	4（约 10H）	175 亿日元
韩　国	4	4	3	2	1（约 2H）	110 亿日元
菲律宾	3	4	5	3	3（4—5H）	40 亿日元
越　南	2	4	5	4	3（5—6H）	少（无统计）

资料来源：中国软件行业协会，http：//www. csia. org. cn。

从日本对外发包情况看：对比图 5－14 和图 5－15 可以看出，中日两国

① 代志华：“软件产业发展模式国际比较与借鉴”，《商业研究》，2004 年第 6 期。

都将对方作为在信息服务领域最主要的合作伙伴：中国已经成为日本海外发包的首选国家，日本也成为中国软件出口的最大出口国。

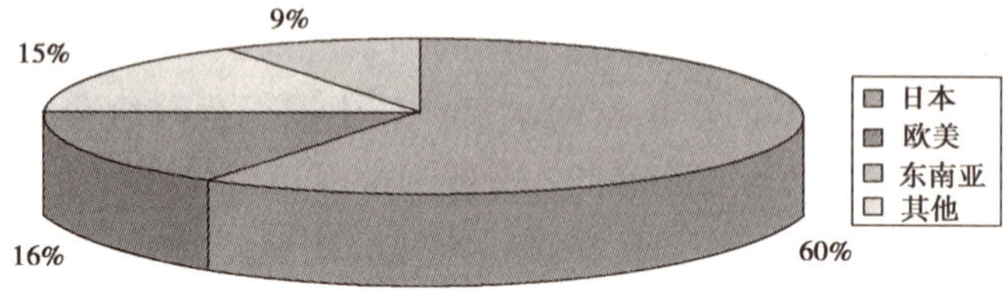

资料来源：中国软件行业协会，http：//www. csia. org. cn。

图 5 – 14　2004 年中国软件出口国分布情况

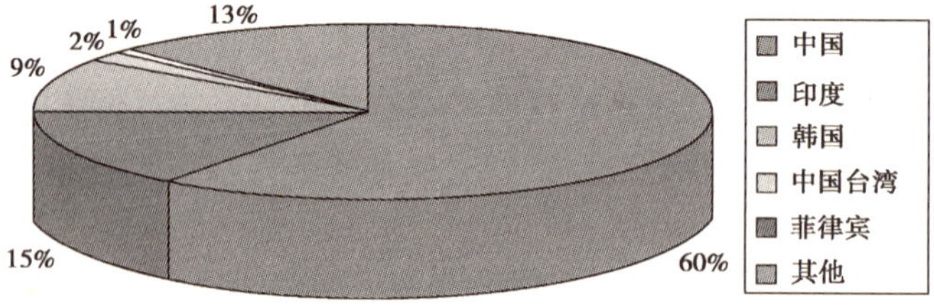

资料来源：中国软件行业协会，http：//www. csia. org. cn。

图 5 – 15　2004 年日本的发包对象国家情况

从产品需求状况来看，国外对中国软件产品的需求包括外包服务、软件产品、随设备的嵌入式软件以及一定数量的技术出口，其中软件外包服务占主要比例，而对中国软件产品的需求较少。

（三）软件企业竞争、品质和企业认证状况

1. 市场竞争状况

国内软件企业数量众多但规模较小（表 5 – 26），据统计，2001 年 10 000家软件企业中，亿元以下的有 9 870 家，占 98. 7%；亿元以上的 130 家，占 1. 3%。市场竞争激烈，赢利能力普遍不强。中国软件产业的市场集中度较低。现代产业组织理论认为，行业集中度综合反应了行业内企业数量和规模这两个决定市场结构的重要方面。冠瑞（2006 年）用 2004 年的软件行业收入数据和当年中国软件产业最大规模前 100 家企业软件收入进行行业集中度计算（见表 5 – 27）。

表 5－26　　　　2001 年中国软件企业规模

亿元以下软件企业	超亿元软件企业	超 5 亿元软件企业	超 10 亿元软件企业
约 9 870 家	约 100 家	18 家	12 家

资料来源：杨健："中国软件产业发展系列述评之二"，《中国电子报》，2002 年 6 月 4 日。

表 5－27　　　　中国软件产业集中度　　　　单位：万元

企业个数（n）	4	8	100	整个行业
软件收入	25 496 225	4 134 812	9 037 006	24 049 000
CRn（%）	10.60	17.19	37.58	100.00

资料来源：转引自冠瑞："中国软件产业集中度分析"，《商场现代化》，2006 年第 6 期。

表 5－27 表明，从行业的绝对集中度来看，2004 年，我国软件产业的 CR_4 为 10.60%、CR_8 为 17.19%。行业集中度远远不足 30%，而具有成熟市场的国家其产业集中度一般超过 50%。由此可知，即使是中国最大的软件企业的规模也比较小，市场竞争是分散型的，没有明显的主导厂商。

而当前，国外软件巨头又纷纷进入中国，将中国作为重要的目标战略市场，国内软件企业群雄并起，中国软件业的竞争更为激烈。在平台软件、数据库软件、高端 ERP 软件领域，国外企业占绝对垄断地位，国内企业只能在低端产品竞争。在 2003—2004 年，国内一些软件优势企业已全力进军管理软件，在一定程度上出现与国外企业竞争的局面。

在中国国内市场的企业分布是国外企业以通用软件占据高端市场，国内企业集中在应用及专用软件领域，争夺中低端市场（图 5－16）。

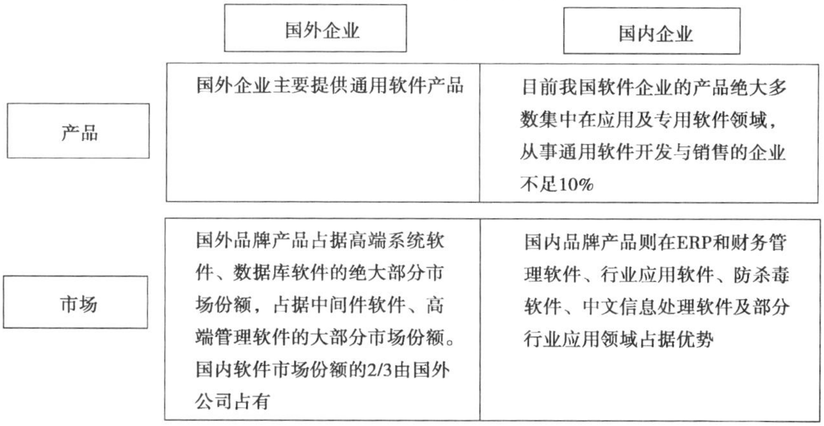

图 5－16　国内外软件企业的产品和市场分布

随着软件市场的发展，各种软件产品的竞争已经从功能竞争、技术竞争、价格竞争发展到一个崭新的阶段，这个阶段就是服务竞争。软件产品的特点决定了软件服务的特点。软件服务具有与软件产品的同步性特点，即软件服务是贯穿于软件产品研发、销售和售后的整个过程。

2. 质量管理及认证情况

目前对软件开发的质量标准包括国际标准 ISO9000 和 SEI CMM（CMM，capability maturity model，即软件能力成熟度模型。在前面的分析中我们对 CMM 已做过介绍，CMM 标准共分五个等级，从第一级到第五级分别为：初始级、可重复级、定义级、管理级和优化级，从低到高，软件开发生产的计划精度越来越高，每单位工程的生产周期越来越短，每单位工程的成本越来越低。目前已得到国际上的广泛承认）。

从全球范围来看，CMM 认证是国际上最流行的软件生产过程标准和软件企业成熟度等级认证标准，是美国和印度的软件行业独霸天下的“秘密武器”。

美国软件行业发达很重要的一个原因是，无论规模大小，企业都能按照规范化的工作方法管理软件循环过程，始终把最终用户放在软件产品供应优化和质量控制中心，把达到认证标准放在很重要的位置。而综合国力比我国差很多的印度为什么能在近年“异军突起”，成为软件大国？一个突出的原因也是印度非常重视软件的国际化管理。印度软件行业在创业初期的规模也和中关村 20 世纪 80 年代的情形相差不多，可是，不管公司大小，都能在开发过程中严格遵守国际标准。目前全球通过 CMM 认证最高级即第四或第五级的只有 7% 的软件企业，其中印度就占了大多数。现创智公司执行副总裁兼 CEO，曾经带领摩托罗拉软件中心通过 CMM4 级的李启煊认为，我国软件行业要彻底摆脱“小、散、软”的局面，提高竞争力，就必须走规范化发展的道路。而 CMM 认证是目前国际上最流行的软件企业认证标准，被誉为软件企业参与国际竞争的通行证，我国软件企业，尤其是大型软件企业加快 CMM 认证步伐已经是当务之急。

中国软件企业虽然拥有像沈阳东大阿尔派、北大方正、用友集团等一些国内知名的企业，但是从国际竞争力的角度来看，中国的企业国际化程度需要进一步加强。中国软件企业大多采用矩阵式生产管理模式，平时采用行政管理方式，有任务时采取课题攻关方式，不能有效地适应快节奏的国际竞争。企业管理和组织机构应该面向国际市场、积极参与国际市场竞争。同时，中国软件企业比较重视产品的标准化，对生产过程的标准化重视不够。目前中国通过 ISO9000 的企业的数量很少，最新数据显示截至 2005 年通过 CMM5 认证的企业只有 18 家。①

（四）相关产业的发展状况

1. 中国通信、计算机产业基础较好

电话普及率、家庭视频产品的普及率、计算机拥有量均高于印度，为软件产业的发展奠定了较好的硬件基础。据中国软件行业协会数据，作为中国工业领域第一大支柱产业，2005 年中国电子信息产业继续快速增长，实现销售收入 3.84 万亿元，增长 24.8%；工业增加值 9 004 亿元，增长 28.2%；利税总额 1 742 亿元，增长 16%；电子信息产品进出口 4 887 亿美元，增长 25.8%，占全国进出口总额 34.4%，其中出口 2 682 亿美元，进口 2 205 亿美元。电子信息全行业完成投资 1 468 亿元，增长 21.7%；研发投入超过 800 亿元；从业人员 761 万人。

2005 年全年累计完成通信业务总量 1.22 万亿元，增长 24.6%，其中，电信 1.16 万亿元，增长 25.4%，邮政 623 亿元，增长 10.1%。完成通信业务收入 6 375 亿元，增长 11.3%，其中电信 5 800 亿元，增长 11.7%，邮政 575 亿元，增长 7.7%。通信行业增加值完成 4 160 亿元，增长 12%。通信固定资产投资 2 071 亿元，下降 4.7%，其中，电信 2 033 亿元，邮政 38 亿元。

全国 2005 年共生产台式机 3 520 万台，笔记本电脑 4 565 万台，手机 3 亿部，彩电 8 283 万台，集成电路 266 块；全国新增固定电话用户 3 868 万户，累计 3.5 亿户，新增移动电话用户 5 860 万户，累计 3.93 亿户，两者合计 7.43 亿户，2000—2005 年固定电话普及率由 12 部/百人提高到 27 部/百人；移动电话普及率由 7 部/百人提高到 30 部/百人。电视综合人口覆盖率由 93.7% 提高到 95.29%，有线电视入户率由 24.3% 提高到 33%。互联网上网用户新增 1 700 万人，总数达到 1.12 亿人，上网计算机数从 2000 年的 2 250 万台上升到 2005 年的 4 950 万台，互联网国际出口带宽从 2000 年的 2 799M 增加到 2005 年的 136 106M②。

---

① 中国软件行业协会：《2006 年中国软件产业研究报告》，2006 年 4 月，第 80 页。

② 中国软件行业协会：《2006 年中国软件产业研究报告》，2006 年 4 月。

2. 信息安全保障工作逐步加强

信息安全的基础性工作和基础设施建设取得明显进展，制定并开始实施国家信息安全战略，信息安全管理体制和工作机制进一步理顺。信息安全等级保护工作稳步推进，基础信息网络和重要信息系统的安全防护水平不断提高。信息安全风险评估从试点开始转入准备实施阶段。启动了以密码技术为基础的信息保护和网络信任体系建设。信息安全应急处理协调机制基本形成，基础信息网络和重要信息系统制定了应急处置预案，部分重要信息系统开展了灾备中心建设，信息安全通报机制发挥了重要作用。互联网安全管理进一步完善。对网络欺诈、网络赌博和色情等网络犯罪行为加大打击力度，取得明显成效。社会各方面的信息安全意识普遍增强。

信息化基础工作进一步改善。信息化法制建设持续推进,《电子签名法》颁布实施，《电信法》、《政府信息公开条例》立法进程加快，“信息安全条例”加紧研究。信息技术标准化工作逐步加强，已在电子政务、信息安全、软件、通信、制造业信息化等多个领域取得成效。信息化培训工作得到高度重视，多渠道培养各类信息化人才的格局初步形成，信息化人才队伍不断壮大。

3. 中国软件行业协会

在社会环境方面，从国家到地方，中国已出现很多行业协会，其中以中国软件行业协会为代表。中国软件行业协会的作用主要是：通过市场调查、信息交流、咨询评估、行业自律、知识产权保护、资质认定、政策研究等方面的工作，促进软件产业健康发展；加强全国软件行业的合作、联系和交流；开展本行业的各项活动，为软件企业提供多方面的服务；承担软件企业和软件产品认定职能以及其他行业管理职能。

主要工作有：开展软件企业认定工作；举办软件博览会及技术论坛；推荐优秀软件产品，培育中国优秀软件品牌；编写《中国软件产业发展研究报告》；加强国际交流与合作，推动中国软件产业走向国际化；承办政府委托的任务，参加软件产业发展规划制定；组织各种研讨、培训活动，为企业服务、为行业服务；制定行约行规，为软件行业发展创造公平竞争环境；建立民间软件出口协调机构，促进软件出口。目的就是通过发展软件行业协会，为软件企业提供贴心服务，并引导软件产业健康发展。

（五）政府的政策状况

1. 政府加大对软件人才培训的扶持力度

中国政府一直对软件人才的培养高度重视，国家在过去 5 年已投入 1.25 亿元用于软件人才的引进和培养。2005 年，各级政府部门不仅在资金上继续对软件人才培训项目实施倾斜，在政策和具体项目组织上都加大了扶持力度（附表 2）。

2. 产业政策

在软件业发展之初，中国政府在对软件行业的扶持力度方面不及印度政府。近年来中国政府加大了对软件业的扶持，软件业的地位在 2000 年国家发展计划委员会的《中国高新技术产业发展报告》中得到清晰的阐述；在六条发展软件业的理由中，软件业被定义为关系国计民生乃至国家安全的战略产业。2000 年 7 月 12 日，国务院发布了由信息产业部、国家发展计划委员会等 13 个部委联合制定的《鼓励软件行业和集成电路产业发展的若干政策》，在中国由 13 个部委专门针对某个行业制定发展政策尚属首次。该《产业政策》涉及问题之全面亦属首次，从软件行业的投融资、税收、产业技术、出口、收入分配、知识产权保护等诸多方面都有明确的政策。制定的目标是：5—10 年后，国产软件能够满足国内市场大部分需求，并有大量出口。2000 年 10 月，信息产业部、教育部、科学技术部、国家税务总局联合印发了《软件企业认定标准及管理办法》，信息产业部发布了《软件产品管理办法》。这些政策的出台和实施对软件产业的发展有良好的促进作用。

2002 年，又颁布《振兴软件产业行动纲要》，为中国软件业的发展提供了良好的政策环境。中国加快推进信息化带动工业化战略，将从更广的范围、更深的层次激发社会对信息服务、信息技术及产品的需求；为软件业提供空前的市场空间和发展舞台。中国的信息产业部一直高度重视软件产业的行业管理工作，在“八五”、“九五”、“十五”规划中都编制了软件产业发展专项规划，指导行业发展。加强了软件企业的认定、软件产品的管理和软件企业能力成熟度的认证等工作。在年度电子生产发展基金项目安排中，加大了向软件产业的投资倾斜力度。

3. 税收政策

2000 年 6 月制定的 18 号文件规定，对软件和芯片企业实行税负达到 3% 的增值税实行“即征即退”。这一政策实行至今对软件企业的扶持力度很大，增值税退税成为绝大部分软件企业的重要利润来源。但 2004 年开始该政策出现一定变化，主要是对芯片业的优惠进行调整，软件业享受优惠政策则没有变化。总体上看，国家对软件和集成电路产业的扶持态度并没有改变，但18号文件政策的调整在一定程度上对于软件行业的发展带来影响。在加入WTO后市场日趋开放的大形势下，政府对软件产业的扶持手段将受到一定限制，但仍然存在积极利用WTO协议允许的、国际上通用的税收政策的空间。

2005年8月，国家发展和改革委员会、信息产业部、商务部、国家税务总局联合发文，公布了2004年度国家规划布局内重点软件企业名单。根据规定，国家规划布局内的重点软件企业，当年未享受免税优惠的按10%的税率征收企业所得税。名单包括了联想、金山、北大青鸟天桥、中科软、用友软件、汉王科技、长城计算机、北大方正、金蝶软件、东软集团、武汉蓝星科技等164家企业。

国家对软件行业一直以来在税收方面都有不少的相关扶持政策。被评定为“高新技术企业”的软件企业，税率就可以降为15%；被评为“国家规划布局内的重点软件生产企业”，则税率则按10%征税。在一些科技园区，还有“三减三免”的政策，即高新技术企业自开办之日起3年内免征企业所得税，3年后按7.5%减半征收企业所得税。软件企业被认定为“国家规划布局内的重点企业生产企业”的资格需要满足多个条件。严格的认定条件使软件上市公司在年审中表现得参差不齐，所获得的政策优惠也不尽相同①。

4. 软件知识产权保护方面

中国的软件市场还不够规范，特别是软件盗版现象十分严重，影响企业开发软件的积极性，不利于软件产业的发展。在中国市场上，无论中国软件企业还是国外软件企业都遇到盗版软件的困扰，软件的盗版成为制约中国软件发展的一个重要原因。据国家统计局和工业联合会（CBI）统计，2000年企业应用软件的盗版率高达45%，个人消费类软件盗版率高达90%。正版软件的正常销售受到冲击，软件企业的投入和产出大多无法形成良性循环。中国软件注册登记数目小。自中国颁布《计算机软件登记条例》以来，至2004年年底，中国共批准软件登记2 134件。这与中国目前3 000多家专业

① 中国软件行业协会：《2006年中国软件产业研究报告》，2006年4月。

软件公司的规模相比是极不相称的。这一方面说明了中国软件企业开发能力有限；另一方面也说明对知识产权的保护意识薄弱①。

为适应软件产业发展的需要，国家针对软件知识产权保护制订了一系列法律和法规，各地方政府也通过地方行政法规，加强了对软件知识产权的保护。为了大幅度提高中国自主创新能力和国家核心竞争力，贯彻落实科学发展观，中央决定制定和实施国家知识产权战略。2005 年 1 月，国务院成立了以吴仪副总理为组长，国家知识产权局、版权局、信息产业部等 20 多个部门参加的国家知识产权战略制定领导小组，具体领导组织这项工作。

国家知识产权战略定位于国家总体战略层面，服从、服务于国家经济和社会发展的全局，是国家总体战略之一。国家知识产权战略分为一个战略纲要和 20 个专题。分别涵盖战略宏观问题、法治建设、重要管理环节、重要行业等五个方面。信息产业作为国民经济和知识产权领域特殊重要的行业，专门立项由信息产业部率头负责研究制定（另一个行业是药品领域），而软件的知识产权又是其中的重点之一。

2005 年，国家版权局和信息产业部发布第 5 号令，颁布实施了《互联网著作权行政保护办法》。该办法对其制定的目的和适用范围，相关行政管理部门的行政职责；互联网信息服务提供者著作权行政法律责任的承担；互联网著作权行政保护中的通知和对严重违法行为的处理等作出规定。

该行政法规为有效的整治网络空间，打击盗版提供了一定的法律基础。同时为即将颁布的另一部立法层次较高，更全面的《信息网络传输权保护条例》作了准备，经有关部门多方努力起草完成，该条例的草案已于 2005 年年底上报国务院。于 2006 年经国务院进一步修改审定后颁布施行。知识产权保护不仅是对国外软件企业的保护，也是对国内企业创新的保护②。

（六）产业集群发展状况

1. 软件园区建设

软件园作为发展软件行业的基地，是推动软件行业发展的有效举措。软件园能够营造局部优化的政策环境，形成较为优越的研发、生产、通信及工作生活环境；有利于将各地方有限的资金和人力资源集中起来，构成产业化

---

① 中华人民共和国产业信息部数据 http：//www. mii. gov. cn。

② 中国软件行业协会：《2006 年中国软件产业研究报告》，2006 年 4 月。

的基地和企业群体，从而产生局部的聚集效应和示范效应，不断实现资产、生产要素、人才的优化组合。

中国软件园建设始于20世纪90年代初，迄今已有10多年的历史。中国的软件园建设经历了三个发展阶段。随着《关于鼓励软件产业和集成电路产业发展的若干政策》和《振兴软件产业行动纲要》的深入贯彻及国家软件产业的蓬勃发展，软件园作为发展软件产业的基地，如雨后春笋般不断涌现。软件园已成为各地方政府推进软件产业发展的引擎，成为软件企业发展的摇篮。目前，全国已建软件园约70家，其中包括2001年经原国家发展计划委员会和信息产业部认定的11个国家软件产业基地（见附表3）；2003年年底经国家发展和改革委员会、信息产业部和商务部认定的6个国家软件出口基地；科技部认定的29家国家火炬计划软件产业基地（表5－28、表5－29、表5－30）。

在各级政府的大力支持下，软件园集中了地区软件产业优势，不仅为软件企业创造了较优良的软硬件环境，在建立专业化的创新服务体系、人才战略、中小企业孵化、软件企业的规模化和国际化、融资以及改造传统产业等方面做了大量有益的探索，取得了一定的成绩。软件基地已经成为落实国家软件产业政策的示范区，同时也主导着当地软件产业发展，在全国软件产业发展中发挥了重要的带动作用。

表5－28　　中国国家科技部历年批准建立的软件园

年　度	批准建立的软件园	合　计
1995	东大软件园	1
1997	齐鲁软件园基地、西部软件园、湖南创智软件园	3
1998	北京软件行业基地、天津华苑软件园、湖北软件行业基地、杭州高新软件园	4
1999	福州软件园、金庐软件园、西安软件园、大连软件园、广州软件园	5
2000	上海软件园、南京软件园、厦门软件园、长春软件园、合肥软件园、云南软件园	6
2001	深圳软件园、兰州软件园、青岛软件园	3
总　计		22

资料来源：中研普华数据。

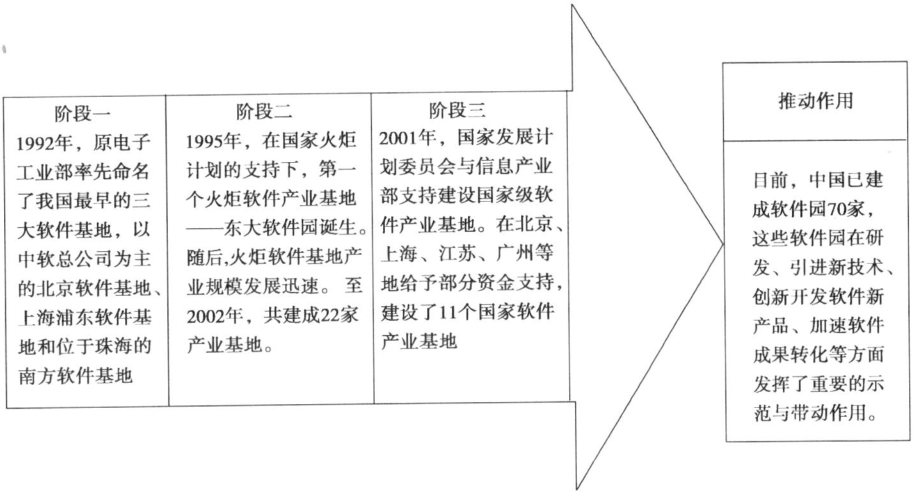

图 5－17　中国软件园区的带动作用

经原国家发展计划委员会和信息产业部认定的 11 家国家软件园产业基地和经国家发展和改革委员会、信息产业部和商务部认定的 6 家国家软件出口基地 2005 年共实现软件销售收入 1 440. 5 亿元人民币；出口创汇 21. 4 亿美元；集聚软件企业 6 533 家；软件从业人员 29. 6 万人[①]。

表 5－29　　　　部分软件园概况

名　称	性　质	成立时间（年）	入主企业	软件收入（亿元）
西安软件园	公有	1996	200 家	27
珠海软件园	公有	1998	100 家	6
湖南软件园	公有	1998	102 家	18
昆明软件园	公有	1998 年 12 月	132 家	6. 7
江苏省软件行业股份有限公司	公有	2000 年 12 月	66 家	8
福州市软件园产业基地管理委员会	公有	1999	130 家	

资料来源：中研普华数据库。

① 中国软件行业协会：《2006 年中国软件产业研究报告》，2006 年 4 月。

表 5－30　　11 个国家软件产业基地建设规模一览表

序号	基地	投资预算（亿元）	园区规划占地面积	骨干企业
1	北京	40	139 公顷（2 085 亩）	中科大洋、微软（中国）Oracle（中国）、金思迈
2	上海	37	45 万平方米（675 亩）	金仕达、华迈、必特、英塔、斯玛特
3	大连	13	7.16 平方公里（10 740 亩）	东软士通、东大诺基亚、现代高技术、大连中软
4	成都	17.97	800 亩	托普集团、银海、鼎天、迈普、摩托罗拉研发中心
5	西安	7	1 000 亩	协同、瑞赤、金叶博通、海星
6	济南	3	6.5 平方公里	中创、浪潮通软、鲁能集成、鲁能软件
7	杭州	8	35 万平方米	恒生电子、新利软件、信达、新中大、宏华、中程兴达、海纳中控、创业软件、东信北邮
8	广州	—	3.2 平方公里	新太、中望、南天、京华、创想、华南咨询、西码、菲奈、特和邦讯
9	长沙	8	35 公顷（525 亩）	创智、长海数码、湘计软件、湘邮科技、国讯国际网络、威胜、苏博泰克、远景信息、拓维
10	南京	—	12 万平方米（180 亩）	南大苏富特、联创、从横同创、微盟电子、智达康、移软科技、南华擎天、金鹰国际
11	珠海	10	36 万平方米（540 亩）	天心、方远、同望、伟思

资料来源：中研普华数据库。

经过“十五期间”，国家软件产业/出口基地已名副其实地成为中国软件产业的“主力军”（表 5－31）。随着基地软件产业服务平台的建设和完善，基地产业化服务能力不断提高，日益成为软件企业成长的“摇篮”。通过实施鼓励创新、创业的一系列政策措施，基地内软件企业的支柱创新意识不断增强，一些软件关键核心技术不断得以突破，软件技术成果产业化的速度不断加快，国家软件产业基地日益成为软件企业技术创新的重要区域。国家软件产业/出口基地为引导软件企业国际化产业的外包业务与软件出口，成为中国软件产业国际化的“排头兵”。

表 5－31　　2002—2005 年国家软件产业/出口基地总体情况

年　　份	2002	2003	2004	2005
销售收入（亿元）	485.36	700.89	1 088.34	1 440.45
出口创汇（亿美元）	4.83	7.28	11.83	21.39
企业集聚数量（家）	3 712	4 381	5 448	6 533
从业人员数量（万人）	10.08	14.47	23.72	29.58

资料来源：作者根据中国软件行业协会数据编制。

2. 中国软件园建设过程中暴露的问题（图 5－18）。

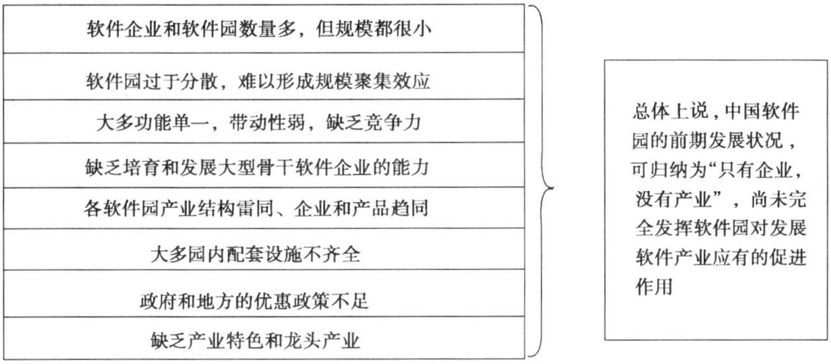

资料来源：作者根据中研普华数据库制作。

图 5－18　中国软件园区建设存在的问题

（七）研发状况

软件产业是更新速度较快的高科技产业，研究与开发是推动软件产业发展的直接力量。世界上一般软件公司的 R&D 经费，平均占其销售额的 10%—20%。

我国在软件行业方面的投入严重不足，科技投入与产业发展脱节，影响了对软件行业的推动作用。软件产品的生命周期很短、产品更新升级频繁、换代速度很快，软件产品高利润、高回报的主要源泉，应该来自于持续不断的创新。而目前我国软件企业的创新能力不足，特别是对软件行业链上游产品的原始创新力不足。中国软件业发展道路基本上是沿着以下三种模式：(1) 引进——应用——二次开发；(2) 引进——消化——开发；(3) 引进——应用——联合开发。三种模式都是从引进开始的，这表明：软件业基础不牢，受制于人。中国软件业的 R & D 经费，平均占销售额的 3%—4%①。

（八）机遇

中国软件产业发展的机遇有来自国际层面的机遇也有来自国内层面的机遇。就国际环境来看，近年来，全球软件产业在总量庞大的基础上仍保持快速增长，软件开发模式出现了新的突破，软件源代码逐渐从封闭走向开放。以 Linux 为代表的开放源码软件的兴起，正在逐渐改变软件产业的“游戏规则”。通过全球性的竞争与整合，软件产业链基本形成了全球性的分工格局，但是，这种分工格局并不是一成不变，而是处于动态调整之中。我国完全可以利用国际软件分工带来的市场空间、国际资本向软件业转移、内需市场庞大、软件产业发展基础等有利因素，集中资源培育有核心竞争力的软件产业链。在应用软件领域，包括水平、垂直和定制三个细分市场上，我国企业都有成功的可能，完全可以建立起国际竞争优势。

1. 国内产业政策环境见好

对于软件业的发展，国家一直在政策上给予支持。影响最大的是《鼓励软件行业和集成电路产业发展的若干政策》。国务院出台的 18 号文件《鼓励软件行业和集成电路产业发展的若干政策》，给在困境中前进的我国软件企业注入了一针强心剂。这一政策从投资、融资、税收、出口、收入分配、人才吸收等多方面为软件行业创造了广阔的发展空间。更重要的是，它表明了国家已经在战略高度上将软件行业列为国家核心技术产业。

这次国家出台的相关政策，无疑为我国软件企业的再次腾飞创造了绝好的机会，或者说，国家已经为软件企业创造了天时，而我国广阔的软件市场空间则是发展软件行业的地利，国内无数优秀的软件专业人才更是为软件行

① 沈司勤、倪凯民：“加快软件产业发展的几点探讨”，《计算机应用研究》，1998 年第 4 期。

业的发展提供了保证。可以说，我国软件企业现在拥有了天时、地利、人和，能否在这样有利的大好形式下取得突破，就看软件企业自身的运作和管理能力了。

2. 加入世界贸易组织的机会

一方面，加入 WTO 会给国内的汽车制造、纺织、能源等传统产业带来巨大的冲击。为了谋求生存和发展，一些企业将加大信息化改造的力度，这就会在一定程度上带动信息产业尤其是软件行业的发展，当然这些机遇对国内外软件企业而言是共同面对的，而其中对于行业应用软件、管理软件、中文信息处理软件等的旺盛需求会给国内软件企业带来更多发展的机会。另一方面，WTO 规则是一种多方互惠机制。我国加入 WTO，不仅为外国企业进入我国打开了大门，而且也为我国企业打入他国创造了契机。走出去，实现国际化经营，是我国软件业的一条重要出路。

3. 宏观经济形势发展稳定

尽管我国经济面临严峻的外部形势，但依然保持了较高的增长率。随着国家对宏观经济调控政策的进一步调整和实施，经济结构将日趋合理化，这将有助于保持现有的促进软件企业成长和市场发展的良好环境；开发西部、促进西部地区发展的战略，将加快西部地区的基础设施建设和经济增长，从而带动对软件市场的需求。

4. 信息产业快速发展

我国信息产业创造的产值已超过亿万元，成为我国第一大产业。“十五”期间，我国信息产业年增长速度将超过 20%，产业增加值占国内生产总值的比重超过 7%，电话网的规模容量跃居世界第一位，电子信息产品制造业经济规模位居世界前列。

“十五”期间，我国信息产业将成为带动国民经济增长、结构升级的支柱产业和增强综合国力的战略性产业。到 2005 年，全国通信业务收入达到 1 万亿元，5 年平均增长 23%，全国电话普及率达到 40% 左右，基本实现行政村通电话；邮政电子化网点达到 4 万处，电子信息产品制造业销售收入达到 1.5 亿元，5 年平均增长 20%，经济规模居世界前列。作为信息产业核心的软件业，必将迎来重大的发展机会。

5. 传统产业现代化改造

全球经济一体化和信息网络化相互依存，相互促进的趋势将会越来越明显，高新技术的发展，将使我国产业结构、企业结构、产品结构的调整得以在更广阔的范围内展开，并提供更多新的需求和选择，产品更新的速度也将进一步加快。我国在产业结构调整和传统产业现代化的改造方面将会加大力度。传统产业的现代化和信息化改造将与互联网和电子商务紧密结合，将以信息化带动工业化，以高科技改造和提升传统的电力、能源、交通、钢铁、机械等大型行业，因此将会使信息产业得以持续的发展，从而带动对软件总体市场尤其是相关电子商务应用软件、行业应用软件等软件市场的需求。

6. 政府和企业信息化建设

国家启动了政府上网工程，2000 年各级政府部门申请的 gov. cn 域名已从最初的 145 个发展到 2 400 多个。2000 年 1 月开始的企业信息化工程在年内可使 100 家大型企业、1 万家中型企业和 100 万家小型企业完成上网。到 2004 年，政府上网工程和企业信息化建设已经得到实施和深化，金融、电信、财政、税务、外贸等行业和部门的信息化建设步伐也将加快，个人上网用户数量和企业、各级政府部门上网的数量将不断增长，这将进一步扩大对于平台软件、网络安全软件、中间件及行业应用软件等的需求。

7. 家庭上网工程

近年来，随着计算机价格的不断下降，我国家庭计算机拥有量迅速增加，特别是在大中城市，家用电脑普及率增长速度极快。这将扩大对于包括教育、游戏、娱乐、家政管理等在内的家用多媒体电脑软件市场的需求。

8. 社会资本投资

随着近年来我国政府、企业、经济理论界、资本市场等社会各界对软件行业发展的日益重视，计算机硬件厂商、传统产业纷纷转向软件企业投资，风险投资企业也看好软件行业的良好发展前景。特别是 COM 的热潮逐渐退却，在我国的 IT 行业，这个行业正在向软件业回归，传统软件行业再次浮出水面。这将进一步缓解软件企业资金不足、发展规模受到限制的问题，有助于软件企业向产业化和规模化发展，增强市场竞争力，概括为表 5 – 32。

表 5－32　　　　中国软件产业发展的机遇

国际层面	国际分工带来的市场空间以及国际资本向软件产业转移都为中国软件产业发展带来了机会	
国内层面	宏观经济形势稳定	持续较高的经济增长率、经济结构趋于合理，经济发展对软件市场需求增加
	产业政策利好	国家在战略上高度重视，2000 年 18 号文件出台为软件产业发展创造了发展空间
	“入世” 的影响	一方面，传统产业谋求发展，加大信息化改造力度；另一方面，“入世” 为软件产业走出去，实行国际化经营打开大门
	信息产业的发展	信息产业成为带动经济增长的战略性产业和中国第一大产业，产值超亿万，占 GDP 超过 7%，增速超过 20%，作为信息产业核心的软件业必将发展
	传统产业的改造	带动了应用软件的市场需求
	政府和企业信息化建设	扩大了对平台软件、网络安全软件及行业应用软件的需求
	家庭上网工程	扩大了对包括教育、游戏、娱乐、家政管理在内的家用多媒体软件的市场需求
	社会资本投资	解决了软件企业资金不足，有助于软件企业向产业化和规模化发展

（九）跨国公司在中国的经营策略状况

跨国公司在中国的经营策略可以概括为表 5－33。

表 5－33　　　　跨国公司在中国的经营策略

国　家	目标定位	主要产业特征	主要产业活动	收入形式	支出费用
中国	1. 国内市场 2. 国际市场	1. 产品导向为主 2. 基本完整的价值链	1. 企业经营 2. 产品汉语本地化 3. 研究开发	1. 本地市场收入 2. 出口收入（少部分）	面向国内市场的整个产业价值链活动的全部费用

二、中国软件产业发展影响要素的 SWOT 分析

首先对中国软件产业影响要素进行 SWOT 的划分，区分产业发展的优势要素、劣势要素、存在的机会以及威胁（表 5－34）。

表 5－34　　中国软件产业影响要素 SWOT 分类

产业发展内部要素		产业发展外部要素	
优势（S）	劣势（W）	机会（O）	威胁（T）
1. 相关产业基础好 2. 国内市场需求旺盛 3. 嵌入式软件领域发展潜力巨大 4. 部分自主研发软件产品具有国际竞争力 5. 对日韩软件外包业务具备地域、文化优势 6. 人力资源丰富	1. 出口规模小 2. 软件产品整体技术水平低 3. 软件企业自身素质有待加强 4. 语言以及自身技术障碍使得欧美市场开拓困难 5. 产业标准不完善 6. 风险投资、产业投资稀缺	1. 国家政策大力推动："信息化带动工业化"政策等 2. 中国加入 WTO 带来的平等进入国际市场的机遇	1. 印度软件产业保持增长 2. 其他发展中国家软件产业的追赶

由表 5－34 可知，中国软件产业发展的优势要素主要有：丰富的人力资源、相关产业基础好、国内市场需求旺盛、应用软件发展优势、部分自主研发的软件产品具有国际竞争力、对日外包的优势等；劣势是：出口规模小、开拓欧美市场刚刚起步、企业技术创新不足、产业标准不完善、风险投资等产业投资不足；存在的机会有：国家政策大力推动，提出的“信息化带动工业化”政策为软件产业发展创造了一个很好的发展空间、中国加入 WTO 带来的平等进入国际市场的机会等；而印度软件业的持续发展以及其他发展中国家软件产业的追赶成为中国软件产业发展的外部威胁。明确了这些方面，下面我们就可以采用 TOWS 矩阵，选择不同的软件产业战略组合，确立中国软件产业发展模式。

第三节
中国软件产业发展模式的选择

在经济全球化时代，任何一国经济和产业的发展都离不开世界市场，都

是国际产业链条上的一个组成部分，尤其是信息技术产业。能否结合本国的优势选准在国际产业链和价值链中的位置，是关系到一国软件产业能否持续发展的关键。印度软件业的成功说明了发展中国家只要能发挥自身优势，在软件产业上完全可以赶上甚至超过一些工业化高度发达的国家，在信息化浪潮中处于主动地位。因此，我们要认清国际产业分工的形势，着眼于未来世界经济的发展趋势，在国际软件价值链中找准自己的位置，集中优势资源，扬长避短，变比较优势为产业竞争优势，形成中国特有的软件产业发展模式。这是中国软件业发展首先必须做的事情。不看方向地盲目发展对中国软件业的发展只会有百害而无一利。

本节基于中国软件业发展的现状，和“十一五”提出的软件产业发展目标，结合中国软件产业发展要素的 SWOT 分析，同时借鉴各国尤其是印度模式经验，提出中国软件产业发展模式。

一、中国软件产业发展目标

“十一五”软件产业发展目标：在信息产业部组织编制的《软件与信息服务业“十一五”专项规划》（以下简称专项规划）中，根据软件产业发展趋势，《专项规划》确立了“十一五”期间的产业发展目标，即软件与信息服务业国内市场销售额以 30% 左右的速度持续增长，2010 年突破 10 000 亿大关，其中国产软件和信息服务市场值占国内市场总值的 65% 以上；软件产业出口额达到 125 亿美元；形成若干软件年销售额超过 50 亿元的软件骨干企业，培育更多软件著名品牌；在未来 5 年内从业人员达到 230 万人左右；国产基础软件关键产品和核心技术得到突破，与国产支撑软件、国际主流支撑软件相匹配，并实现一定的产业价值和规模。

二、中国软件产业发展模式

（一）立足国内自主创新，培育自有品牌（SO 战略）

第一，由于国内市场需求较大且中国软件企业又积累了一定的自主创新能力，因此，可以采用 SO 战略，利用国内市场大发展的机遇选择有优势的重点领域，技术突破，培育自主品牌，进而达到提升中国软件产业国际竞争力的目的。

与印度不同的是中国本身有巨大的国内市场，相关基础设施也好于印度，主要表现为：经过二十年的改革开放和经济的持续高速增长，中国国民财富有了很大的增加，多数居民的生活已过温饱线；正逐步进入小康，贫困人口下降到不足3 000万人，社会购买力大为增强。另外，与印度相比，中国是制造业大国，计算机硬件的生产规模在日益扩大，加上中国政府在过去10年大力发展电信业，电话和电脑的普及率远远超过印度。因此，中国软件市场的内需大大超过印度。庞大的内需是中国软件业发展与印度相比明显的不同，也是明显的优势，它使中国软件业有可能选择一条与印度发展软件产业不同的模式。

分析印度的案例时曾论及，在印度软件企业大量出口前，本国的软件企业就已发展起来，目前印度在大量出口的同时也在不断培育国内市场。因此，扩大内需对一个产业的发展来讲是必需的，“十一五”期间的产业发展目标也定出了，软件产业在2010年突破10 000亿大关，其中国产软件和信息服务市场值占国内市场总值的65%以上。中国软件产业整体技术水平低，但是中国软件产业经过多年实践积累和基础研究，已经具有一定的基础创新能力，可以明确选定一批重大技术和关键软件作为目标，采取各种有效模式，如自由软件、开放源码和共创软件等，集中国内有限的高智力资源，力争突破，形成中国自主创新能力，况且开发中文软件产品，我们有自己的语言优势。

第二，中国软件业已形成了包括平台软件、中间件、应用软件、IT服务以及软件孵化在内的相对完整的软件产业链（图5－19）。

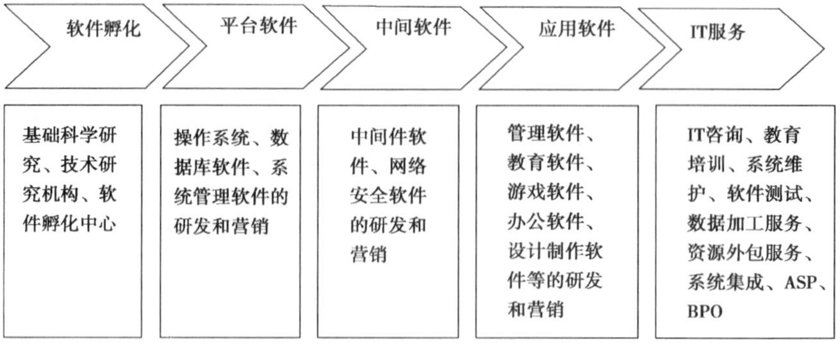

图5－19　中国软件产业的价值链

平台软件主要包括操作系统软件、数据库软件、系统管理软件。在目前中国的操作系统软件供应市场中，主要还是传统的操作系统厂商在起作用，微软、IBM、SUN、Apple、Novell 国际知名公司主导着整个供应市场。近几年随着 Linux 在中国的兴起，加之政府的支持，国内涌现出一些稍有规模的供应商，以中科红旗、共创开源、中标软件、中软、新华科技为代表，当然国际品牌 Red Hat、SCO 还是行业中的佼佼者，Red Hat 是 Linux 产品提供商，是开放式操作系统（OS）软件的开拓先锋；SCO 是 Unix 系统的主要供应商，为全球一万多个商业客户提供服务，而国内操作系统厂商主要都是研发 Linux 产品。

中国在操作系统的机会主要在 Linux 产品的研发，但当前人才、技术缺口相当大。存在人才结构不合理、高水平人才外流、技术发展水平低的不足，因此发展受到一定限制。同样在数据库软件和系统管理软件方面也都不同程度地受到资金、人才、技术的限制。

中间件与操作系统和数据库并驾齐驱，成为软件领域的三驾马车，也成为中国软件业腾飞的一个契机。在众多的关于中间件的定义中，普遍被接受的是 IDC 表述的：中间件是一种独立的系统软件或服务程序，分布式应用软件借助这种软件不同技术平台之间共享资源；中间件位于客户服务器的操作系统之上，管理计算资源和网络通信。

IT 环境越来越复杂，IT 成本必然会越来越高。降低 IT 环境的复杂度，降低成本，已经成为全球经济不景气时的企业必需；另一方面竞争压力增大，也迫使企业必须提高工作效率——让原有系统的互连互通成为企业主管的渴望。

硬件的整合趋势已经被人们明显地注意到了，软件的整合也在悄悄进行。让各种软硬件协调统一起来形成一个整体，已是众多软件厂商的目标，而中间件无疑是这个目标的焦点。

全球中间件软件市场发展历程较短，起源于 20 世纪 90 年代初期，90 年代中期得到发展。因此，目前为止，国际上还没有哪一家公司对此形成垄断，进入壁垒低。在中国 20 世纪 90 年代中期，全国电子信息百强——中创软件公司就开始进行中间件技术研究，其发展基本与国际先进水平保持同步。金蝶、东软、中软等也纷纷进入该领域，到目前为止，国内进入或宣布即将进入中间件市场的企业已超过 30 家。中国中间件软件市场正处于快速增长阶段，目前产业规模较小，但市场增长率较快（见图5-20）。

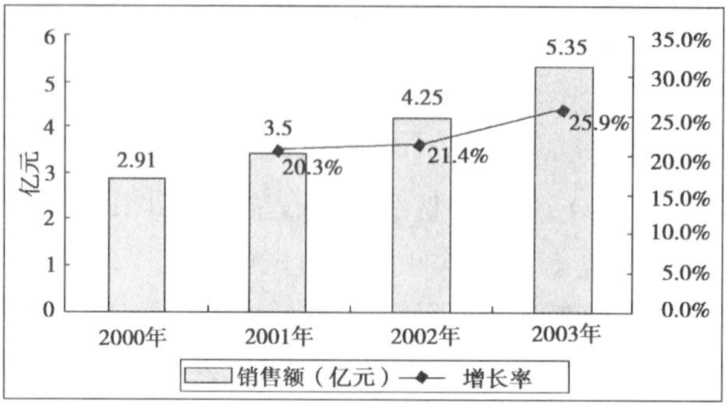

图5-20 2000—2003年中国中间件软件市场规模及增长率

据IDC预计，在2004—2008年里，中国软件市场将以30.7%的年均复合增长率增长，市场规模将以从2003年5.35亿元增长到2008年的20.43亿元，市场将逐步走向成熟。但目前国外中间件企业占中间件市场份额的70%，与他们相比，中国中间件企业规模偏小，一般地，国外企业研发资金超过千万美元，人员规模都超过1 000人。

应用软件是供最终用户使用的，直接完成某种具体应用无需用户重新编程的软件。从大的方面讲，中国在发展应用软件方面可能更具有优势，包括东软、用友在内的软件公司之所以不约而同地将行业解决方案作为其未来的发展方向，在于他们更看中自身的本地化优势。虽然IBM、Oracle等国际软件巨头在自身产品领域拥有强大的技术，但他们未必最了解中国的企业。而行业解决方案对于服务的需求使得本地化成为用户在选择解决方案时更注重的因素。

嵌入式系统（embedded systems）是为其所控制的装置定制的专门计算机系统。嵌入式系统一般含有一个微处理器或微控制器，运行实时操作系统、数据管理软件和其他应用程序。嵌入式系统需要满足实时性要求，因此要采用根据系统要求定制的专用硬件和软件。

随着信息技术的发展，数字化产品空前繁荣。嵌入式软件已经成为数字化产品设计创新和软件增值的关键因素，是未来市场竞争力的重要体现。由于数字化产品具有硬件平台多样化和应用个性化的特点，因此嵌入式软件呈现出一种高度细分的市场格局，国外产品进入也很难垄断整个市场，这为中国的软件行业提供了一个难得的发展机遇。

2004 年，嵌入式软件的行业收入占中国软件行业总收入的 31.1%，已经成为中国软件行业快速增长的重要支撑。

中国嵌入式软件发展迅猛，在软件产品中所占比重逐年加大，在通信领域，移动通信基础、程控交换机中嵌入式软件的增值已占到整个设备价值的 30%—40%。从“2006 年前 100 家软件企业”排名来看，前 10 家企业中嵌入式软件产品生产企业占了 6 家，软件收入占了前 100 家企业的 37.4%。嵌入式软件的研发和应用，成为带动中国软件行业快速发展的主要力量。电子信息产业制造业和软件业的相互融合趋势更加明显，华为、中兴、海尔、海信等企业在进入电子信息百强的同时，亦成为中国软件行业的骨干企业①。

因此，我们可以确立以开源软件为基础，以中间件为突破，大力发展应用软件的中国软件产业自主创新生态系统。以产业重大应用和重大关键技术突破为目标，形成一系列以企业为主、科研机构和院校等共同参与的技术联盟。政府制定相关政策并引导社会进行环境和服务体系的建设，保证技术创新顺利进行。促进国内外软件产业创新体系建设的互动与交流，不断完善软件产业自主创新体系，实现软件产业重点领域的技术突破。

（二）外包服务与应用产品相结合，积极开拓国际市场

这实际上是采用了 SWOT 矩阵中的 SO 和 WO 策略，一方面发挥自身应用产品优势，利用国际市场需求扩大的机会；另一方面中国软件开拓国际市场，尤其是欧美市场不足，而又有人力资源丰富，因此可以积极承接国际外包业务，进入国际市场，利用国际市场提供的机会，从中、低端切入，逐渐培育竞争优势。软件产业本身就是一个全球性产业，中国软件产业就是全球软件产业价值链上的一个环节，因此软件业的国际市场是不可忽视的一个重要因素，而且从产业结构理论分析，根据配第·克拉克定理，整个国民经济可以划分为三个主要部门，农业（第一产业）、制造业（第二产业）和服务业（第三产业）。随着经济的发展，人均国民收入水平的提高，劳动力首先由第一产业向第二产业移动，当人均国民收入进一步提高时，劳动力边向第三产业移动。劳动力在产业间的分布状况是：第一产业减少，第二、第三产

① 中研普华管理咨询公司，中国行业研究网 http：//www.ChinaIRN.com。

业增加。

软件产业是第三产业的重要组成部分，它的主要市场在发达国家，而不是中印这样的发展中国家，因此，可以断定发展中国家国内市场需求与发达国家相比依然很小，即使是中国也不例外，所以，对中国来讲，软件产业的发展选择出口是明智的战略选择。

由前面的分析可知，中国在国际软件价值链中，目前处于第四集团，无论资金还是对核心技术的把握上，现阶段我们都无法与美国企业抗衡，国民经济信息化的基础也有很大差距，中国用户对软件价值和服务的认识都有待提升，更严重的是盗版猖獗，极大地制约了软件产业的发展。因此，在政府扶持重点领域突破的同时，国内企业还可以借鉴印度的模式，先选择软件产业价值链的中、低环节切入，由低端做起，通过要素积累或技术创新等，形成竞争力优势在价值链中逐步攀升。中国加入 WTO，国内市场已成为世界市场的一个组成部分，中国软件产业走国际化道路是发展的必然。

在中国的软件业竞争力不强，自有品牌少的情况下，要开拓国际市场，外包就是一种很好的途径。有人认为我们做软件出口外包是“卖血”，因为“代工”的利润远不能与品牌出口比，“受剥削”是少不了的。我们认为对这个问题应该持一种“不进则退”的态度，承认我们在产业规模、秩序、合作、专业分工、设计能力乃至管理的协调水平方面的差距，在现有的背景下，解决这些问题的有效途径就是从底层的代工做起，逐渐向高层次迈进。就像中国台湾当年搞“三来一补”那样，十几年过后，一大批叫得很响的 IT 品牌便在台湾崛起了。由这个角度看，软件代工“不是卖血是补血”。还应看到，如果现在不努力的话，可能很快连外包甚至二包的机会都没有了。在国际分工日益细化的今天，每一个环节都会存在竞争，关键就是如何在适合自己的环节选准位置，然后经过努力不断提升自己的竞争能力。下面是韩国 Samsung 与中国台湾 TSMC 研发状况的一个例子。或许可以给我们提供某些启示。

在表 5－35 中，我们分别给出了韩国的三星电子（Samsung Electricity）和中国台湾积体电路制造公司（TSMC）的研究和发展（R&D）密集度和其经营绩效的数据。多年来，三星电子一直致力于通过密集的研究和发展活动来提高自己的产品竞争力；而 TSMC 则主要从事芯片代工，并不需要太多的新产品研发投资，其研发投入以层次相对较低的生产流程创新为主。但是，数据表明，大量投资于研究和发展活动的三星电子在经营绩效方面与相对较少进行研发投资 TSMC 相比相差甚多。另一方面，图 5－21 中则给出了韩国、中国台湾的研发密集度对比与人均收入对比的变化路径。我们发现，与企业的例子类似，韩国的研发密集度虽然比中国台湾高出许多，但是其总体经济发展绩效却并不比台湾更好①。

表 5－35　R&D 密集度与经营绩效：Samsung 与 TSMC　（单位：%）

年份	销售利润率		总资产利润率		R&D 密集度	
	TSMC	Samsung	TSMC	Samsung	TSMC	Samsung
1994	43.8	8.2	32.5	10.4	2.8	—
1995	52.4	15.5	31.2	18.5	2.6	7.0
1996	49.2	1.0	26.5	1.0	3.8	—
1997	40.9	0.7	16.6	0.5	5.7	7.0
1998	30.6	1.6	12.4	1.5	3.9	8.3
1999	33.6	12.1	15.2	12.8	4.7	6.1
2000	39.2	17.5	19.1	22.4	4.3	5.3
2001	11.5	9.1	4.3	10.6	8.5	7.5
平均	37.6	8.2	19.7	9.7	4.5	6.9

数据来源：Samsung Electronics，“Annual Report”，1994－2001. TSMC，“Annual Report”，1994－2001.

因此，林毅夫、李永军（2003）指出，在发展问题上，重要的是使自己创造经济剩余和资本积累的可能性最大限度地发挥出来，而不是过早地进行大规模的研究与发展活动以图创造产品差异性方面的优势。而最大限度发挥创造经济剩余能力的途径就是充分地发挥自己的比较优势。

国际软件产业的发展已进入成熟期，劳动密集的特性是其这一时期软件发展的特点之一，而软件外包模式可以充分发挥中国自身人力资源丰富的优势。当然，软件外包模式并不否定自主创新，而且是软件产业自主创新的一条铺垫之路。

---

① 林毅夫、李永军：“比较优势、竞争优势与发展中国家的经济发展”，《管理世界》，2003 年第 7 期。

（左：R&D 投资/GDP,%；右：人均 GDP，美元）

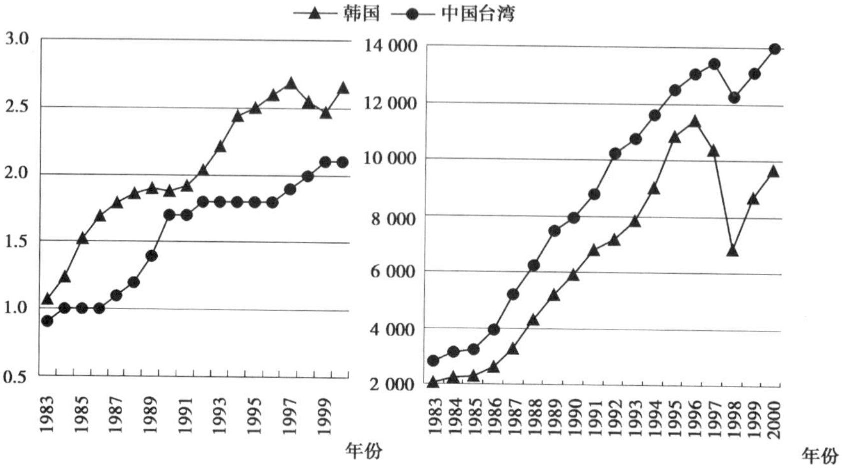

数据来源：http：//www. nso. go. kr/和 http：//www. stat. gov. tw。

图 5－21　研发密集度与经济发展绩效：韩国与中国台湾

国际外包市场规模大，中国所占份额小，发展空间很大。据 IDC 的市场调查，全球信息科技服务的外包 2005 年突破 1 000 亿美元。目前中国在国际软件外包市场中所占份额虽然较小，但许多中国软件企业已经具备面向日韩甚至欧美市场开展外包业务的能力。欧美软件外包技术要求高，特别是软件产品测试外包方面可吸取的质量管理经验对国内自主技术的产品化将有指导意义。同时，欧美市场业务需求大，开放度也比日韩市场高，有利于中国软件企业参与国际信息化工程总承包的发展方向。美国是世界第一大软件产业与服务需求软件需求国，占全球需求 40% 的份额，而每年美国软件订单规模有 1 400 亿美元，其中大约有 20% 的软件订单需要发往国外委托加工。欧洲软件外包市场也同样具有较大的业务发包需求。

此外，中国对欧美软件外包具有双赢效应：中国对欧美软件外包既有利于欧美企业降低成本，又有利于中国企业参与国际化的软件项目开发流程。目前中国软件公司可能接单的欧美业务范围应侧重在应用软件的移植和升级、应用软件产品开发、软件测试、3C 产品软件开发、数据转换业务等。今后在此基础上发展自主创新的软件产品。

分析一下 2006 年中国软件企业百强（附表 4），我们会发现其中东软集团有限公司和大连华信计算机技术有限公司分列12名和64名，而这两家公司正是中国2005年软件外包企业的前两位。具体的来分析一下东软的利润构成表（表5-36）：就东软国内业务来看，东软是解决方案领域最大的软件企业，2005年国内企业外包排名第一名。东软公司连续几年的利润增长说明公司定位明确，业务方向正确，从主营业务分布来看既有来自境外的也有境内收入，且境外收入增长率高于境内收入（表5-37），说明公司的境外业务发展较快，外包服务成为东软发展的主要模式之一。

表5-36　　2005年东软集团股份有限公司利润构成表

利润构成	2005年9月30日	2005年中期	2005年3月31日	2004年末期
主营业务收入（万元）	157 513.31	100 148.39	42 240.74	224 567.59
主营业务利润（万元）	37 293.91	23 427.65	11 449.41	52 162.53
其他业务利润（万元）	1 327.97	911.12	223.72	2 430.14
营业利润（万元）	4 368.79	1 491.55	62.84	3 327.00
投资收益（万元）	-132.12	48.26	-697.11	-354.58
补贴收入（万元）	614.09	613.43		2 056.69
营业外收支（万元）	-98.11	-55.78	-5.75	47 209.60
利润总额（万元）	4 752.65	2 097.46	-640.01	52 238.71
所得税（万元）	321.62	25.98	9.65	9 382.49
净利润（万元）	3 394.80	1 800.90	312.93	27 116.61

资料来源：中国上市公司咨询网。http：//www.cnlist.com/

表5-37　　2006年上半年主营业务分地区情况　　单位：元（人民币）

地区	主营业务收入	主营业务收入比上年同期增减（%）
境内	866 308 190	9.1%
境外	236 909 483	14.2%

资料来源：作者根据中国上市公司咨询网数据整理制作。

2006年公司中期报告也显示，2006年上半年，公司实现主营业务收入1 103 217 673元。比上年同期增长10.2%，实现净利润29 909 195元[①]。

① 中国上市公司咨询网 http：//www.cnlist.com。

百强中以华为为代表的大型公司同时又是出口最大的公司，因此，出口与企业发展是一种互动的关系，有一定势力和竞争力的企业才可能出口，也才可能有资格接大规模外包定单，而后者又促使企业进一步做大做强。

发展软件出口外包业务，不仅可以促进中国新型服务业的发展，留住本国的软件人才，增加外汇收入，而且还可以在外包中吸收国外大型软件开发的组织经验，提高技术开发水平。而且可以充分利用中国大量的中低层智力资源，积累技术和资金，从而为解决就业问题，提高软件产业持续发展的物质基础找到一条出路。通过对中国软件出口的整体宣传，建立软件出口的国家品牌，重点扶持一批“外向型”软件企业直接进入欧美软件市场，巩固和发展日本市场，向软件设计与核心业务服务外包等产业链的高端发展。

目前就中国软件企业出口业务模式来看，主要包括三个方面：

（1）自有知识产权出口，开创了中国原始创新的自主开发软件出口模式。如2005年广州中望CAD成功打入南非、东南亚和美国市场，实现了CAD套装软件的出口；方正的排版系统每年出口1 000万美元；永中集成office成品除中文简体版外，还有中文繁体版、维文版、英文版和日文版，已经成功登陆日本、北美、非洲等地；用友的企业管理软件已进入东南亚市场；瑞星、江民等杀毒软件进军日本。

（2）以项目合作为导向的软件外包（ITO）。这类软件外包针对客户大型IT项目，分承包子项目或子系统的开发工作，发挥专业人员数量和小组管理优势，与客户或合作伙伴达到优势互补、共同发展的目的。多数对日的软件外包公司目前基本是以这种经营模式为主。

（3）业务过程外包（BPO）服务。BPO商务流程外包软件出口业务，是全球产业迁移，产业链细分中产生的新型商务模式，是国际化分工的产物。BPO就是企业将一些重复性的非核心或核心业务流程外包给供应商，以降低成本，同时提高服务质量。

IDC最新报告表明，业务流程外包（BPO）目前已成为IT服务市场最令人瞩目的领域，未来五年的年均复合增长率高达34.8%。BPO得到了大连海辉、东大软件、北京博彦科技等许多中国企业的关注。

西安软件园骨干企业西安炎兴科技公司，是专业从事BPO业务的企业，其2004年BPO业务出口总额达600万美元，员工已达580人。

中软总公司的唐敏女士曾结合中软发展的实际，对中国软件的发展思路进行过较为透彻的分析。她认为印度的软件产业之所以发展得比我们快，主要是因为印度的定位比较好，将产品技术和市场定位在国际市场上。国际市场容量非常大，他们抓住了发展机遇。而中国软件产业在过去20年中一直定位在国内的市场上。中国软件市场虽然潜力很大，但由于知识产权保护的问题，实际上所表现出来的市场则非常有限。因此，中国的软件产业必须走国际化的道路。通过灵活的方式参与国际竞争，最终把整个软件产业的技术水平、管理水平、产业水平都提高到国际先进水平上去。

国际市场与国内市场不是相互分离的，而是共同促进，共同发展的。中国软件行业协会理事长陈冲曾指出，现在我们的软件要出口，但出口不是最终目的，它只是要达到的目的之一。我们的目的是通过出口，通过利用国际标准的衔接，能更好实现软件的国际化。通过软件加工和与外国企业的合作，可以了解国际上最新的技术、最新的产品，了解世界上最新的技术发展动态和用户需求。作为提高中国软件企业的能力，做大国内市场非常重要的手段，“国际化”是实现中国软件产业跨越的非常重要的因素。

软件外包在中国目前软件总产值不大的现在还有很大意义，值得我们拿出相当的精力去开拓。软件产品出口一定要从战略上重视起来，只要做得好，会带来比软件外包更大的利益。我们认为，从近期看印度经验在软件外包方面有值得我们借鉴的地方；而从长远看，美国软件模式才是我们真正应该学习的榜样。但最终中国将走出一条有自身特色的发展之路。

综上所述，中国软件产业发展模式实质上是选择e模式，可以具体表述为：充分利用国内巨大市场，大力发展系统软件、中间件及重要应用软件，建立自主的软件体系；实施内需拉动和整机带动战略，占领国内市场的同时通过承接外包业务和产品出口，积极开拓国际市场，最终发展成软件大国和强国。

本 章 小 结

本章是对前面研究成果的一个应用。软件产业与经济增长关系的计量和统计分析结果可知，软件在国民经济中的比重逐年上升，对经济增长的贡献率也日益显现。因此发展软件产业对推动经济增长意义重大。

中国软件产业的发展现状显示，近年来，中国软件产业无论在规模和结构方面都得到不断发展和优化，但也存在许多的不足，与软件大国相比差距还很大，具体讲，与中国国情相似的印度，虽然软件产业起步时间大体与中国相同，但中国在后来的发展中却落在了印度的后面。究其原因，中国软件产业发展定位不清，没有更好地实现对优势资源的优化配置是主要的和根本的原因。

本章根据“九要素”说，分析了中国要素状况。明确了中国软件产业发展中的优势和劣势，并对此做出 SWOT 分类。由此，我们运用 TOWS 战略矩阵，在充分发挥本国比较优势要素的基础上进行模式选择，通过要素的培育和提升，消除劣势要素或者变劣势要素为优势要素，在产业链的某一或某些环节上形成竞争优势。

中国软件产业的模式选择是服务于中国经济建设和经济发展的。基于前面的理论分析和影响要素的研究，借鉴世界各国尤其是印度模式，同时在中国软件产业发展现状和“十一五”提出的软件产业发展目标的基础上，我们提出了中国软件产业发展模式。这一模式概括地讲就是：立足国内市场进行自主创新 + 大力发展外包业务和软件产品出口开拓国际市场。中国软件产业发展模式可以具体表述为：充分利用国内巨大市场，大力发展系统软件、中间件及重要应用软件，建立自主的软件体系；实施内需拉动和整机带动战略，占领国内市场的同时通过承接外包业务和产品出口，积极开拓国际市场，最终发展成软件大国和强国。

第六章 结 束 语

DI LIU ZHANG

第一节 研究结论

世界软件产业及其贸易高速发展。从1999年以来，世界软件产业产值年均增长达到12%，远远高于全球经济的平均增长率。2005年，全球软件产业规模已经接近9 000亿美元，全球软件贸易规模接近2 000亿美元。

越来越多的软件发达国家跻身于这个巨大利润的市场，并且在各个领域占据了属于自己的一席之地；许多发展中国家更是将其作为战略性产业，大力扶持其发展。近年来，一些发展中国家软件产业发展取得的成绩令世人瞩目，因而也引起了学术界的关注，涌现了大量的研究文献，然而对软件产业发展模式进行研究的文献并不多见。

本书通过分析研究，得出的结论主要有：

一、软件产业发展模式选择是以国际竞争优势理论为基础

研究文献表明，以往在各国产业发展模式选择问题上一直存在着两种理论观点：一是比较优势理论，二是竞争优势理论。竞争优势是一个超越比较优势的全新的概念，它对一个国家建立优势产业参与国际竞争具有非常现实的指导意义。在分析中，我们结合国际分工的新特点，即“全球价值链”

分工，研究发现国际分工新特点下，产业竞争优势可以表现为价值链环节上的竞争优势，即使一个产业，由于价值链不同，各价值链环节对要素禀赋的需求也不一样，同一产业既有劳动密集型环节，也存在技术资本密集型生产环节。因此，对发展中国家而言，首先可以先从劳动密集型的价值链环节作为切入点，融入跨国公司国际产业链条的发展平台，以此加快本国资本、技术的积累过程，并进一步参与和最终上升到资本技术密集型价值链环节的生产，借助国际经济一体化的生产链条实现本国产业结构的快速升级。

软件产业作为一种新兴的、战略性产业，有着自身的特点和发展规律，研究表明，软件产业的发展中价值链分工的特点尤为突出，另外软件产业的跨越性发展特点和生产组织的“虚拟一体化”特点，决定了软件产业发展模式选择不能仅仅停留在静态比较优势的基础上，而是基于竞争优势理论。

二、软件产业发展受到要素条件等“九要素”的影响

软件产业模式选择影响要素的分析，是软件产业发展模式选择分析框架的重要组成部分。由于世界上存在多种软件产业发展模式，各具特色，因此在研究软件产业模式选择影响要素时，我们首先研究了影响整个软件产业发展的影响要素。进而根据软件产业是一种战略性产业的前提。提出各国软件产业发展模式选择，实际上是对各影响要素进行 SWOT 分析，根据要素优劣状况和外部机遇与威胁的形势，作出战略选择的结果。对国际软件产业模式选择影响要素的分析中，我们基于波特的竞争优势理论结合软件产业自身发展特点总结出影响国际软件产业发展的九大影响要素：要素条件、市场需求、相关行业的发展、企业标准和质量认证、政府政策支持、产业集群、创新、跨国公司经营策略和机遇。

三、本书选取了印度软件产业发展模式作为案例分析

作为与中国有着相似国情的印度，近年来在软件产业的发展中取得了令世人瞩目的成绩，对印度软件产业模式形成的剖析既是对前面分析结果的印证，也对中国软件产业发展模式的选择有很强的借鉴意义。分析结果表明，印度在本国比较要素的基础上，选择适当的软件产业价值链环节切入，通过对各要素的培育和提升，强化优势要素，消除或减弱劣势要素，并利用了国

际市场需求扩大的机会，采用相应的战略，形成了自己独特的软件“外包服务模式”，并在国际市场上形成一定的产业竞争力。

四、中国软件产业发展模式概括起来是“立足国内市场进行自主创新+大力发展外包业务和软件产品出口开拓国际市场”

本书的第五章是对前面研究成果的一个应用。软件产业与经济增长关系的计量和统计分析结果可知，软件在国民经济中的比重逐年上升，对经济增长的贡献率也日益显现。因此发展软件产业对推动经济增长意义重大。

通过对中国软件产业发展现状和不足以及“九要素”状况的考察，对中国软件产业发展影响要素的 SWOT 分析，在充分发挥本国比较优势要素的基础上，结合中国软件产业发展目标进行模式选择，通过采取某种战略或战略组合，通过要素的培育和提升，消除劣势要素或者变劣势要素为优势要素，在产业链的某一或某些环节上形成竞争优势。研究结果表明，中国软件产业发展应选择一种混合模式，中国软件业要发展必然要采取两条腿走路的方针，采取一种国际、国内软件市场齐头并进的原则——即要学印度的经验，开拓国际市场，又要不断创造品牌和信息服务的经验，与跨国公司争夺国内市场。中国软件产业发展模式应是：“立足国内市场进行自主创新+外包服务开拓国际市场”。也可以具体表述为：充分利用国内巨大市场，大力发展系统软件、中间件及重要应用软件，建立自主的软件体系；实施内需拉动和整机带动战略，占领国内市场的同时通过承接外包业务和产品出口，积极开拓国际市场；最终发展成软件大国和强国。其中，虽说中国软件产业发展已积累了一些自主创新品牌，但从全球价值链分析，该环节并非中国优势所在，需要一个长期的积累和发展过程，但产业发展的最终目标就是要使软件产业具有自主创新能力，因此可以将自主创新作为一种长期目标或者长期发展模式；而外包和应用软件出口则可以充分发挥中国的优势要素，也是当前就可以做到的，因此可以看作是近期内中国软件产业发展模式选择。所以本书对中国的软件产业发展模式表述是包含了长期模式和短期模式的统一，并且这一产业发展模式是动态的、发展的，随着内外部环境的影响以及要素的比较优势的此消彼长的变化，不断得以优化。

第二节 政策建议

一、国家行为和企业行为互动

第一，这里的“国家行为”并不仅仅是指国家要制定合理的软件产业扶持政策，主要是指要通过国家投入、组织和引导来推动软件业的发展。特别是鼓励一批有发展潜力的软件企业与科研院所、高校合作，进行自主创新和研发活动。

中国许多软件公司的产品，实际上更多的是在国外的软件产品上做一些增值的服务，在一些比较小的应用上做开发。这主要是因为中国的软件产业还没有形成完整的生态体系。现在的企业和科研机构、高校各行其是，形成企业建自己的研究院、高校办公司的情况，资源浪费严重。因此需要在国家相应的配套体系上，形成一种推动力，非常好地改善中国软件业的生态环境。比如说，国家通过项目投入，要求企业和科研院校合作，并对科研院校也进行必要的限制等，使二者找准价值链中的位置。

第二，针对有发展前景的软件产品，如中间件的研制和开发，给予大力的资金支持。目前中国软件企业普遍规模较小、资金不雄厚，根本无力解决发展中高端软件所需要的庞大资金和面对的巨大风险，同时，资本的逐利性也不可能要求软件企业主动站在国家的角度上为国家“排忧解难”。

第三，由国家扶持的软件产业风险投资公司和投资基金至今尚未组建。由于软件企业固定资产少、无形资产比重大，缺少可供抵押或质押的资产，很难争取到银行贷款。在软件企业上市方面，国家个部门制定的政策法规相互矛盾，现行的政策法规阻碍了软件企业的上市融资之路。同时，由于软件企业的规模较小，前期研发投入过大，而且研发费用很难转化为固定资产，与传统制造业的赢利模式有所不同，同时发行股票的规模也无法放大，因而，在目前实行股票发行核准制的情况下，证券公司在推荐软件企业发行股票方面积极性不高，软件企业上市存在实际的困难。另外，国务院 18 号文件中关于软件企业在资产评估中无形资产占净资产的比例，以及软件企业境外上市融资等规定缺少实施细则。在税收优惠方面，现有的软件产业政策是从软件产品销售收入比例和自产软件产品销售收入比例等方面来界定软件企业，而将软件服务业、软件产业孵化器、软件企业的分支机构以及国产软件的代理和分销商排除在外，实际上使软件产业链条上各环节、各要素处于不平等的地位，导致有些环节发展滞后，成为整个软件行业发展的“掣肘”。

为了有效地发挥政府对软件业的支持作用，笔者建议政府应重点做好以下几项工作：（1）成立专门的软件业发展管理机构，制定全国性的长期有效的发展战略和软件产业政策；（2）除了软件基础研究和核心技术以外，政府要从目前偏重直接的资金支持逐渐转为疏通融资渠道；（3）政府在创建软件园中的主要任务是完善基础设施和提供政策支持，软件园的管理和服务应当企业化、市场化；（4）肃清市场秩序，加大知识产权保护力度，打击盗版；（5）制止重复建设和恶性竞争，鼓励企业结成战略联盟提升产业国际竞争力；（6）加大对高等教育的支持力度，调整教育资源配置，鼓励高校创新人才培养方式；（7）在政府采购中向国产软件企业倾斜，这是世界各国的通行做法。

特别需要指出，竞争优势是在政府干预和市场力量共同作用下形成的，一方不能取代另一方。政府干预应限于提供基础设施、政策和制度、提高人口素质以及为企业发展提供有利的环境等方面，最好不要直接介入企业，这样才能塑造企业的竞争优势，因为竞争的主体是企业而非政府。

二、实行国际化战略

国际化战略不仅是一种产品的交流、技术的交流，更是市场需求的一种交流，是需求要素提升的一个重要方面，是中国在更多方面与国际接轨的途径。通过“引进来”、“走出去”的形式促进中国软件产业国际化。“引进来”是指引进国外软件企业到中国投资办厂。加入 WTO 过渡期结束后，软件产品将实施零关税，国外软件产品进入中国再无税收壁垒限制，可以畅通无阻。软件业与其他行业相比，产业集中更易发生“溢出效应”，相邻而聚的企业管理人员、程序人员在饭桌上不经意的交谈，便可能获取重大信息或赋予新的启发或思路。软件业被称作“头脑产业”，知识和产品蕴藏于员工的大脑之中，员工跳槽的机会也多，很多技术诀窍和信息也随着员工的频繁调动而迅速扩散。“引进来”可以使国内软件企业有更多机会获取国际软件公司的技术“溢出”，缩小技术差距。还可以借这些跨国软件公司的营销渠道将本土软件产品打入国际市场。“走出去”是指到国外去办厂。在本土与国外软件厂商的竞争中获取了很多国际市场的经营理念和管理方法的部分国产厂商，已积累了相当的资本和技术实力，具备了走出去的条件。在国外办厂可以利用当地的人才优势，吸收世界先进管理经验，更深入地了解当地市场，这既有利于企业自身的强大，也有利于占领国际市场。因此，政府在政策上除了鼓励本土软件出口，还应该鼓励本土企业“走出去”。当然根据中国软件业的实力和竞争力，“走出去”的力度在不同阶段应有所侧重，近期内重点是“引进来”，下一阶段的重点是“走出去”。国际化的具体措施有：

（一）要提高引进资金、技术的利用水平

事实表明，目前中国的软件产业总体上看仍处于国际软件业全球价值链的低端，今后应以战略的眼光看待资金和技术引进，应提高利用外资的质量，注重高端技术的引进与合作，限制低水平项目的重复引进，进而造成国内市场的无序竞争。大力吸收国内外风险投资、发挥风险投资的作用，中共十六大报告提出“推进国家创新体系，发挥风险投资的作用，形成促进科技创新、创业资本运作和人才汇集机制”，确定了风险投资事业在国家发展战略中的重要地位和作用。

（二）要实行有梯度的国际扩张战略

中国软件产业的国际化模式基本上是基于本国劳动力丰富的比较优势，从目前中国软件产业发展来看，这是符合中国国际竞争力的比较优势的。但是软件产业是典型的“知识—技术密集性”产业，建立在劳动力资源优势基础上的国际竞争比较优势是不稳定的，因此我们需要逐步地在劳动力资源优势基础上，逐步形成知识、技术优势，有步骤地形成产业的高度化，调整产业结构，形成有梯度的国际扩张，这不仅能在国际竞争的利益分配中更为有利，而且能够提高高级竞争的能力。

（三）要充分利用产业集群的群体作用

中国软件产业的作用都不是很大，如果依靠内部的资本、技术积累很难做大做强，因此只有通过联合，形成一个稳定、持续的竞争优势集合体，如美国的“硅谷”、北京的“中关村”、印度的“班加罗尔”形成团队对团队的竞争，避免单兵作战，才能切实提高国内软件产业的整体技术水平和竞争力，使之能够真正地参与国际竞争。

当前出口方面，外包服务还是中国软件出口的主导，尤其是一些低端的软件模块定制加工。尽管国内软件出口加大对自主开发的软件产品的出口，但是软件出口产品的状况短期无法改变。为改变中国在软件出口方面的劣势地位，国内软件出口企业也纷纷采取相应策略提高市场竞争力。主要有：首先，软件产品出口，国内软件出口不再仅仅局限软件模块定制加工等低端IT外包服务，开始开拓自主的软件产品出口，如瑞星杀毒软件出口日本市场，方正集团自主研发的日文报业系统、金山的游戏产品等，都开始打入国外市场。其次，集体作战。目前，由于国内软件出口企业自身实力较弱，无法同国外企业抗衡，因此，很多国内软件出口企业结成软件出口联盟，以壮大自身实力，增强其出口竞争力。如福州、杭州、重庆等地都成立了软件出口联盟。第三，多种出口模式。目前，中国软件出口企业在对外出口方面已经形成了五种模式，包括联盟出口、嵌入式出口、OSE出口（即承包跨海软件工程项目）、借船出海、连锁出口等，这几种模式对于改变中国软件出口企业的弱势地位，提高竞争力具有重要意义。

三、吸引人才、调整优化人才结构、培养高素质队伍

根据波特的国家竞争优势理论，生产要素仍然是提高软件产业竞争优势的关键。软件产业是一个对人要求很高的产业，我们要实现软件产业的持续快速的发展，需要在软件产业发展的人力资源的积累方面实现质的突破。印度软件业日新月异，五所一流工程学院的毕业生功不可没。今后中国在重视计算机专业高等教育的同时，要借鉴美国、印度等软件发达国家的经验，加强一般软件技术培训和继续教育。加快发展中国软件外包业，不仅要求软件人才在数量上要满足日益增长的需求，还迫切需要提高软件人才的质量。为实现这一目标，可开展下述一些工作：（1）改革软件人才培养模式，建立包括国家正规教育、社会和企业办学的多层次的软件人才培养体系，对社会和企业办学给予政策上的支持，争取建立软件人才培养的长效机制；（2）加强产、学、研结合，继续发展各类软件与应用培训机构，培养出更多的具有较强的实践能力、协作能力、创新能力的软件人才；（3）加强软件人才培训，积极扩大国内软件高级人才与国际软件市场的联系和交流，扩大面向软件外包的专业化二次培训规模，重在加强项目经理和程序员的外语

能力和过程管理能力，为软件外包提供更广泛的人才基础；（4）要将引进面向国际市场的软件人才作为中国引进人才的重点领域，重点吸引一批优秀的项目经理、系统分析师和软件工程师，通过他们带动中国软件外包业的发展。

四、建立市场风险投资机制，培植民族企业

要借鉴国外成功经验，建立风险投资基金，支持"无本经营"的软件开发。并建立一套适合软件产业发展的融资机制，积极扶持有潜力的公司上市，大力开拓债券发行、兼并收购等多渠道融资方式。加强中小型企业的培植与协作，形成软件开发生产群体，填补软件细分市场。同时提倡走联合开发之路，有重点地支持和发展代表民族软件业的"龙头"企业，实行强强联合，以强化中国软件产业整体优势。

五、强化行业管理，严格质量控制，实施标准战略

当今时代，软件产业的竞争很大部分在于技术标准的竞争。国际市场竞争的现实告诉我们：三流企业卖力气，二流企业卖产品，一流企业卖技术，超一流企业卖标准。技术标准不仅是保护、占领国内市场的标志，而且是争夺、抢占国外市场，提高国家竞争力的有利手段。

软件产品的高质量、低成本、按期交货是国产软件产品进一步发展的重要方向。因此，除加强软件产品管理外，在系统集成商与软件开发商中大力推广 ISO9000 和 CMM 认证及软件企业的资质认证，以及对系统集成工程要实行工程监理制度，是极重要的工作。通过这些措施可以改善目前软件企业开发不规范、文档不齐全、维护跟不上、软件质量问题比较多、软件企业良莠不齐等问题，又可以使中国的软件企业进行规范化经营，从中成长起一批能与国际标准接轨的骨干企业，为国内大的信息化系统工程实施提供建设队伍，也为国内软件企业走向世界打下基础。

实施标准战略具体应做到：（1）要善于利用中国巨大的市场资源，发现市场需求，积极进行新兴市场的开发。由于市场潜力巨大，中国在制定国际标准上具有压倒性的优势地位，几乎可以讲中国的事实标准就是理所当然的国际标准。中国是世界上最有潜力的市场，再加上中国在制造业领域的优势，都是中国制定、推广自有标准的优势所在。只要中国能准确把握国际市场变动趋势，在某一价值链环节迅速占领空缺市场应该说是具有优势。

(2) 要站在国家整体的高度上实施标准战略。政府应成立专门的标准研究机构，进行标准战略的研究。同时，成立标准研究的专项基金，国家和行业组织都应积极参与。如欧盟和欧洲自由贸易联盟提供的资金占欧洲标准化委员会收入的49%、日本政府每年标准化预算经费为4亿日元、法国为2.8亿欧元、德国为2亿欧元。

(3) 要利用核心企业的业内号召力，团结一切可以团结的力量，组建最广泛的联盟。联盟的建立可以降低企业单兵作战的风险，有利于标准的研发、推广与巩固。联盟有利于业内整个环节最佳组合的实现，有利于合理的产业链的建立，从而体现标准的价值。同时要坚持开放的原则，争取最大的市场认同，只有让更多的企业加入到标准中来才能进一步的巩固标准。

(4) 要与国际主流标准兼容并蓄，协调好竞争合作的关系。统计资料显示，在现行国际标准化组织的多项标准中，99.8%由国外机构制定，而中国参与制定的不足千分之二，因此国外的标准组织和巨头企业对于标准的选择和主导作用具有不可忽视的作用，我们在制定和推行一个标准的时候，要注意和国外标准组织的积极沟通，积极参与国际标准制定，形成良好的互动，协调好竞争与合作的关系，争取更多的承认度，这对于中国国内标准的制定和推广会起到积极的作用。

(5) 注意关于标准的教育培训。高度重视培养熟悉ISO和CMM标准、具有专业知识的国际标准化人才，并定期对企业高层进行标准观念的培养与渗透，这不仅能够有利于出现善于解决国际贸易争端的专门人才，而且对于我们参与国际标准制定与竞争非常重要。

附录

FU LU

附表1　　各地区软件企业发展情况统计表

序号	地区	认定企业	200人以上企业	认定产品（种）	通过CMM3以上企业
1	北京	2 840	127	7 465	105
2	广东*	2 200	105	7 924	26
3	上海	1 052	68	2 253	45
4	江苏	696	98	2 974	6
5	浙江*	482	34	2 111	6
6	辽宁*	621	31	1 450	26
7	四川	378	20	1 078	7
8	陕西	329	10	918	2
9	湖南	320	16	664	1
10	山东*	317	28	1 580	11
11	湖北	302	18	376	1
12	黑龙江	251	16	545	4
13	吉林	215	7	554	1
14	河南	202	6	566	1
15	天津	181	6	465	1
16	安徽	175	5	583	2
17	河北	173	9	711	0
18	重庆	168	11	372	1
19	福建*	325	17	1 336	6
20	广西	92	1	252	1

续表

序号	地区	认定企业	200 人以上企业	认定产品（种）	通过 CMM3 以上企业
21	江　西	82	6	184	0
22	云　南	76	4	214	4
23	贵　州	56	0	87	0
24	海　南	52	0	138	0
25	新　疆	47	4	120	0
26	甘　肃	36	3	156	0
27	山　西	32	1	99	0
28	内蒙古	26	1	42	0
29	宁　夏	18	0	80	0

（*含省内计划单列市、省会城市数据）

资料来源：中国软件行业协会《2005 年软件产业研究报告》。

附表 2　　2005 年我国政府扶持的软件人才培训项目

项目名称	项目内容简介
2005 年度教育部—微软精品课程建设项目	2005 年，国家教育部高等教育司和微软亚洲研究院组织专家对 29 所高校申报的 35 门课程进行了评审，决定批准清华大学《数据结构》等 15 门课程为 2005 年教育部—微软课程建设立项项目，该项目将由微软亚洲研究院给予经费支持，有关高校予以相应配套。该项目将不断提高我国软件人才培训领域的课程建设水平，推进优质教学资源的数字化和上网共享。
教育部国际司与印度 Infosys 有限公司合作培养软件人才项目	教育部国际司与印度最大的 IT 服务公司之一——Infosys 有限公司合作培养软件人才。该公司每年接收 100 名中国在校大学生到该公司进行一年的集中实习，所学专业为软件及相关专业。项目具体委托国家留学基金管理委员会执行，这是教育部首次与印度著名 IT 服务公司合作，标志着两国教育特别是产学研合作、共同培养人才取得了新进展。
江苏省教育厅“江苏欧普高校软件人才培训管理中心”项目	江苏省教育厅与美国 OOP Systems 公司合作建立“江苏欧普高校软件人才培训管理中心”，共同培养软件人才。该中心由江苏经贸职业技术学院与 OOP Systems 进行合作，从 2006 年至 2010 年。每年接受 4 000 人以上的培训任务，培养培训对象主要是在校大专生，“十一五”期间，计划培训人数不少于 6 万人。
陕西省教育厅批准试办西北工业大学明德学院项目	西北工业大学要对明德学院的教学组织和管理负责，并保证办学质量。陕西金叶科教集团股份有限公司、陕西金叶西工大软件股份有限公司负责提供明德学院办学所需的各项条件和设施，并保证所需资金如期、足额到位。

续表

项目名称	项目内容简介
人事部10个重点专业软件人才培训项目	从2006年至2010年，人事部将以软件、网络、信息安全、数据库、动漫、游戏等当前紧缺人才领域为突破口，确立10个重点专业，完善课程与教材，建立适合国情，并与国际标准接轨的信息专业技术人才职业能力培养与测评体系，培训信息技术领域的中高级人才60万至70万人次。
人事部信息专业技术人才知识更新工程	从2006年至2010年，人事部将在我国信息技术领域开展大规模的专业技术人员继续教育活动，每年开展专业技术人才知识更新培训12万人次左右，6年内共培训信息技术领域各类中高级创新型、复合型、实用型人才60—70万人次左右。

资料来源：中国软件行业协会。

附表3　　11个国家软件产业基地建设规模一览表

序号	基地	投资预算（亿元）	园区规划占地面积	骨干企业
1	北京	40	139公顷（2 085亩）	中科大洋、微软（我国）Oracle（我国）、金思迈
2	上海	37	45万平方米（675亩）	金仕达、华迈、必特、英塔、斯玛特
3	大连	13	7.16平方公里（10 740亩）	东软士通、东大诺基亚、现代高技术、大连中软
4	成都	17.97	800亩	托普集团、银海、鼎天、迈普、摩托罗拉研发中心
5	西安	7	1 000亩	协同、瑞赤、金叶博通、海星
6	济南	3	6.5平方公里	中创、浪潮通软、鲁能集成、鲁能软件
7	杭州	8	35万平方米	恒生电子、新利软件、信达、新中大、宏华、中程兴达、海纳中控、创业软件、东信北邮
8	广州	—	3.2平方公里	新太、中望、南天、京华、创想、华南咨询、西码、菲奈、特和邦讯
9	长沙	8	35公顷（525亩）	创智、长海数码、湘计软件、湘邮科技、国讯国际网络、威胜、苏博泰克、远景信息、拓维
10	南京	—	12万平方米（180亩）	南大苏富特、联创、从横同创、微盟电子、智达康、移软科技、南华擎天、金鹰国际
11	珠海	10	36万平方米（540亩）	天心、方远、同望、伟思

资料来源：中研普华数据库。

附表4　　2006年中国软件收入规模前100家企业名单　　（单位：万元）

序号	企业名称	软件收入	序号	企业名称	软件收入
1	华为技术有限公司	1 520 629	26	用友软件股份有限公司	100 076
2	海尔集团公司	760 699	27	大唐电信科技股份有限公司	87 300
3	中兴通讯股份有限公司	636 000	28	福州福大自动化科技有限公司	80 839
4	UT斯达康通讯有限公司	598 554	29	思爱普（北京）软件系统有限公司	80 345
5	神州数码（中国）有限公司	462 188	30	广州金鹏电子有限公司	75 890
6	浙江浙大网新科技股份有限公司	420 029	31	南京南瑞继保电气有限公司	75 882
7	熊猫电子集团有限公司	406 920	32	中国银联股份有限公司	74 015
8	北京北大方正集团	274 488	33	爱立信科技服务（中国）有限公司	70 971
9	浪潮集团有限公司	259 887	34	深圳市金证科技服务有限公司	70 177
10	海信集团有限公司	245 526	35	长春一汽启明信息技术股份有限公司	63 486
11	四川长虹电子集团有限公司	231 262	36	南京南瑞集团公司	63 169
12	东软集团有限公司	230 000	37	中铁信息工程集团有限公司	62 200
13	清华同方股份有限公司	203 557	38	杭州恒生电子集团有限公司	59 286
14	微软（中国）有限公司	192 857	39	深圳市南凌科技发展有限公司	58 276
15	南京联创科技股份有限公司	171 968	40	株洲南车时代电气股份有限公司	58 241
16	中国软件与技术服务股份有限公司	165 906	41	金蝶软件（中国）有限公司	58 000
17	青岛朗讯科技通讯企业有限公司	150 977	42	国电南瑞科技股份有限公司	55 579
18	山东中创软件工程股份有限公司	146 550	43	上海贝尔阿尔卡特股份有限公司	55 395
19	中国民航信息网络股份有限公司	135 021	44	威海北洋电气股份有限公司	54 522
20	上海宝信软件股份有限公司	133 682	45	沈阳东大自动化有限公司	53 926
21	北京甲骨文软件系统有限公司	132 199	46	太极计算机股份有限公司	52 808
22	珠海炬力集成电路设计有限公司	125 750	47	云南南天电子信息产业股份有限公司	51 579
23	中冶赛迪工程技术股份有限公司	124 450	48	大恒新纪元科技股份有限公司	49 917
24	北京华胜天成科技股份有限公司	112 700	49	北京四方继保自动化股份有限公司	48 796
25	烟台东方电子信息产业集团有限公司	108 672	50	长江计算机（集团）公司	48 651

续表

序号	企业名称	软件收入	序号	企业名称	软件收入
51	北京青鸟信息系统有限公司	46 530	76	创智集团（湖南）	33 352
52	深圳迈瑞生物医疗电子股份有限公司	46 437	77	深圳市同洲电子股份有限公司	32 893
53	北京东华合创数码科技股份有限公司	45 911	78	福建南威软件工程发展有限公司	32 869
54	石化盈科信息技术有限责任公司	44 898	79	泰豪软件股份有限公司	32 850
55	中控科技集团有限公司	44 810	80	北京乐金系统集成有限公司	32 807
56	中盈优创资讯科技有限公司	42 608	81	福建榕基软件开发有限公司	32 223
57	亿阳信通股份有限公司	42 075	82	先锋软件股份有限公司	31 996
58	华立集团有限公司（浙江）	40 392	83	江西捷德智能卡系统有限公司	31 866
59	北京握奇数据系统有限公司	40 323	84	中科软科技股份有限公司	31 837
60	日电信息系统（中国）有限公司	39 989	85	江苏金智科技股份有限公司	31 526
61	北京和利时系统工程股份有限公司	39 860	86	沈阳西东控制技术有限公司	31 010
62	上海华讯网络系统有限公司	39 815	87	广东新粤交通投资有限公司	29 813
63	广州海格通信产业集团有限公司	39 763	88	首都信息发展股份有限公司	28 310
64	大连华信计算机技术有限公司	39 446	89	广州华南资讯科技有限公司	28 094
65	希姆通信息技术（上海）有限公司	38 888	90	赛尔网络有限公司	27 945
66	沈阳先锋计算机工程有限公司	38 000	91	南望信息产业集团有限公司	27 344
67	北京富通东方科技有限公司	37 976	92	京华网络有限公司	27 008
68	亚信科技（中国）有限公司	37 710	93	福建新大陆电脑股份有限公司	27 000
69	沈阳新松机器人自动化股份有限公司	36 540	94	上海新华控制技术（集团）有限公司	26 119
70	华迪计算机有限公司	36 223	95	上海禹华通信技术有限公司	25 803
71	福建富士通信息软件有限公司	35 225	96	福建星网锐捷通讯股份有限公司	25 781
72	浙江大华技术股份有限公司	34 923	97	麦迪实软件（昆山）有限公司	25 030
73	江苏南大苏富特软件股份有限公司	34 428	98	广州市数控设备有限公司	24 832
74	云南电信网信实业集团有限公司	33 574	99	北京中科希望软件股份有限公司	23 706
75	杭州士兰微电子股份有限公司	33 429	100	上海复旦光华信息科技股份有限公司	23 289

参考文献 CAN KAO WEN XIAN

中文部分

曹明福、李树民："全球价值链分工：从国家比较优势到世界比较优势"，《世界经济导刊》，2006 年第 11 期。

曹巍等："我国软件产业发展的现状分析与发展建议"，《科技管理研究》，2006 年第 8 期。

曹霞、唐元虎："中印软件产业发展比较研究"，《上海经济研究》，2001 年第 10 期。

楚尔鸣、李勇辉："高新技术产业经济学"，中国经济出版社 2005 年版。

崔辉："中国软件产业发展趋势分析"，《工业技术经济》，2004 年第 6 期。

崔辉：《我国软件产业发展与对策研究》，吉林大学博士学位论文，2005 年。

陈华超：《比较优势、竞争优势与印度软件业的发展》，河北大学硕士学位论文，2004 年。

代志华："软件产业发展模式国际比较与借鉴"，《商业研究》，2004 年第 6 期。

戴永红、秦永红："印度软件企业国际化的战略选择与经济增长方式的转变"，《南亚研究季刊》，2006 年第 1 期。

戴永红："印度软件企业国际化经营初探"，《亚太经济》，2004 年第 3 期。

邓长春："比较优势、经济起飞与印度信息产业的发展"，《南亚研究季刊》，2000 年第 4 期。

狄承锋："印度软件产业发展的经济学分析"，《北京师范大学学报》，2004 年第 1 期。

杜慕群著：《企业核心竞争力：理论、实证与案例——以 IT 制造业企业为例》，经济科学出版社 2004 年版。

杜振华："印度政府在发展软件产业中的主导作用"，《宏观经济研究》，2001 年第 3 期。

范纯曾："中国 IT 产业国际竞争力及其培育模式"，《社会科学辑刊》，2003 年第 6 期。

方慧、邱立成："中印利用外资的比较研究"，《国际问题研究》，2006 年第 3 期。

甘碧群、何西军："印度软件业的发展模式及其启示"，《经济学动态》，2002 年第 5 期。

郭斌："软件产业发展的若干问题探讨——对中外软件产业的比较性分析"，《科学研究》，2004 年第 4 期。

冠瑞："中国软件产业集中度分析"，《商场现代化》，2006 年第 6 期。

韩雪："中国软件产业差距分析和战略对策思考"，《科技管理》，2003 年第 2 期。

金碚等著：《竞争力经济学》，广东经济出版社 2003 年版。

李荻："美国信息产业发展及对中国的启示"，《科技进步与对策》，2000 年第 1 期。

李军、张蒋："中国软件产业的发展机遇与产业政策选择"，《江西社会科学》，2002 年第 6 期。

李丽娟：《中国软件产业国际竞争力决定因素的研究》，武汉理工大学硕士学位论文，2006 年。

李玲玲：《中国软件产业发展战略研究》，郑州大学硕士学位论文，2002 年。

刘毅：《软件资本论：价值来源与制度内涵》，西北大学博士学位论文，2006 年。

梁莱散、张慧琴："对改善我国软件产业发展环境的思考"，《科技进步与对策》，2002 年第 6 期。

刘庆林："印度承接服务业外包对其产业结构的影响及启示"，《国际经济合作》，2006 年第 9 期。

刘志华："做强我国软件产业的思考"，《江西财经大学学报》，2005 年第 2 期。

娄勤俭主编：《中国电子信息产业发展模式研究》，中国经济出版社 2003 年版。

吕文栋、刘颖琦："中印软件产业发展因素之比较研究"，《湖南商学院学报》，2004 年第 1 期。

林毅夫、李永军："比较优势、竞争优势与发展中国家的经济发展"，《管理世界》，2003 年第 7 期。

马宵峰：《中国软件产业国际化问题研究》，华东师范大学硕士学位论文，2006 年。

迈克尔·波特（Michael E. Porter）著、陈小悦译：《竞争优势》，华夏出版社 2006 年版。

迈克尔·波特（Michael E. Porter）著、李明轩、邱如美译：《国家竞争优势》，华夏出版社 2003 年版。

秦向辉："中国软件产业发展的制约因素与对策"，《北方经济》，2005 年第 11 期。

曲维枝："走有中国特色的软件产业发展道路：对印度、以色列软件产业考察的思考"，《中国科技产业》，1999 年第 6 期。

曲维枝著：《信息产业与我国经济社会发展》，人民出版社 2002 年版。

沈维涛："印度软件产业起飞的政策因素"，《科学学研究》，2001 年第 9 期。

石晓军、安筱鹏："我国软件产业利用风险投资特征的实证研究与对策"，《商业研究》，2004 年第 4 期。

苏东水主编：《产业经济学》，高等教育出版社 2005 年版。

孙艳、薛澜："软件产业的人力资源特点及中国的发展现状"，《科学与科学技术管理》，2002 年第 2 期。

童有好："中印软件产业比较及中国发展机会分析"，《经济前沿》，2006 年第 6 期。

汪青松、卢卫强："比较优势、竞争优势和后发优势——中国经济发展战略的选择"，《商业研究》，2005 年第 8 期。

王海峰："中国印度软件产业对比及我国软件产业发展对策研究"，《全球科技经济瞭望》，2001 年第 9 期。

王建平著：《软件产业理论与实践》，中国经济出版社 2003 年版。

王刊良、苏俊："我国与印度软件产业的比较研究"，《科技导报》，2000 年第 3 期。

魏革川：《中印软件产业发展比较研究》，西南财经大学硕士学位论文，2001 年。

肖德、吴燕："中国软件业的国际竞争力分析——基于与印度软件业的比较"，《湖北大学学报》，2006 年第 1 期。

肖仁浩：《论世界贸易组织主要成员 IT 产业发展模式及其对我国的启示》，对外经济贸易大学硕士学位论文，2006 年。

谢娟："比较优势与竞争优势的对比研究"，《国际经贸探索》，2001 年第 4 期。

许小英："提高我国软件产业国际竞争力的战略思考"，《科技导报》，2003 年第 12 期。

余洪明、冉棋文等："印度软件产业的发展及其对我国的启示"，《国际经济合作》，1999 年第 4 期。

余伟萍、崔苗："经济全球化下基于企业能力的价值链优化分析"，《中国工业经济》，2003 年第 5 期。

张辉："全球价值链理论与我国产业发展研究"，《中国工业经济》，2004 年第 5 期。

张振清："软件业需要创新发展模式"，《软件世界》，2006 年第 8 期。

赵渤："印度信息产业全球扩张及对我国的启示"，《南方经济》，2004 年第 4 期。

赵彦云、叶礼奇："我国软件产业国际竞争力研究"，《北京社会科学》，2002 年第 3 期。

郑英隆著：《信息产业的全球一体化发展研究》，经济科学出版社 2006 年版。

英文部分

A Pte, U. "Global Outsourcing of Information Systems and Processing Services" . *The information society*, 1991, 7 (4): 287 –303.

Antti Niku: "Determinants of Software Firm Internationalization", Helsinki University of Technology , 15. 11. 2005.

Arora, Ashish, V. S. Arunachalam, Jai Asundi and Ronald Fernandes. "The Indian Software Industry " . Heinz School Working Paper, Carnegie Mellon University, Pittsburg (mimeo) . 2000.

Ashish Arora, Suma Athreye. "The Software Industry and Indian's economic development", *Information Economics and Policy*, December 2000 V1.

Ashok Desai. "The Dynamics of the Indian Information Technology Industry", DRC Working Papers 2003, No. 20.

B. Callan, G. Vickery: "Software Development in NMES: The Indian Case", Working Party on the Information Economy 6th Meeting, Oslo, 18 June 1999.

Balasubraman yam, V. N. and Balasubramanyam, A. "International Trade in Services: the case of india's computer software", *World Economy*, 1997. 20 (6), 829 –843.

Banerjee, Abhijit V. and Esther Duflo. "Reputation Effects and the Limits of Contracting: A Study of the Indian Software Industry", *Quarterly Journal of Economics*. 2000 , (115) : 989 –1017.

Banerjee, Abhijit V. : Duflo, Esther: "Reputation Effects and the Limits of Contracting: A Study of the Indian Software Industry" . Massachusetts Institute of Technology, Development of Economics Working Paper: 1999 (14): 53.

Bhatnagar, Subhash and Robert Schware. *Information and Communication Technology in Development: Cases from India*, New Delhi: Sage Publications. 2000.

Campbell –Kelly, Martin: "Development and Structure of the International Software Industry", 1950 – 1990. *Business and Economic History*, Volume 242, Page: 73 –110.

Carmel, E. "American Hegemony in Packaged Software Trade and the Culture of the Software", *The Information Society*, 1997 (13): 125 –142.

Carmel, E. "The Globalization of Software Outsourcing to Dozens of Nation:

A Preliminary Analysis of the Emergence of 3rd and 4th Tier Software Exporting Nations", in : Krishna, S. (Eds) *The Digital Chanllenge: Information Technology in the Development Context*, Ashgate. 2003.

Carmel, E. "The New Software Exporting Nations: Success Factors", *Electronic Journal on Information Systems in Developing Countries*, 2003, (13): 1 - 12. www. ejisdc. org.

Correa, C. "Strategies for Software Exports From Developing Countries" . *World Development*, 1996, 24 (1): 171 - 182.

Coyne, Micheal. "Dominant alliance patterns in the software industry : A multi - pronged examination", 2002.

Daya Sindhu, N.. "Embeddedness, Knowledge transfer, industry clusters and global competitivesness: a case study of the Indian Software industry Technoration", in press. 2002.

Devesh Kapur and Ravi Ramamurti: "India's emerging competitive advantage in services". Academy of Management Executive, 2001, (125): 2.

Eischen, Kyle. "National Legacies, Software Technology Cluster and Institutional Innovation: The Dichotomy of Regional Development". 2000.

Erran Carmel. "Taxonomy of New Software Exporting Nations" . *The Electronic Journal on Information Systems in Developing Countries*, 2003 (13): 1 -6.

Hanna, Nagy. "Exploiting Information Technology for Development: A Case Study of India", 1994, World Bank Discussion Paper, 246.

Heeks. *Indian's software industry: state policy, liberalisation and industrial development.* Sage Publications, New Delhi. 1996.

Heeks, R. and Nicholson, B. "Software Export Success Factors and Strategiesin Developing and Transnational Economies", University of Manchester, Institute for Development Policy and Management, Paper Number 2002, (12). http: //idpm. man. ac. uk/wp/di/di_ wp12. htm.

Heeks, R. B. "Software strategies in developing Countries". *Communications of the ACM*, 1994, 2 (6): 15 -20.

Heeks, R. B . "Software Strategies in Developing Countries", *Communication of the ARM*, 1999 (42): 15 -20.

Heeks, Richard. *India's Software Industry: State policy, Liberalisation and Industrial Development.* Sage Publications, New Delhi, Thousand Oaks and London. 1996.

"Indian software industry development: international and national perspective". *Economic and Political Weekly* XXXVI. 2001 (45), 4278-4290.

INFAC, "Indian Software Market Status", *Report*, January 1998. p. 15, Bombay.

Krishna, S, Ojha, A. K. and Barrett M. "Competitive Advantage in the Software industry: an analysis of the Indian experience", in *Information Technology in Content*, C. Avgeron and G. Walsham (eds), Ashgate, Ashgate, Aldershot, UK, 2000: 182-197.

Kumar, Nagesh. "Developing countries in international division of labour in software and services industries: lessons from Indian experience". Background paper prepared for International Labour Organisation (2001): *World Employment Report*, *Geneva*. 2000.

Lakha, Salim. "The new international division of labor and the Indian computer software industry". *Modern Asian Studies*. 1994 (28): 381-408.

Marco Giarratana, Allessandro Pagano, Salvatore Torrisi. "Links between Multinational Firms and Domestic Firms: A Comparison of the Software Industry in India", Ireland and Isael LME Working Paper, 2003 (22): 1-34.

Ministry of Information Technology. "Information Technology Action Plan". Part I - Software. New Delhi. 1999.

Murali Patibandla and Bent Petersen: "Role of Transnational Corporations in the Evolution of a high-tech Industry: The Case of India's Software Industry".

Nagesh Kumar: "National Innovation Systems and the Indian Software Industry Development". A Background Paper for *World Industrial Development Report* 2001, UNIDO.

OECD. "Overview Information and Communications for Development: Global Trends and Policies". 2006.

P. D. Chatzoglou, N. Vafeas. "The Financial Profile of the Software Industry between 1980 and 1994". *Information and Software Technology*, 2000, (42):

755 -763.

Patibandla, Murali and Bent Petersen . "Role of Transnational Corporations in the Evolution of a high - tech Industry: The Case of India's Software Industry". Working Paper, Copenhagen Business School, Fredericksberg. 2002.

R. Vernon. "International Investment and International Trade in Product Cycle". *Quantitative Journal of Economy*, 1966, (80): 190 -207.

Richard Heeks: "Analysing the Software Sector in Developing Countries Using Competitive Advantage Theory". Development Informatics Working Paper Series No. 25.

S. C. Bhatnagar and Shirin Madon: "The Indian Software Industry: moving towards maturity", *Journal of Information Technology* 1997, (12): 277 -288.

Saxenian, AnnaLee. Bangalore Boom: "From Drain to Brain Circulation? forthcoming in Kenneth and Deepak Kumar", eds. , *Bridging the Digital Divide: lessons from India*, Bangalore: National Institute of Advanced Study. 2001.

Saxenian, AnnaLee. *Sillicon Valley's new immigrant entrepreneurs.* Public Policy Institute of California, San Francisco CA. 1999.

Schware, Robert. "Software Industry Entry Strategies for Developing Countries: A "Walking on Two Legs' Proposition". *World Development* , Volume 202, Page: 143.

"Software Technology Park of Indian" . Annual Report 1999 -2000. Delhi. www. stpi. soft. net. 2000.

Stefen Klotz: "The Future of China's Software Outsourcing Industry——A Choice of Region to Source from". *Master Thesis in Informatics.* Goteborg, Sweden 2004.

Tilman Altenburg, Hubert Schmitz and Andreas Stamm: "Building knowledge -based competitive advantages in China and Indian: Lessons and consequences for other develping countries" . Global Development Network Annual Conference, St. Petersburg, 2006, (1): 18 -19.

Torrisi, Salvatore: "Industrial organization and innovation: An international study of the software industry" . Preface by Keith Pavitt. *New Horizons in the Economics of Innovation.* Cheltenham, U. K. and Nothampton, Mass. : Elgar: *Dis-*

tributed by American International Distribution Corporation, Willston, vt. , Pages: xiii, 197.

W. Edward Steinmueller: "The U. S. Software Industry: An Analysis and Interpretive History" . March 14, 1995. Prepared for University of California, Berkeley International Computer Software Industry ProjectDirected by David C. Mowery.

后记 HOU JI

本专著是在我的博士论文的基础上修改而成的。

感谢我的导师邱立成教授，本研究的整个过程得到导师的全面指导和帮助，比如，论文的选题、结构设计、框架安排以及规范性写作上。他在经验上的直觉和透过纷杂事物的敏锐感使我在修改论文时受益匪浅。没有邱老师的指导，论文是难以顺利完成的。

论文的顺利完成还得益于南开大学国际经济研究所的培养，国际经济研究所鼓励用一种自由和探索的方式来考察经济问题的传统，为本人的研究提供了良好的研究氛围。罗肇鸿教授（中国社会科学院）、冼国明教授及陈通教授（天津大学）作为博士论文的答辩委员提出了中肯而有价值的修改意见。印度工业发展研究中心的 Aswini Kumar Nanda 为我的论文写作提供了很多帮助。

能够按时完成论文，首先要感谢我的父母和公婆。为了支持我求学，他们毅然肩负起照顾幼女的重担。感谢我的先生张栩博士和我的女儿张越千，他们在我求学的整个过程中给予了我全力的支持，我才得以顺利完成学业。

论文的完成离不开各位同学和好友的支持和帮助。在此表示感谢，论文写作中还得到了许多机构和人士的帮助。感谢山东省软件行业协会和山东中创软件公司的朋友为我论文写作提供的资料和数据。感谢山东财政学院王培志教授的支持，感谢我的研究生为本书出版所做的工作。最后非常感谢山东财政学院为本书出版提供的资助。

虽然尽量做到周全，但显然不能写完曾经帮助过我的所有人的名字，我对此表示歉意。本书仅代表作者个人观点，上述任何人和机构都不必对此负责。

方 慧

于南开园